社会分配问题研究

SHEHUI FENPEI WENTI YANJIU

易小明 / 著

人民出版社

目　录

第一章 社会财富共享概念

第一节 共享理念与社会财富共享

一、共享与财富共享

在共享成为一种潮流的大背景下，一些学者提出了财富共享，并认为财富共享是共享中最根本的方面，这引起了社会的广泛关注①。那么，又应当如何去共享财富呢？要回答此问题，必须首先对"什么是财富共享"、"财富共享的本质是什么"等问题给予明确阐释。

关于财富，《哲学大辞典》的解释是："'国民财富'、'社会财富'的简称，一般指物质财富，由使用价值构成的物质实体，社会存在和发展的物质基础。一般由具体劳动作用于生产资料而形成，包括一切劳动产品（如生产工具、原材料、消费品等）和作用于生产过程或可能用于生产的自然资源（如土地、矿藏、森林、水源等），是社会物质资料的总和。……除物质财富外，人们还把文化知识、科学技术、管理经验等等，称作社会的精神财富。"②《牛津经济学词典》的解释是："一个人

---

① 参见陈进华：《马克思主义视阈下的财富共享》，《马克思主义研究》2008 年第 3 期；卢德之：《走向共享——面向未来的思考与追求》，北京大学出版社 2013 年版。

② 冯契主编：《哲学大辞典》，上海辞书出版社 1992 年版，第 797 页。

净资产的总和。财富以多种形式存在，包括金钱、公司股票、债券、土地、建筑、专利以及艺术品。"① 财富既可以是物质财富，也可以是精神财富；既可以是社会财富，也可以是私人财富；既可以是原生财富，也可以是创造性财富。但这里所说的共享财富，主要是指社会的创造性的物质财富。关于共享，《现代汉语词典》（第6版）的解释是："共享，动词，共同享有，共同享用。"② 而对"共同"的解释为："（形）属性词，属于大家的，彼此都具有的；（副）大家一起（做）。"③

可见，所谓共享，就是共同享有享用，所谓财富共享，就是人们对社会财富的共同享有享用。如果将其大致要求理解为恩格斯所说的"结束牺牲一些人的利益来满足另一些人的需要的状况"，"使所有人共同享受大家创造出的福利，使社会全体成员的才能得到全面的发展"④，那么，这其中仍然有大量的工作需要去做，因为恩格斯这个提法仍然很不具体。

社会财富是劳动者在生产过程中创造的、具有对人有使用价值的劳动产品，是进入社会生产、生活领域具有使用价值和价值的物质。

共享既可以有物质财富的共享，也可以有精神财富的共享；既可以有社会财富的共享，也可以有私人财富的共享。但是，社会财富的共享与私人财富的共享，其共享的属性、方式、程度都有很大差异，甚至是根本性的区别。若从分配正义、从国家操作的角度来讲，财富共享应当是人们对社会财富的共享。因为私人财富，虽然其拥有主体可以拿出来

---

① Black, J., Hashimzade, N., & Myles, G. eds., *A Dictionary of Economics*, Oxford.：Oxford University Press, 2018, p.560.

② 中国社会科学院语言研究所辞典编辑室：《现代汉语词典》，商务印书馆2012年版，第457页。

③ 中国社会科学院语言研究所辞典编辑室：《现代汉语词典》，商务印书馆2012年版，第457页。

④ 《马克思恩格斯选集》第1卷，人民出版社1995年版，第243页。

让大家共享，但这种仁爱慈善行为必须以主体自愿为基础，它不是一种可以普遍强制的社会行为，而是一种个人自愿行为，不是基于社会正义，而是基于个人仁爱。因此，我们这里讲的财富共享，其实是社会物质财富的共享。

对于财富的理解，历史上一直有重商主义和重农主义之间的争论。这是古典政治经济学产生之前的两大主要经济学派之间的争论。重商主义者把财富等同于货币或金银，认为判断一个国家究竟是贫穷还是富有，完全取决于它拥有多少金银，因而要使国家富裕，就必须尽最大努力去积累金银。重农主义者的观点完全不同，他们认为，不仅货币不是财富，甚至工商业也不创造财富，只有农业才是财富的源泉。即农业总产品扣除生产过程中所耗费的生产费用后的剩余部分的增加，才意味着一国财富的增长。这样，重农主义其实是把财富从产品的价值形态还原为产品的物质形态了，这是一种非常狭隘的观点。

在社会发展的早期阶段，农业的基础地位和财富价值是不言而喻的，所以配第说"土地为财富之母，而劳动则为财富之父和能动要素"①。这实际上是把财富还原为由劳动和自然物质相结合而产生的一切物质产品。亚当·斯密在《国富论》中继承并发展了这一思想，他说："劳动是为购买一切东西支付的首次价格，是最初的购买货币。用来最初购得世界上的全部财富的，不是金或银，而是劳动。"②马克思把这种理论认识的演变看作是巨大的进步。他总结道："货币主义把财富看成还是完全客观的东西，存在于货币中。同这个观点相比，重工主义或重商主义把财富的源泉从对象转到主体的活动——商业劳动和工业劳动，

① 〔英〕威廉·配第：《赋税论　献给英明人士货币略论》，陈东野译，商务印书馆1963年版，第71页。
② 〔英〕亚当·斯密：《国富论》，杨敬年译，陕西人民出版社2002年版，第41—42页。

已经是很大的进步，但是，他们仍然只是把这种活动本身理解为限于取得货币的活动。同这个主义相对立的重农主义把劳动的一定形式——农业——看做创造财富的劳动"，"亚当·斯密大大地前进了一步，他抛开了创造财富的活动的一切规定性，干脆就是劳动，既不是工业劳动，又不是商业劳动，也不是农业劳动，而既是这种劳动，又是那种劳动。有了创造财富的活动的抽象一般性，也就有了被规定为财富的对象的一般性，这就是产品一般，或者说又是劳动一般，然而是作为过去的、对象化的劳动。这一步跨得多么艰难，多么巨大，只要看看连亚当·斯密本人还时时要回到重农主义，就可想见了。"①

马克思基于历史唯物主义立场而形成了他的财富观。马克思认为，人类生产活动总是在特定的生产关系下进行的，因而基于生产的财富，也必然具有物质的和社会的二重属性。一方面，马克思认为财富是由实在的物质产品构成，他多次提到的"财富实体"、"物质财富"等概念正是在这个意义上说的。他说："不管一种产品是不是作为商品生产的，它总是财富的物质形态，是要进入个人消费或生产消费的使用价值"②，"商品作为使用价值满足一种特殊的需要，构成物质财富的一种特殊的要素"③。另一方面，马克思又认为财富具有社会性，"财富不过表现为人的活动。凡不是人的活动的结果，不是劳动的结果的东西，都是自然，而作为自然，都不是社会的财富"④。这样的社会性，既指与自然界相对的人类社会和人类劳动，也指与自利性相对的满足他人需要的生产，同时还包括与生产力相对的生产关系的意义，即财富必然表现为特定的社会存在，财富必然具有相应的社会本质。"交换价值构成货币实体，交

---

① 《马克思恩格斯选集》第 2 卷，人民出版社 2012 年版，第 704 页。
② 《马克思恩格斯文集》第 6 卷，人民出版社 2009 年版，第 153 页。
③ 《马克思恩格斯全集》第 42 卷，人民出版社 2016 年版，第 117 页。
④ 《马克思恩格斯全集》第 36 卷，人民出版社 2015 年版，第 311 页。

换价值就是财富。因此，另一方面，货币又是物体化的财富形式，而与构成财富的一切特殊实体相对立。……与其他一切商品相反，货币是同它们相对立的一般财富形式，而这些特殊性的总体则构成财富实体。"①由此，财富的普遍性与特殊性、物质性与社会性便得以统一，并且，社会越是发展、社会关系越是改善，财富的社会性便越是突出。

而对于共享的把握，其实从严格的意义上讲，更重要的是对共享的程度或量的把握。社会物质财富的社会性，随着社会关系和生产社会性的发展而不断增强，社会生产的产品，完全没有共享是不可能的，也于情于理不通，关键在于共享程度的大小或量的多少。达到什么程度或多少的量才能叫作共享？没有达到这个量，是否就不能叫作共享？因此，对于这个量，应当有所考虑。不同的国家应当根据自己不同发展阶段、发展程度、发展水平、文化传统等，有一个具体的相对标准，这是从理想设定角度来谈的。从现实的角度来讲，要具体制作出这个标准，却是相当困难的。国际上通用的基尼系数，主要是判断贫富差异度的，它虽然在一定意义上标志着某种共享程度，但它还不是直接标志共享程度的评判体系。如果从只要有共同享用，就都可称之为共享的角度来讲，那财富共享其实在很多国家已经实现了，表现出了某种客观性和普遍性；如果要有很大的共享程度才算得上共享，那么很多国家的努力空间还很大。

事实上，当今的社会财富越来越具有社会性，与社会财富越来越表现出共享性是深度地联系在一起的。也就是说，在某种意义上，财富的社会性与财富的共享是相互通达的，甚至某种程度上可以说，财富的社会性必然要表现为财富的共享性，财富的共享性也必然表现为财富的社会性。

---

① 《马克思恩格斯全集》第 46 卷，人民出版社 1979 年版，第 170 页。

　　其实，当今财富之社会性与共享性的通融，是由现代生产的内在本质所决定的。现代的财富生产是大工业、大分工条件下的合作性生产，它具有丰富而密切的社会合作性，即财富是由大家共同努力而生产的，并且这种共同生产的财富，如果不进入流通、不进行交换、不通过社会大众的广泛消费，它就不是真正的社会财富。而财富的社会性，本质上是由人的社会性存在决定的。人的社会性存在，随着人类社会的不断发展而发展，即人类社会越是发展，人们就越是具有相互依赖的社会性，因此，现代的财富总是社会性的财富，社会性的财富不产生一定的共享，那是不可能的。

　　从人的需要角度来讲，财富越来越成为社会性财富，是随着人们需要的不断发展和需要之满足的相互依赖而产生和发展起来的。生产力作为人征服、改造、协同自然的能力，在人之需要的基础上产生和发展壮大，人的需要越是发展，生产力也就越是发展，所以恩格斯说："社会一旦有技术上的需要，这种需要就会比十所大学更能把科学推向前进"①。而社会需要，不过是人的需要的社会化而已。同时，人的需要与社会发展是相互推进的，需要不断推进发展，发展不断扩大需要，生产力与人的需要相互推进，从而使人不断走向更高的物质生存境界。

　　人的需要是在不断增加的，而人作为现实个体的人，其实现满足自身需要的能力虽然也在不断增加，却总是难以单独满足自身多样的且不断提升品质要求的需要，面对其需要的多样丰富发展，他必须借助他人的力量，通过社会合作、通过相互满足的方式才能满足自己的需要，这就决定了社会分工协作的必要与必然，也就决定了商品生产的必要与必然，从而也就决定了财富社会性存在和财富某种程度之共享的必要和必然。

————————
① 《马克思恩格斯选集》第 4 卷，人民出版社 1995 年版，第 732 页。

　　我们也可以从商品生产的二重性角度来理解财富共享。所谓商品生产，就是不为自己使用而为交换而进行的产品生产。商品生产区别于自然经济条件下的产品生产的一个突出方面，就是它是通过市场交换而生成的一种同时也为满足他人或社会需要而进行的生产，是一种具有为他性、服务性的生产，其原初的主观目的往往是为了追求自身的利益，即为了实现商品的价值，获得更多的利润，从而满足自身不断发展着的多方面需要。这也就意味着，商品生产同时又是一种为己性的生产、谋利性的生产。所以，"商品生产作为一种经济形式，同时具有为他性、服务性和为己性、谋利性的二重属性，它就是这二重属性的对立统一。……因此，如果从伦理学上来考虑，我们也可以把商品生产的上述二重属性称之为伦理二重性"[1]。

　　马克思指出，商品"表现在不断交换的必要性上和作为全面中介的交换价值上"[2]，使生产商品的个别性劳动与一般性劳动得以统一。商品的某种本质就是劳动交换，因此生产商品的劳动既是为己的劳动又是为他的劳动，既是个人的劳动，又是社会的劳动。而从整个社会生产之网的角度来讲，每个人的生产都是依赖于一切人的生产，一切人的生产又具化为每个人的生产。个人的产品，若要满足自身多方面的需要，要转化为自己多方面的生活资料，他就必须依赖于其他人对于他的产品的消费，如此，他的产品才能转变为货币，他才可能凭这些货币来购买自己所需的生活资料。马克思主义者曾把这种基于商品交换形成的人们必须互通有无、相互依赖而结成的特定的社会关系，概括为"个人只为别人而存在，别人也只为他而存在"的关系，并认为这是任何商品经济条件下的"现实生活要素"[3]。所以，从政治经济学的角度来讲，我们完全

---

① 唐凯麟：《论商品生产的伦理二重性》，《中州学刊》1996 年第 1 期。
② 《马克思恩格斯文集》第 8 卷，人民出版社 2009 年版，第 50 页。
③ 《马克思恩格斯文集》第 1 卷，人民出版社 2009 年版，第 236 页。

可以说，只有真正懂得商品二重本质属性的人，才可能通过社会服务来不断创造和丰富自己的财富，也只有真正懂得商品二重本质属性的人，才可能懂得共享的必要性和必然性。

商品交换是物的交换，直观地表现为物的依赖，但物的相互依赖关系的背后是人的依赖关系。商品生产的自利性与为他性的统一，背后是人的个体性与社会性的统一。所以，财富共享在现象层面有其商品生产的客观基础，但本质上却是由人的社会性存在决定的，在这个意义上讲，所有的财富都是社会财富，无论私人财富如何被保险柜紧锁，人们都无法消除其财富的社会性，防范不了财富必然"他性"的内在灵魂。私有财富若要表现为真正的财富，在某种意义上它必然是"身在曹营心在汉"的——身属个人而心系社会的。

总之，我们所说的财富共享，反对的应当只是物质财富占有的极不平衡状态。

二、理解财富共享的应有视角

财富共享至少应包含以下视角：首先，财富共享是对社会公平的一种追求；其次，财富共享要以丰富的物质财富储备为前提；最后，财富共享应以人民群众生活幸福为目标。所以，物质财富共享至少具有三重"本质"属性，它们大致规定了财富共享的基本应有视角。财富丰富性是共享的前提性本质规定；公平性是财富共享的过程性诉求；生活幸福性是财富共享的目的性标示。当前，公平性是财富共享中最突出、最直接、最重要的本质规定，而其他两个方面的规定则处于相对隐蔽的状态。而大多数人也大都能一眼发现物质财富共享的公平性本质，但他们却往往容易忽视物质财富共享的丰富性本质和幸福性本质，这是我们需要提示的。

共享的公平性。一般而言，人们对于共享本质的理解，都必然要谈到共享的公平性。公正、公平、正义，就其精神所指，就是"得其应得"，从这样一种精神本质规定的角度来讲，公正、公平、正义在此就是一个意思。当然，也有学者从公正、公平、正义的形式差异来讨论其内容差异的，这些讨论当然是有意义的①。但在此，我们只想从它们的精神本质的一致性上去讨论问题。公平、公正或正义，就其得所当得的精神本质规定而言，就是合理地对待、处理人与事，不偏袒某一主体。但是，《伦理学大辞典》对于正义的解释，却有两个方面的基本含义：一是指所得与所出为相称或相适应，如贡献与报酬、功过与奖惩之间，相适应的就是公平、公正、正义的，不相适应的就不是公平、公正、正义的，也就是所谓的得所当得；二是指按同一原则或标准对待处于相同情况的人与事，也就是通常所说的一视同仁，它包含着平等的意义②。其实，如果将得所当得的含义作相对扩展，那么"一视同仁"也是可以被包括进去的，即一视同仁其实就是获得他应当得到的平等对待。由于公平、公正、正义在得所当得的意义上是一致的，因此，我们在后续的讨论中，无论是使用公平、公正、还是正义，其基本意蕴都是指"得所当得"。

对于公正的认识，在中西方思想史上有很大差异。在中国，公正并非先哲们的核心概念，就是在儒家学说中，公正也只是一个有所涉及而未得到充分彰显的概念。孔子的公正，大概以"己所不欲，勿施于人"为基本内容；在孟子那里，公正就离不开"民贵君轻"的基本设定。③ 在西方，公正概念处于政治哲学的核心地位。柏拉图的《理想国》把公正、智慧、节制、勇敢并列为"四主德"，认为"公正"是其他美德实现的最高境界，并指出公正的内容就不同职业者各就其位，"就是

---

① 吴忠民：《公正新论》，《中国社会科学》2000 年第 7 期。

② 朱贻庭：《伦理学大辞典》，上海人民出版社 2000 年版，第 44 页。

③ 吕世伦、文正邦：《法哲学论》，中国人民大学出版社 1999 年版，第 576 页。

只做自己的事而不兼做别人的事"①。亚里士多德对公正有一个更加明确的定义："正义包含两个因素——事物和应该接受事物的人；大家认为相等的人就该配给到相等的事物。"② 其实，古罗马法学家乌尔庇安对公正的定义最为经典："正义是给予每个人他应得的部分的这种坚定而恒久的愿望"③，而西塞罗也把公正描述为"使每个人获得其应得东西的人类精神意向"。④ 这一定义，大体成为后来贯穿西方哲学思想史的主流认识。就是在当代，无论是罗尔斯对"作为公平之正义"阐释，还是诺齐克对"正义即权利"的论述，抑或麦金泰尔诊断"正义即美德"的论证，尽管他们对于公正具体内容的讨论差异纷呈，但他们大都持有一个共同的理念：公正就是得其应得，只是应得的标准有其差异。

从历时的角度来讲，公平包括起点公平、过程公平和结果公平。社会物质财富共享，直观来看，主要是讲分配结果的公平，但它其实是贯穿于从起点到结果的全部过程之中的，也就是说，财富共享中的公平是全程性的，只不过，结果公平在人们的日常生活中特别受重视。改革开放以来，我国经济社会发展取得了巨大成就，但同时，"社会上还存在大量有违公平正义的现象。特别是随着我国经济社会发展水平和人民生活水平不断提高，人民群众的公平意识、民主意识、权利意识不断增强，对社会不公问题反映越来越强烈"⑤。因此，合理解决好社会分配公平问题，是中国进一步良好发展的必备条件。

马克思主义的一些基本原理对于我们解决好当下的分配问题具有

---

① ［古希腊］柏拉图：《理想国》，郭斌和、张竹明译，商务印书馆1986年版，第58页。

② ［古希腊］亚里士多德：《政治学》，吴寿彭译，商务印书馆1965年版，第148页。

③ 转引自［美］博登海默：《法理学——法哲学及其方法》，邓正来、姬敬武译，华夏出版社1987年版，第253页。

④ 转引自［美］博登海默：《法理学——法哲学及其方法》，邓正来、姬敬武译，华夏出版社1987年版，第254页。

⑤ 《十八大以来重要文献选编》（上），中央文献出版社2014年版，第552页。

重要的指导作用，其对资本主义条件下非公平现象的批判尤其值得我们去借鉴。马克思对资本主义社会财富非公平享有的批判，集中体现于对异化劳动的批判。马克思指出："如果劳动产品不属于工人，并作为一种异己的力量同工人相对立，那么，这只能是由于产品属于工人之外的另一个人。如果工人的活动对他本身来说是一种痛苦，那么，这种活动就必然给另一个人带来享受和欢乐。不是神也不是自然界，只有人本身才能成为统治人的异己力量。"① 既然劳动产品和劳动都从工人那里异化出去，那么它必然属于另外一个人，资本家正是通过占有工人的劳动而换得自身的享乐。所以，所有的异化，探究到最后，确实都是人与人关系的异化，正是由于资本家和工人之间这种不平等的关系，才导致工人与自己的劳动、劳动产品、与人的类本质相异化。

不合理的社会关系，不是以共同合作、互相促进为前提，而是以互相对立为前提，它必然也是一种消极的社会关系。在资本主义异化的社会关系中，不仅工人被异化了，而且资本家也被异化了，学界对于工人的异化讨论较多，而对资本家的异化讨论较少，甚至有人认为在资本主义社会资本家是不存在异化问题的。因此，这里需要突出论证一下。在阐述了工人的劳动异化之后，通过分析作为异化劳动结果的私有财产的起源，马克思又阐述了"非工人"对于工人、劳动和劳动对象的异化。对于非工人的异化，他在第一手稿的结尾处给出了三个结论："首先必须指出，凡是在工人那里表现为外化的、异化的活动的东西，在非工人那里都表现为外化的、异化的状态"② 。也就是说，工人的异化是通过一种异化劳动表现出来的，而资本家的不劳而获也是一种"异化状态"。马克思在后文评价英国国民经济学的贡献时，强调了私有财产的

----

① 《马克思恩格斯全集》第 42 卷，人民出版社 1979 年版，第 99 页。
② 《马克思恩格斯文集》第 1 卷，人民出版社 2012 年版，第 63 页。

关系潜在地包括作为劳动和作为资本的两种私有财产的关系，以及两者之间的关系。而劳动和资本的对立，则是工人和资本家之间对立的最直接、最深刻表现，所以马克思说："无产和有产的对立，只要还没有把它理解为劳动和资本的对立，它还是一种无关紧要的对立，一种没有从它的能动关系上、它的内在关系上来理解的对立，还没有作为矛盾来理解的对立"①。从作为劳动的私有财产的关系讲，工人作为单纯劳动的抽象存在，在异化劳动中逐渐沦为一种现实的非存在；从作为资本的私有财产的关系讲，资本的逐利性使得私有财产丧失了任何自然属性和社会属性，甚至连表面上的人的关系也没有了，完全成为等量资本要求等量利润的非现实性存在。劳动和资本的非现实性，从根本上也就是劳动者和资本的所有者——工人和资本家的非现实性。这种非现实性在工人那里表现为外化、异化的活动，在资本家那里表现为外化、异化的状态。就两者的关系来讲，资本和劳动的对立直接表现为工资和资本利息之间的反比例关系，继而从根本上表现在工人和资本家的利益博弈，资本家只有降低工人的工资才能提高收益。"不是对消费者诈取，而是资本家和工人相互诈取，才是正常的关系。"② 对于非工人的异化的第二个方面，马克思强调"工人在生产中的现实的、实践的态度，以及他对产品的态度（作为一种内心状态），在同他相对立的非工人那里表现为理论的态度"③。这种界定是基于工人和资本家的分工，工人主要从事物质资料的生产，而资本家从事的则是精神的、理论的生产。工人把劳动当作谋生手段，使劳动抽象化，而资本家却在理论中将这种抽象劳动当作财富的普遍本质，从而进一步将其抽象化了。他们对财富的这种普遍本质的理论探讨有一个不断发展的过程，从重商主义到重农主义再到国民

---

① 《马克思恩格斯文集》第 1 卷，人民出版社 2009 年版，第 182 页。

② 《马克思恩格斯文集》第 1 卷，人民出版社 2009 年版，第 172 页。

③ 《马克思恩格斯文集》第 1 卷，人民出版社 2009 年版，第 169 页。

经济学，财富最开始表现为金银这样的自然要素，继而又表现为土地这样的自然要素与农业劳动的结合，到了亚当·斯密这里，财富则最终变成一种抽象的普遍劳动。马克思借此证明，造成工人悲惨生活状态的异化劳动，却被资本家在理论中轻描淡写地抽象为作为财富代表的普遍劳动，这种理论宣扬其实是以人对物的抽象关系去遮蔽工人和非工人之间的不对等现实关系。对于非工人的异化的第三个方面，马克思强调"凡是工人做得对自身不利的事，非工人都对工人做了，但是，非工人做得对工人不利的事，他对自身却不做"①。这里，马克思很明显地指出，虽然工人和非工人都处于异化的状态，但是非工人对工人具有明显的主动权，就工人来说，他是完全被动的，一方面，他自身无法逃脱越劳动越异化的魔咒，另一方面，这个魔咒是作为资本家的非工人施加给他的，资本家当然也不期待他的解脱。但就资本家来说，虽然他已经异化为普遍财富的追随者，但他起码还能通过占有工人的劳动而获得物质上的富足和肉体上的享乐。工人是对于劳动的异化，资本家是对于资本的异化，工人异化为枷锁下的奴隶，而资本家却异化为手执枷锁的恶魔。

通过以上的分析，我们可以得出一个结论，在资本主义世界里，劳动者没有占有自己的劳动过程，却被非劳动者占有着，劳动者没能支配自己的劳动产品，却被非劳动者支配着；但同时，异化是劳动者与非劳动者的双重异化，劳动者没有获得人的幸福，而非劳动者获得的也只是非人的幸福。由此可见，人类要想获得普遍的幸福，在完全对立的社会阶级关系中是不可能实现的。这里，私有财产和对待私有财产的合理态度是同样重要的。没有对于私有财产的合理态度，财产的所有者就会蜕变为财产的所有物，人的关系就会异化为物的有关系。当然，在马克思看来，从根本上的意义来讲，只有扬弃私有财产制度，才能彻底摆脱

---

① 《马克思恩格斯文集》第1卷，人民出版社2009年版，第169页。

人的异化，使人能够拥有属人的关系，能够占有自己的劳动，支配自己的产品，并确证自己的类本质，从而使人获得物质与精神的双重满足而感到幸福。

对于私有财产的理性化、人性化占有，其实要以人们认同人的社会性存在、人与人的合作互利本质为前提。马克思通过对异化劳动的揭露，实际上是在强调，在私有财产的前提下，人的社会性生产——工人对自己和他人的生产，异化成为人的个人性生产，其结果是生产出异化的人——"非人"，而只有当生产恢复为社会性生产，才具备"他为别人生产和别人为他生产"的现实，这显然需要对人的社会性存在、人与人的合作互利本质有深切的认同。马克思特别考察了个人与社会的关系，他认为社会并不是与个人相对立的抽象物，而恰恰相反，个人正是社会的存在物，个人的生命表现，正是社会生活的表现和确证。在社会性中，人的个人生活和类生活是统一的，并且通过这个统一确证着特殊个体与普遍的类，进而确证着具体生活与抽象观念的统一、存在与思维的统一。可以说马克思的异化理论是从反面证明了人的社会性存在对于人的自由和幸福的意义，因此，他把共产主义界定为"人向人、向社会的（即人的）人的复归"，并指出"它是人和自然界之间、人和人之间的矛盾的真正解决，是存在和本质、对象化和自我确证、自由和必然、个体和类之间的斗争的真正解决"①。

第二，共享的财富丰富性。改革开放四十多年，我们成功的一个最基本的经验就是始终坚定不移地把发展作为当代中国社会建设的一条主线。邓小平同志说过："看起来我们的发展，总是要在某一个阶段，加速搞几年，发现问题及时加以治理，尔后继续前进。从根本上说，手头东西多了，我们在处理各种矛盾和问题时就立于主动地位。对于我们

---

① 《马克思恩格斯文集》第 1 卷，人民出版社 2009 年版，第 185 页。

这样发展中的大国来说，经济要发展得快一点，不可能总是那么平平静静、稳稳当当。要注意经济稳定协调地发展，但稳定和协调也是相对的，不是绝对的。发展才是硬道理。"① 发展是解决中国社会转型时期一切问题的关键、中心、根本，是实现共享的前提和基础。正如习近平同志所说："实现社会公平正义是由多种因素决定的，最主要的还是经济社会发展水平。我国现阶段存在的有违公平正义的现象，许多是发展中的问题，是能够通过不断发展，通过制度安排、法律规范、政策支持加以解决的。我们必须紧紧抓住经济建设这个中心，推动经济持续健康发展，进一步把'蛋糕'做大，为保障社会公平正义奠定更加坚实物质基础。"② 所以，我们要在发展中、要在财富的共同创造中、要在财富的不断增多不断丰富的基础上实现成果共享。全体人民各尽所能，努力工作，共同创造社会财富，这对于财富共享具有奠基的意义，它同时也是社会充满发展活力、实现生产和谐、劳动幸福的内在要求。因此，针对一些影响社会稳定与和谐的因素——如收入分配不公、两极分化等方面的突出矛盾和问题，一定不能通过停止发展、通过脱离创造、通过失去效率的方式去思考、去决策、去实践，而一定要通过更加快速发展、更加有效发展、更加和谐发展的办法来解决，总之，要在前进中解决前进中的问题。前进中、运动中、发展中实现公平，才是有生机、有活力、有基础、有保障，从而当然也是有未来的公平，才是更加"公平"的公平。如果不是这样，就往往容易走回到停滞发展、静态平均的老路上去。实践一再证明，这老路的方向从根本上就错了，总的方向不对，具体的出路全无。所以归根结底一句话，要实现共享，首先必须共创，即必须在不断发展的基础上共享。

---

① 《邓小平文选》第三卷，人民出版社 1993 年版，第 377 页。

② 《十八大以来重要文献选编》（上），中央文献出版社 2014 年版，第 552 页。

　　财富共享要以财富的丰富存在为前提，而伤害财富丰富的最大因素，往往就是低效的平均主义。平均主义为什么低效？平均主义为什么导致普遍贫穷？它其实是内含着一个必然的机理的：平均主义低效其实是正义的内在要求。我们只有弄清了平均主义低效的内在机理，才会自觉地抵制平均主义，才不会以大无畏的气概去和经济发展规律叫板。

　　充分地、理性地认识平均主义之所以低效的缘由，要从研究正义的对等原则开始。

　　我们知道，对等是正义的基本原则，它包括两个方面：质的对等与量的对等①。比如功过与赏罚之间，功要与赏对等，过要与罚对等。如果错乱，搞功与罚对等、过与赏对等，就会出大问题，这其实是讲质的对等；多少功与多少赏对等，多少过与多少罚对等，这也是有原则有规矩的，而不能随心所欲乱赏乱罚，这就是量的对等。一个正义原则只有实现了质与量的对等，它才称得上是真正的正义原则，它才可能让人遵从、让人服气。

　　由于人的活动能力有差异、活动态度有差异，如此等等，因而，他们的活动付出、他们的活动结果、他们对社会的贡献就必然有差异，若实行按贡献分配的正义原则，他们的收入结果必然是有差异的。而如果实行平均分配原则，那他们所得到的结果就与他们所作出的贡献无法对等了，由于对等是正义的内在本质，因而它就失去了这个内质，它就是不正义的了。从本质上说，这种不对等其实是贡献少者无偿占有了贡献多者的利益，若贡献多者不愿意，那它当然就是不正义的了。

　　那么，如何才能实现正义呢？显而易见，那就是要实现对等。可是，由于平均分配已然认定、平均结果已然铁定，因而，能力强、贡献大者就无法通过平均分配而拿到自己应得的收入，怎么办呢？于是，聪

---

① 易小明：《对等：正义的内在生成原则》，《社会科学》2006 年第 11 期。

明的人们开始开动脑筋了：虽然收入这边被规定为平均，不会因劳动差异、贡献大小而改动，但付出那边，个体脑力、体力如何付出，付出多少却一定程度上是由自己掌控的，是可以有所改变的呀！于是，面对平均主义，有差异的贡献既然不能对应对等到有差异的结果，即先行的更多贡献无法顺推到后来的更多收入，那为了实现正义的对等原则，人们就反过来，从收入结果向活动过程、向劳动付出那边逆推，按照正义的对等原则，平均的结果当然反过来要对应平均的劳动付出，于是那些能力强些的、勤奋些的人，只有将其高于平均劳动付出水平的能量隐藏起来，不再在活动过程中表现，才可能达到劳动付出的平均值，他们只有向相对的低标准看齐，才能符合正义原则。而强者向弱者方向看齐，那怎么会不低效呢！

比如两个人摘桃子，强者贡献为 100 个，弱者贡献为 20 个，平均分配每人就是 60 个。为了实现对等的正义原则，强者下次就只需要摘 60 个了；若弱者仍然摘 20 个，再平均分就每人 40 个；再下次强者就只需要摘 40 个了，再一平分就每人 30 个……如此反复直到最低。这还只考虑能力强者隐其力的现象，若再考虑到弱者也可能隐其力，那效率就更低了。可见，只要社会还普遍适用正义原则，平均主义的低效就不是偶然的，而是必然的。

第三，共享的生活幸福性。

共享，在本质上是一种享受，共同享受就是要让广大人民感受到幸福，所以，人民群众生活幸福是共享的最终目的所在，而共享则不仅是实现生活幸福的手段，同时也是人们感受、体证生活幸福的过程和状态本身。所以，这种共享的幸福，就不能仅仅理解为一种独立的个体体证幸福，还应当理解为一种共在的群体"共振感应"的幸福。个人幸福感的背后，反映着和谐有序的社会关系，而和谐有序的社会存在，不仅成为人们感受幸福的场域，它更增加和加深了人们的幸福感，提高了人们的幸福品质。

首先，共享的幸福，是一种满足的幸福，它基于人们需要的不断满足。

东汉许慎《说文》解释"幸"：吉而免凶也，非分而得谓之幸。《小尔雅》解释"福"：佑也；许慎《说文》解释"福"：古称富贵寿考等齐备为福，与"祸害"相对。古文中"幸"与"福"二字连用，是祈望得福的意思。

幸福是"人们在社会的一定物质生活和精神生活中，由于感受或意识到自己预定的目标和理想的实现或接近而引起的一种内心满足"①。幸福，就是人们的渴求在被得到满足或部分得到满足时的感觉，是一种精神上的愉悦。幸福感等于幸福系数乘以需求度再乘以被满足度；满足度等于需求事物的实际被满足值除以所需求事物的期望值；需求度等于所需求事物的个体需求期望值除以所需求事物的正常期望值；幸福感等于幸福系数乘以所需求事物实际的被满足值再除以所需求事物正常的期望值。

可见，幸福与需要的满足是内在地联系在一起的。需要当然包括多方面的需要，但物质需要是最基本的方面，所以一个食不果腹、衣不蔽体的人，常态下是很难感到幸福的。因为基本物质需要的满足，是人们存在的前提，没有这个前提，人们生存都难以维持，就不太谈得上更高层次的幸福感。这也是为什么美好的共产主义要以物质财富的极大丰富为条件，为什么社会主义的本质是解放和发展生产力的根本原因。

幸福又是人们对自己理想的生活感到满足的一种主观感觉，是自然而然且发自内心的感受，它虽然有一定的客观基础，却并非完全基于客观的标准，自己是否幸福，并不一定与外在客观条件的优越与否成正比。同时，也不是由他人来评判而是由自己来评判自己是否幸福；同

---

① 冯契主编：《哲学大辞典》，上海辞书出版社 1992 年版，第 939 页。

样，自己也不能完全根据自己的意见来评判他人是否幸福。理想生活的标准和人们对于理想生活的感受都是因人而异的，因此，两个人即使各方面条件完全不同，但他们都可能是幸福的。

在全球范围内，幸福感正在成为各国政府和社会各界"超越GDP"的追求①。在中国，居民幸福感同样也正在不断成为各级政府的施政目标。之所以如此，就是因为物质需要的满足只是幸福生活的必要条件而不是充分条件。并且经济发展过程中人们收入差距的不断扩大，也妨碍了人们幸福感的提升，许多人，随着经济发展水平和居民收入水平不断提高，他们却并没有觉得更快乐和幸福。一般来讲，财富少者往往不觉得幸福，但是财富多者也并不一定就觉得幸福。因此，为了使人民感受到生活幸福，政府一方面不仅要追求经济的不断增长，另一方面还要在其他领域比如制度、精神文明建设等方面作出相应的努力。而且，就物质财富的合理发展而言，既要总量不断增长，更要使分配合理平等，实现效率与平等的协调统一。

某种意义上说，其实不公平比不平等对人们幸福感的伤害更大。有文献显示，因不同身份（比如农民和城镇居民）而导致的收入差距或称为"组群差异"，对于人们的幸福感具有巨大的杀伤力，这种收入差距往往比总体上的收入差距更容易引发社会矛盾。除非不同身份的人之间表现为系统性的能力差异，否则"组群收入差距"就往往是通过某些不公平的社会经济条件来实现的，它不仅阻碍了弱势组群获取更高收入，而且更容易引起他们的不满，严重损害他们的幸福感。相反，如果收入差距的形成与身份无关，而只是人与人之间天赋和努力程度的差异

---

① 2011年5月17日，英国《经济学家》杂志在其网站上发起了一场"幸福指数"大辩论。结果是，83%的人支持伦敦政治经济学院荣誉教授理查德·莱亚德所代表的一方，认为"如人们所经历的那样，生活的质量肯定已成为社会发展的核心指标，以及任何政府的中心目标"。

的对象化，那么，这种收入差距的形成是市场机制发挥作用的必然结果，它不仅对社会危害较小，还常常成为经济社会发展的内在动力。由此可见，这样的收入差异虽然不可避免，但它却有公平的市场机制作基础，即它虽然是不平等的，却是相对公平的。

通过考察城市居民与外来移民之间的收入差距对于人们幸福感的影响发现，城镇居民和外来移民均对与户籍身份有关的收入差距表示不满，缩小身份收入差距对提升居民幸福感的作用非常明显。"身份收入差距下降 1（相当于这一变量均值的一半）所带来的快乐提升，相当于家庭人均收入提高 53.2% 和人均住房面积增加 29.9 平方米（这相当于 2009 年城市居民的人均住房面积增加一倍）。在控制了身份收入差距以及其他个人和城市特征之后，不与身份相关的城市总体收入差距（基尼系数）增加幸福感。这说明，在研究收入差距对于幸福感的影响时，必须区分收入差距是否与构成社会分割的身份差异有关。真正会引起社会不满的，并不一定是总体的收入差距，而主要是与身份有关的收入差距，因为这种收入差距是不公平的。"[①]

对于收入差异，有学者提出："在解决收入不平等程度过高以避免产生严重的社会经济问题上，一方面需要降低收入不平等程度，另一方面需要提高中国居民对收入不平等的容忍度。"[②] 这里有个问题值得注意：不平等究竟是公平竞争导致的不平等还是不公平竞争导致的不平等？公平竞争导致的不平等虽然也不能太大，但也不能没有，公平竞争导致的不平等虽然是不平等，但它却体现着某种公平原则，完全消除这种不平等，就会损伤公平原则，社会就有失公平。这样状态下的社会虽然可以是平等的，却是不公平的，它不仅阻碍经济的发展，而且严重阻

①　陆铭、蒋仕卿、佐藤宏：《公平与幸福》，《劳动经济研究》2014 年第 2 卷第 1 期。
②　陈前恒、池桂娟：《比较、包容与幸福——基于中国农村居民调查数据的实证分析》，《经济评论》2014 年第 4 期。

碍人们能力的发展，是一个死气沉沉、毫无希望的社会。所以，对于财富差异的容忍要看是什么原因导致的财富差异。能容忍的，只能是公平竞争造成的财富差异，而不是非公平竞争造成的财富差异。

公平与平等，都是基于某种比较，它们都基于事物之间存在着差异——同一关系，只存在同一而没有差异无法进行比较，同样只存在差异而没有同一也不存在比较。差异与同一是相互依存的，各自以对方为自己的存在条件。现实世界，既没有纯粹独立自存的同一，也没有纯粹独立自存的差异，也就是说，同一总是内含着某种差异的同一，差异总是内含着某种同一的差异。黑格尔说："差别自在地就是本质的差别，即肯定与否定两方面的差别，是一种同一的自身联系，肯定一面是一种同一的自身关系，而不是否定的东西，否定的一面是自为的差别物，而不是肯定的东西。因此每一方面之所以各有其自为的存在只是由于它不是它的对方，同时每一方面都映现在它的对方内，于对方存在，它自己才存在。因此本质的差别即是'对立'。在对立中有差别之物并不是一般的他物，而是与它正相反对的他物；这就说，每一方只有在它与另一方的联系中才能获得它自己的（本质）规定，此一方只有反映另一方，才能反映自己。另一方也是如此；所以，每方是它自己的对方的对方。"① 这里，黑格尔深入阐释了差异与同一的对立统一关系。比较，就是既能见同一又能见差异，既能在同一中见差异，又能在差异中见同一。

某种意义上可以说，人的存在是实存关系与"比较关系"的统一。"在人的实存关系中往往产生实用价值，比如物质需要满足的价值就是一种实用价值，而在'比较关系'中则总是产生比较价值。比较价值——特别是人与人之间的比较价值，绽露出人的主体性和主体间性，

① ［德］黑格尔：《小逻辑》，贺麟译，上海人民出版社 2017 年版，第 241 页。

它同时也使主体的价值追求活动因此而难以停顿，变得无边无际、没完没了。"①

所谓比较价值，就是人通过将主体与主体、客体与客体甚至主体与客体进行比较而生成的"感性"存在状况造成对主体的作用和影响。我们认为，在这些比较关系中，人与人的比较关系是比较价值生成的核心所在，在物与物、人与物比较的背后所隐藏的，往往就是人与人的比较关系。与传统的价值概念相比，比较价值中对主体造成关键影响的客体，也许不是直接而具体的物质实体，而是一种比较关系状态，这种比较关系状态也并不直接就是现实存在的关系状态，而是通过比较、通过主体心理作用而生成的，它同时反过来又对主体身心产生影响。所以，比较价值不能离开关系、不能离开比较、不能离开主体相应的心理感受而独立存在。物当然可以直接使人的某些物质需要得到满足，但人们时常将自己的满足或不满，总是归咎于一种主体间的比较——甚至归咎于与其比较的主体（他人），看自己是不是比他人"做"得或"生活"得更好。人的满足或不满，可以有两个考察向度，一个是非比较的"直接"满足或不满，一个则是因比较而生的"间接"满足或不满。从比较的角度来讲，当一个人自觉不如别人，而又对自身与别人之间的比较关系即"为什么不如别人"这一中间环节缺乏必要反思和理性认识时，往往导致他们生成和积累诸如嫉妒之类消极的心理能量。事实上，面对自己与别人的差距，要获得一种健康的心理，从比较结果回到"这种比较结果何以如此生成"的现实条件，从而合理理解与科学把握这种比较关系的本质，并进而创造条件迎头赶上，也许才是一种正确的人生态度。当然，能够真正从比较关系的"束缚"中解脱出来，回到一种不注重比较或不太注重比较的生活状态，那或许就是对生活的一种领悟。

①　易小明：《论比较价值》，《哲学动态》2015 年第 8 期。

对于强调做"人上人"的国人来讲，比较价值是非常重要的，因此，我们有必要对比较价值的基本特征加以阐释：

一是比较价值是一种基于精神意识的价值。比较价值与主体的心理、意识、精神密切相关。人的需要有物质性需要与精神性需要，比较价值虽常常基于物质需要，但一定表现着人的精神需要。人与人之间为什么要比？人际比较一定有其精神意识的存在基础。因此，比较价值必然表现人的某种精神存在本质。比较使主体产生心理作用，乃基于人是一种有意识的、能动的存在物，而人之所以要比，就在于人是一种通过意识、通过精神而不断超越他者或自身的超越性存在物。事物的功能价值可以通过主体的精神作用而发生某种变化。我们知道，人是物质与精神的统一体，事物所具有的功能价值，由于人的精神、心理作用的差异，同一事物对于不同主体人的功能价值会表现出差异，同时人的精神状态会影响到人的物质肌体，从而就会影响到对象对于主体的客观功能与作用，由于既影响到心理层面，又影响到物质肉体层面，当然也就必然影响到人的整体。

二是比较价值是一种基于关系存在的价值。人之所以要比，不仅是因为人意识到自己与他者的关系，而且现实地在自己与他者的关系中生存、并在与他者的关系中认识和规定价值的存在物。即人的存在价值主要不是绝对的、封闭的"自足"，而是相对的、开放的"他足"，他的价值不只是甚至主要不是自我规定，而是在他的关系性对象中得到他的对象——特别是具有"高度"主体性的对象的规定。从需要的角度来讲，人的需要可分为实体独立性需要与关系相关性需要，如果从需要满足的角度来理解比较价值，比较价值就属于关系相关性的需要满足，它往往是一种关系性的价值。事物是实体存在与关系存在的统一，因此价值也可以是实体价值与关系价值的统一。人的日常存在往往表现出对于关系的热忱，关系不仅是他们的存在环境，也是他们的存在本质，他们以表现关系的方式表现自己作为存在者的本质。关系既可以从为我的关系与共在的关系两个角度来理解，也可以从物际关系、人际关系、人物关系三个方面来理解，从这些角度来观照比较价值，它基本上是生成于为我的人际关系之中。为我关系中的"我"，既可以是个体，也可以是群体，还可以是类；既可以是一重态的（单纯的个体或群体或类），也可以是二重态的（同时的个体与群体、群体与类、个体与类），还可以是三重态的（同时的个体、群体、类）。但比较价值中的"我"，常常是以个体的身份出现的，虽然也有不同民族之比、人与动物之比，以及各种随意之比但这些比的价值最终都得在现实的个体身心上得以具体实现，在个体化不断深入的今天，人们"为我的"日常生活就更加表现为以个体为承载主体了。从存在到存在关系到存在者，"从共在到为我"，从类本位到群体本位到个体本位，当今不断主体化、个体化的人的存在，虽然在向丰富感性的生存者不断"落实"，但其生存的外展空间其实是不断地缩小了。正因为如此，解决过度主体化、个体化问题的道路就往往逆而行之，就是如何将个体生活回归于群体和类生活，就是如何从为我存在回归于我它（他）共在，就是如何从存在者回归到存在本身。海德格尔的存在论就特别强调在人与对象的共在关系中来理解人的存在本质。总之，个体主义、人类中心、为我关系既然是存在者不断远离存在之家的驿站，那么，扬弃甚至超越比较，超越个体主义、人类中心和为我关系，也许是人真正回到存在本身、走进存在之家的不二选择？

三是比较价值是一种相对价值。比较价值相对于另一主体对象而生成，没有其他主体，比较价值就不会存在。对象的可比较性是比较价值的基础，可比较性生成于同与异之间。事物的存在是同中有异，异中有同，同中有同，异中有异，最基本的比较既可以异中求同，也可以同中求异。因此，比较中既会发现普遍、原则、规律，也会发现差异、矛盾、对立，既可生成合作，也可生成竞争，其中一个关键就是，主体是以求同为目的还是以求异为目的。比较与竞争中，积极的心态使人不断追求进步，一个比一个好，这必然使主体需要的满足状态不断被打破，新的追求不断生成，而社会则在每一个主体的进步过程中不断地发展。消极的心态不仅可能使主体故步自封、不求进取，还可能使主体想方设法阻止他人的进步与发展。

主体相对于他者的相对存在价值——即比较存在价值，也许没有直接改变主体存在的"纯粹客观内容"，却影响了主体对各种客观关系特别是主体的存在关系的感受与认知，即这些客观关系因主体心理精神等方面的影响，使主体的存在价值偏离它的"纯粹客观内容"而表现出一定的主体化向度，即主体的"为我关系感受能力"会自发地促成主体以我为中心的比较性生存样式，从而导致主体需要满足的客观性及需要满足的程度都会有所变化。从事物功能价值与比较价值角度来考察个体人的需要，那么人就有基于生命个体独自存在的需要，以及基于不同个体比较存在的"需要"，但两个需要的内涵相去甚远。基于个体生命独自的需要往往是有限的，而基于不同个体比较的需要则是无限的，我们也很难把前者直接与生存性需要相对应，把后者与发展性需要相对应。但我们认为，某种意义上，发展性需要的扩展可能就有比较心理机制的功劳。

显而易见，比较需要的无限性造成了对环境的巨大压力，所以，我们需要对人的比较性需要进行生态化调控，即要将人的比较需要调节并限制在自然环境能够承载的范围之内。如此，我们就要树立这样的一种理念：比较使人的自然、物质需要不断扩大，但人的物质需要的扩展在当今必须受到生态规则的制约，即人之物质需要的扩展必须是基于生态限度的扩展，超越了人的自然需要，超越了自然的生态支持能力，这种需要就可能是异化的、非持续性的。由于需要的不断扩展与比较难脱干系，而人又不可能根本消除比较，如何解决这一问题？我们认为关键也许就在于是否能够实现比较的重心由物质需要向精神需要转移，若能如此，无限的精神需要及其满足，就既满足了人无法消除的比较心理，又不致造成生态环境的破坏，它不仅有利于解决生态问题，更能提升人的生存境界。①

人与人之间的比较是不可避免的，问题在于如何对待这种比较。比较不外乎两种基本情况：同等对待或差等对待，关键在于这种同等对待和差等对待要有合理的理由，若有合理的理由，人们通过理性反思和把握，往往就可以接受；而没有合理的理由，人们往往就不能接受。所以，不公平的社会不仅不能让人幸福，还可能导致更加严重的恶果。

第二，共享的幸福是一种共同合作分享的幸福。

幸福是由物质条件和精神条件共同规定，物质条件方面，一是要有健康的身体，二是要有基本物质需要的满足。精神条件方面，既要有仁爱、关怀、依恋等情感满足，也要有轻松快乐的愉悦心情。共同合作分享的幸福，既有物质方面的要求，也有精神方面的要求，它不只是一种共存的环境，更是这一环境中人们相互合作、相互依存、相互关切、相互感受的精神满足。一种消极的存在关系，不是以共同合作、互相促进为目标，而是以互相否定、相互抵触为前提。马克思指出，工人与资本家关系的对立，不仅严重阻碍生产力的发展，而且使人特别是工人的精神极度不愉快。所以马克思指出，资本主义的社会关系是一种严重异化的社会关系。其实，在这种异化的社会关系中，不但工人被异化了，而且资本家也被异化了。不但工人过着一种非人生活，而且资本家的生活也是非人的。马克思说："首先必须指出，凡是在工人那里表现为外化的、异化的东西，在非工人那里都表现为外化的、异化的状态。"② 也就是说，工人的异化是通过一种劳动的异化表现出来的，而资本家的异

---

① 易小明：《论比较价值》，《哲学动态》2015 年第 8 期。
② 《马克思恩格斯全集》第 3 卷，人民出版社 2002 年版，第 280 页。

化，则是通过不劳动的异化而表现出来。劳动和资本的对立，是工人和资本家之间对立的最直接、最深刻表现，也是异化的深层本质所在。所以马克思说："无产和有产的对立，只要还没有把它理解为劳动和资本的对立，它还是一种无关紧要的对立，一种没有从它的能动关系上、它的内在关系上来理解的对立，还没有作为矛盾来理解的对立。"① 因此，劳动和资本的对立直接表现为工资和资本利益之间的反比关系，这种利益博弈，使资本家通常以降低工人的工资来提高收益。"不是对消费者诈取，而是资本家和工人彼此诈取，才是正常的关系。"②

虽然工人和资本家都处于异化的状态，但是资本家异化的现实与工人异化的现实在内容上还是有所差异的。就人的支配与被支配的关系来讲，工人完全是被动的，无法逃脱强迫的非自由的劳动。而对资本家来说，虽也异化为普遍财富的追逐人，但起码还能通过占有工人的剩余劳动价值而获得物质上的满足。但从总体来讲，他们都无法逃脱异化的厄运，工人是对于劳动的异化，而资本家是对于资本的异化，工人异化为劳动的奴隶，而资本家却异化为财富的走狗。

在资本主义社会，劳动者的劳动被非劳动者占有，劳动者在无法获得人的幸福的同时，非劳动者获得的也只是"非人"的幸福。所以，通过对异化劳动的分析我们认识到，人的幸福不仅要从抽象的类本质表现上加以确证，更要从人的现实关系角度加以诠释，幸福当然是自由问题，但现实的自由总是被现实的社会关系所缠绕，不解决现实的社会关系问题，就不可能解开真正自由的死结。因此，合理的社会生产、生活合作是自由的前提条件。所以，人类要想获得幸福，就应当从根本上改变社会生产生活中不平等的关系，在马克思看来，其中最关键最本质的

---

① 《马克思恩格斯全集》第 3 卷，人民出版社 2002 年版，第 294 页。

② 《马克思恩格斯全集》第 3 卷，人民出版社 2002 年版，第 283 页。

就是私有财产关系。他认为只有从根本上扬弃私有财产制度，才能从根本上摆脱人的异化状态，从而使劳动者能够占有自己的劳动，能够拥有属人的关系，进而通过确证自己的类本质来获得幸福。所以马克思认为，要通过扬弃私有财产制度下人的自我异化，进入共产主义，从而实现人的积极合作与分享。

"共产主义是私有财产即人的自我异化的积极的扬弃，因而是通过人并且为了人而对人的本质的真正占有；因此，它是人向自身、向社会的即合乎人性的人的复归，这种复归是完全的、自觉的和在以往发展的全部财富的范围内生成的。"①马克思认为要通过共产主义，使人扬弃异化而复归于真正现实的人，人既是共产主义现实活动的实践主体，更是共产主义理想目标指向的价值主体，这里，人不仅是劳动者，更是幸福者，因为在共产主义社会中，"它是人和自然界之间、人和人之间的矛盾的真正解决，是存在和本质、对象化和自我确证、自由和必然、个体和类之间的斗争的真正解决"②。

第二节　社会财富共享要求的当下凸现

一、提出社会财富共享的现实依据

社会财富共享的提出，并不是空穴来风，而是有其内在的现实根据的。这主要体现在以下几个方面：

第一，社会财富共享理念的提出，是努力实现先富向共富迈进的时代需要。十八届五中全会提出："坚持共享发展，必须坚持发展为了人民、发展依靠人民、发展成果由人民共享，作出更有效的制度安排，

----

① 《马克思恩格斯全集》第 3 卷，人民出版社 2002 年版，第 297 页。

② 《马克思恩格斯全集》第 3 卷，人民出版社 2002 年版，第 297 页。

使全体人民在共建共享发展中有更多获得感，增强发展动力，增进人民团结，朝着共同富裕方向稳步前进。"①

可见，共享发展理念的提出是为了深入推进共同富裕的实现。共同富裕虽然不是同时同等富裕，但也不是财富占有的两极差异，更不是非公平竞争而导致的财富占有的两极分化。共同富裕在不同的主体之间虽然要表现出必然的差异性，但这种差异——无论在质上还是量上都是应当得到合理控制的：一是这种差异的形成必须有其内在合理性——即通过公平竞争而形成；二是这种差异即使有其内在的合理性，它也不应当太大。

社会主义是要人民当家作主的，因此共同富裕不仅是社会主义的内在本质，也是社会主义的价值目标。邓小平同志指出："社会主义不是少数人富起来、大多数人穷，不是那个样子。社会主义最大的优越性就是共同富裕，这是体现社会主义本质的一个东西。"② 他指出，社会主义的本质，是解放生产力，发展生产力，消灭剥削，消除两极分化，最终达到共同富裕。③

新中国成立后，我国确立了以人民民主专政为基础的基本政治制度和以生产资料公有制为基础的基本经济制度，这当然为共同富裕提供了最基本的制度保证。但是，社会主义制度的确立，并不代表共同富裕就能自然而然地实现。富裕的问题，最终还得依靠广大人民群众自觉的、积极的劳动才能实现。因此，社会主义基本政治经济制度确立以后，如何充分调动人民群体的生产积极性来实现共同富裕，就成为时代的重大课题。

---

① 《中国共产党第十八届中央委员会第五次全体会议公报》，《中国共产党第十八届中央委员会第五次全体会议文件汇编》，人民出版社 2015 年版，第 19 页。

② 《邓小平文选》第三卷，人民出版社 1993 年版，第 364 页。

③ 《十六大以来重要文献选编》，中央文献出版社 2008 年版，第 906 页。

在新中国成立之初，我们的目标是追求共同富裕，但对于共同富裕的理解，却有一定的局限性。

改革开放之后，为了打破平均主义，促进生产力的发展，我们充分肯定了人们合理自利的动机，承认人与人之间存在天然的不能主观随意消除的差异性，提出了"鼓励一部分人、一部分地区先富起来"的政策，同时又不忘共同富裕的目标规约，于是就有了"效率优先，兼顾公平"的基本发展思路。

在整个改革开放的发展进程中，我国依靠广大人民群众自觉的积极努力，成功地摆脱了普遍贫穷的状况，顺利地完成了一部分人先富起来的战略目标。但是，一部分人先富起来，只是作为一个引领整个民族走向共同富裕的火车头，它还不是整个发展的最终目标，它只为创造共同富裕提供某种动力机制和必要条件，一句话，先富起来是机制是手段，共同富裕是归宿是目的。所以邓小平说："我的一贯主张是，让一部分人、一部分地区先富起来，大原则是共同富裕。"①

从整个国家的经济发展状况来讲，经过四十多年的改革开放，我国的经济实力得到大幅度提升，2010 年，我国的国内生产总值跃居世界第二位，2014 年我国国内生产总值达到 63.6 万亿元人民币②，成为继美国之后第二个突破 10 万亿美元的国家③，2018 年我国 GDP 突破 90 万亿大关，与美国的差距越来越小。

财富总量的扩大只是如何做大蛋糕的问题，而财富的公平占有则是如何分好蛋糕的问题，这两个问题应一同处理好。正是基于此，邓小平同志早就提醒："共同致富，我们从改革一开始就讲，将来总有一天

① 《邓小平文选》第三卷，人民出版社 1993 年版，第 166 页。

② 数据来源：《2014 年国民经济和社会发展统计公报》，见 http://www.stats.gov.cn/tjsj/zxfb/201502/t20150226_685799.html。

③ 李丽辉：《2014 年全国财政收入逾 14 万亿元》，《人民日报》2015 年 1 月 31 日。

要成为中心课题。"[1] 习近平同志也指出："中国执政者的首要使命就是集中力量提高人民生活水平，逐步实现共同富裕。"[2] 党的十八大报告也明确提出了"逐步实现全体人民共同富裕"这一目标，并对如何实现这一目标作出了相应的部署，这表明党中央在推动共同富裕的指导思想上更加自觉和明确。我们已经深刻地认识到，全面建成小康社会、全面深化改革、全面依法治国、全面从严治党等发展战略，都是与共同富裕密切地联系在一起的，都是以共同富裕、人民生活幸福为目标的。

新的发展阶段当然需要新的发展理念去支撑。新时代，我们还需要切合时代要求的新的发展理念来引导中国不断走向共同富裕。共享发展理念为共同富裕目标的实现提供了明确的政策导向，其相关的制度安排使实现共同富裕路径变得更为清晰。当然，我们也要明确，共享发展不是"均享"，共同富裕不是同等程度的富裕。所以，我们若要按照共享发展理念合理地谋篇布局，就既要注重发展成果分享，努力缩小不合理的收入分配差距，同时又要尊重社会存在和发展的现实，充分认识到合理的利益分享必然表现出一定的差异性，即认识到社会财富共享必然且应当是公平的、有一定差异的共享。

第二，财富共享理念的提出，具有化解当下社会冲突的作用。

改革开放以来，随着中国特色社会主义市场经济逐步建立和不断发展，我们的经济发展非常迅速，广大人民群众的生活水平整体上得到不断提升。与此同时，人们的利益关系与获取利益的方式也发生了重大变化。

在平等观念不断深入人心的现代社会，贫富差距过大往往导致社会分化和社会冲突。虽然人的平等并不只是指经济的相对平等，但经济相对平等仍然是平等的一个非常重要的方面。

---

[1] 《邓小平文选》第三卷，人民出版社 1993 年版，第 364 页。

[2] 《习近平谈治国理政》第二卷，外文出版社 2017 年版，第 30 页。

　　但什么是经济相对平等？如何建构一个合理的经济相对平等理念？这既需要理性认识的引领，也需要对各种消极心理进行深度剖析，继而予以消除。对于"仇富"心理，当然也要多方面客观分析，它虽然与社会的一些不合理现象相关，但也与中国传统文化的某些因素密不可分。在中国文化，有"不患寡而患不均"①的普遍的心理意识，所以，中国数千年的文明发展史中，对富人的不满和鄙夷，几乎贯穿于整个社会的发展进程。民间谚语就有"无商不奸"、"为富不仁"之语，尤其是文学作品中，此类主题非常普遍、长盛不衰。长此以往，"为富不仁"与"为仁不富"，就容易成为一种普遍共识，于是"为富者"也就总是容易被广大公众特别是贫穷者口诛笔伐。事实上，"仁而富"、"富而仁"的现象也是广泛存在的，无论过去、现在还是将来，都是如此。所以，仇富未必就总是有理，有理的当是仇不仁之富、非法之富。

　　当前，中国的改革开放已经发展到关键时期，要深化改革，我们必须同舟共济、共渡难关，正如习近平同志所强调："我国改革已经进入攻坚期和深水区，进一步深化改革，必须坚定信心、凝聚共识、统筹谋划、协同推进"②。可见，树立共享发展理念，实现社会财富的公平共享，是切实维护和实现社会公平正义，保证全体社会成员共享改革开放发展成果的关键之举和当务之急。只有树立财富公平共享发展理念，公平地对待社会中的每个人——无论是强者还是弱者，使社会成员在分担社会责任的同时，拥有平等的权利、享有应得的利益，如此才能消除社会各阶层之间分歧，避免不必要的矛盾冲突，促进社会和谐，从而凝聚社会共识，使改革获得人民的深度认同与广泛支持，激发起广大人民群众奋力投身改革开放的积极性和创造力，推进社会主义改革开放事业不

① 《论语注译》，孙善钦译注，凤凰出版社 2017 年版，第 299 页。
② 习近平：《夺取全面建成小康社会　决胜阶段伟大胜利》，《人民日报（海外版）》2015 年 10 月 30 日。

断地从胜利走向胜利。

二、财富共享须反对平均主义

财富共享是人们对社会财富的公平享有享用，它是不同于平均主义的，在具有漫长的平均主义传统的中国，这个问题尤其值得注意。

平均主义当然可以指对任何社会资源进行平均分配的平均主义，目前学界对平均主义内涵的界定，主要把它限定在物质分配领域或经济领域。《大辞海》对平均主义的解释是："平均主义亦称'绝对平均主义'，要求平均享有一切财富的思想。主张消灭一切差别，要求人与人之间在工作条件、生活条件、物质分配和个人需要等方面绝对平均。"[1]有学者将平均主义定义为："要求人人均等地享有社会财富的心理欲求、思想主张、理论原则及其指导下的实践活动。"[2]

赵修义先生认为，平均主义的产生大致可以概括为三种情况：第一种是"自下而上"的民众诉求，它其实是下层民众对于上层统治者的不满情绪的一种表达，体现为对多方面生活待遇的不满，对等级制度的不满，对各种特权的不满；第二种是"自上而下"的引导，譬如中国革命时期的土地改革、建设时期的合作化运动、人民公社运动，这些运动的精神，都明显地表现为平均主义倾向，这是一种政策上、主观指导上的平均主义；第三种是制度性的问题，如社会主义计划经济体制，其实是我们超越社会发展阶段、脱离基本国情而制定的体制，"吃大锅饭"现象是这种体制的必然结果[3]。王光霞在《关于平均主义的几点思考》中，对平均主义产生的根源进行了比较系统的分析，认为手工业的生产方式是平均主义产生的物质基础，自然经济是平均主义产生的经济基础，对

---

[1]　《大辞海·哲学卷》，上海辞书出版社 2003 年版，第 175 页。

[2]　刘明华：《中国平均主义传统成因分析》，《中共济南市委党校学报》1994 年第 4 期。

[3]　赵修义：《"平均主义"究竟意味着什么》，《探索与争鸣》2013 第 7 期。

社会主义的误解是平均主义产生的思想基础，小农思维模式是平均主义产生的文化基础，计划经济的弊端是平均主义产生的制度基础①。

从历史上看，最早提出平均主义思想的，应当是孔子。《论语·季氏》中有："丘也闻有国有家者，不患寡而患不均，不患贫而患不安。盖均无贫，和无寡，安无倾。"② 在战国时期百家争鸣中，平均主义思想并非儒家独有。诸子百家的思想其内在价值指向虽各有所异，但在平均主义观上却多有共识。道家的庄子，就总是称道"天下平均"的社会理想；法家的韩非主张"适其时事以致财物，论其赋税以均财物"③，《管子》也说："地不均平调合，则政不可正也"④。

在平均与贫富的关系上，古代思想家大多认同"均无贫"，认为平均就是富，不平均就意味着穷。"不均不平，则地虽广，人虽众，徒有贵之名，而无富之实"⑤。他们希望民众"共趋于富庶仁寿之域"⑥，但必须在平均的前提下求富，平均成为富足的基础。同时，古代思想家往往把平均理解为公平："公平者，职之衡也，中和者，听之绳也"⑦，清人王夫之更直截了当地说："均也者公也。"⑧ 所以，每当社会财富占有由于两极分化而产生社会动荡时，一些革命起义的口号和对未来社会的理想都以平均主义为思想基础："均田免粮"、"均贫富"、"有田同耕，有饭同食，有钱同使，无处不均匀，无人不饱暖"、"打土豪，分田地"，

---

① 王光霞：《关于平均主义的几点思考》，《华中师范大学学报》（人文社会科学版）1998 年专辑。

② （春秋）孔子：《论语译注》，杨伯峻译注，中华书局 1980 年版，第 172 页。

③ （战国）韩非：《韩非子》，姜俊俊校点，上海古籍出版社 2005 年版，第 511 页。

④ 《管子》，房玄龄、刘绩注，上海古籍出版社 2015 年版，第 22 页。

⑤ （唐）白居易：《白氏长庆集·卷 64》，文学古籍刊行社 1955 年版，第 1581 页。

⑥ （宋）朱熹：《晦庵先生朱文公文集·卷 100》，第 2224 页。

⑦ （战国）荀况：《荀子》，孙安邦、马银华译注，山西古籍出版社 2003 年版，第 100 页。

⑧ （清）王夫之：《读通鉴论·卷 5》，中华书局 1975 年版，第 282 页。

等等，无一不彰显出对富人的敌视心理。究其原因，应与儒家思想密切相关。儒家一方面倡导一种"重义轻利"、"存理灭欲"的价值观念，在义利对立、理欲对立中，穷不一定是义与理的表征，但"富"却总被认为是体现利与欲的一面。另一方面，儒家的理想社会就是"平均社会"，由"致富"而产生财富差异，就与儒家憧憬的社会理想不符。

中国传统平均主义思想在社会实践中有十足的体现，以平均主义治国，成为历代封建王朝的基本国策。从两汉时期抑豪强、限兼并的政策，到北朝、隋唐时期的均田制，宋代的王安石变法，都可以发现平均主义的影响。宋明以后，封建王朝在赋税制度上有所改革，但平均主义仍为其所遵循的基本原则。所以清人颜元在《四书正误》中说："均无贫，是圣人富国法，和无寡，是圣人强国法，安无倾，是圣人定国法。"[①] 大致可以说，中国封建时代的政治对待方面的差等与经济方面的平均，构成了一种相互共存、相互补充的局面。

在现实生活中，依然有平均主义现象存在。比如现在少数单位的组织考核评优中，就存在着严重的平均主义。组织考核评优的目的，是希望通过发现差距，激励人们积极向上、奋发有为，不断提升自我，以缩小差距，真正实现发展的可持续性。良好的组织氛围是强化凝聚力的必要条件，对于领导者而言，当然可以通过一定的管理艺术来缓和下属间的矛盾，避免人们评优时相互争抢。但一些领导者采取了一种非常简单的方法，即通过考核过程中的"平均主义分配"来实现下属对"优秀"评价的"轮流坐庄"，以避免同事之间、上下级之间因竞争而导致的情感冲突。平均主义行为，严重违背了制度体系所强调的真实、公平和公正原则，破坏了对于个人德才优劣的客观评价体系，其对于成绩、成效的忽视，就是对德才能力水平的漠视，一方面，严重打击了有德才

---

① 颜元：《四书正误》卷 4《季氏》。

能力的实干者的工作热情，另一方面，对于德才能力不足者的所谓"优秀"评价，也掩盖了他们的真正不足，并助长了人们"等、靠、要"思想。人们一旦觉得不用付出什么努力，也可得到"优秀"，就不再努力，必然造成真抓实干者不断减少，坐享其成者不断增多，于是，浑水摸鱼、消极无为便成为常态。

财富共享一定不能落入平均主义的窠臼。财富共享，并不是让人们绝对平均享有，而是让人们实现相对公平受益。财富共享虽然是人人享有，却是各得其所，每人享有改革的成果并不是每人平分改革的成果，它是致力于实现社会财富相对公平受益，强调每个公民的付出与其所得应当成正比，在此基础上，再给弱势群体一些必要的照顾。平均主义有悖于公平，世界上的各种事物之间都存在着差异，如果把所有差异都抹平、所有分配都均等化，其实就是不公平。如果把共享理解成平均，实践中吃"大锅饭"，这对于拥有更多知识、更多资本，付出更多努力、创造更多价值、作出更多贡献的人来说显然是不公平的，这势必消解他们的劳动积极性，这种不符合经济发展规律的做法，完全不利于全面小康社会的建成、不利于全面改革的深化和民生状况的改善。

三、合法致富：财富共享的基石

由于人与人之间是有差异的，虽然，合法致富也可能形成财富占有的巨大差异，但人们对于这种财富占有的巨大差异是具有较大包容性的；而对于非法致富形成的财富占有的巨大差异，人们却总是非常不满。非法致富等于是从他人那里抢劫财富，非法致富者做慈善，其实是把抢来的财富再施舍一点出去给别人，抢劫犯成为慈善家，这本身就是天大的笑话。所以，财富共享、缩小财富占有差异的一个基本前提，就是财富差异的形成必须是合法的。

目前中国非法致富主要包括两个方面，一为特权致富，一为黑恶致富。所谓特权致富，就是公权腐败致富。所谓公共权力腐败，"就是一种利用公共权力，从而实现社会利益的不当分配的行为，它是公共权力异化的表现，是指国家公职人员为了谋求自身利益违反或偏离公共职责，私用或滥用公共权力，不仅损害了社会公共秩序，最终导致国家和人民利益遭受重大损失的行为"[①]。所以，在这种意义上，反腐败表达的是对民众渴望财富生成方式必须公平之心理要求的尊重。

如前所述，人们对于财富占有巨大差异的不满，一个非常重要的原因就在于，有些人的巨大财富是通过非法致富而实现的。因此，其追求和实现财富共享的背后，其实是对财富合法生成方式的渴求，是对合法致富的期盼。因此，合法致富就对于财富共享具有某种奠基的意义。

故此，我们在这里很有必要对合法致富理念对于当前我国物质文明与精神文明建设的重要价值加以阐明。

第一，合法致富是推进物质文明建设的基础观念。

合法致富，首先要以正确的财富观为前提，正确的财富观是正确价值观的重要组成部分。改革开放以后，邓小平提出了"贫穷不是社会主义"的命题，并实施了"让一部分人先富起来"的政策，这才促进了社会财富的不断积累和国民经济的快速发展。

党的十一届三中全会之所以具有划时代的意义，就因为它思想观念的拨乱反正，制定了以经济建设为中心的方针政策。随着社会主义市场经济体制的建立，我们认识到"民富国强"相互依存，二者融为一体。正确的财富观和鼓励致富，激发起全社会广大民众追求财富、创造财富的热情，使民间资本得以快速积聚，财富不断增加，人民生活水平不断提高。

其实，在规范的市场经济条件下，"富人之富"和"穷人之穷"根

---

① 罗琳瑜：《公共权力腐败之对策研究》，《经营管理者》2015 年第 4 期。

本不是直接对应关系。哈罗德·德姆塞茨在其《所有权、控制与企业》中指出："富人的财产并没有垄断功能，因此富人并不因其富就能给他人造成成本负担。他们面对的是来自各种人以及各种选择所造成的竞争。"① 我们强调的是社会的公平竞争，强调的是合法致富，不管是穷人还是富人，只要其财富积累合法，就应当加以保护。如果不依法保护富人的合法财富，可以随意劫富济贫，那么人们就不再愿意创造和积累财富，不仅富人难以更富，而且穷人一定更穷。只有依法保护任何合法获取的财富，才可能鼓励人们创造和积累更多的财富。整体社会财富增多了，就可以通过福利制度、二次分配、三次分配等方式来增进穷人的利益。

经济学家米瑟斯在其《自由与繁荣的国度》中指出："承认财产分配的不平等现状，鼓励每一个人以最低的资金和原材料消耗生产尽可能更多的产品，因此，人类今天生产的产品数量超过了他们消费所需的数量，形成了年复一年的财富积累……假如人们消除了这种驱动力，生产量就会随之降低，从而导致在实行平均分配的情况下，人均收入将下降到今天最穷的人的收入水准之下的结局。"② 通过释放和调动人们追逐财富的欲望，现代社会汇聚了以往任何时代都不曾有过的财富创造的巨大洪流。正如恩格斯所说："鄙俗的贪欲是文明时代从它存在的第一日起直至今日的起推动作用的灵魂；财富，财富，第三还是财富——不是社会的财富，而是这个微不足道的单个的个人的财富，这就是文明时代唯一的具有决定意义的目的。"③ 因此，只有鼓励人们合法致富，社会财富

---

① ［美］哈罗德·德姆塞茨：《所有权、控制与企业》，段毅才等译，经济科学出版社1999 年版，第 356 页。

② ［奥］路德维希·冯·米瑟斯：《自由与繁荣的国度》，韩光明等译，中国社会科学出版社 1995 年版，第 72 页。

③ 《马克思恩格斯文集》第 4 卷，人民出版社 2009 年版，第 196 页。

才会不断增加，只有总体的社会财富不断扩大了，才可能创造可以共享的物质基础，才可能通过各种普惠政策让广大人民群众共享到改革发展的成果。

第二，合法致富是推进精神文明建设的必要基石。

合法致富不仅有力推进了物质文明建设，也必将有力推进精神文明建设。党的十八大提出，倡导富强、民主、文明、和谐，倡导自由、平等、公正、法治，倡导爱国、敬业、诚信、友善，积极培育和践行社会主义核心价值观。社会主义核心价值观是我国精神文明建设基石，合法致富是其中重要构成部分。因为致富若不合法，那么那些相对高阶的价值就都只能是空中楼阁。所以，合法致富其实对于精神文明建设也具有奠基意义。

事实上，自我国建立社会主义市场经济体制以来，一直就在强调道德建设的规范作用：以为人民服务为核心，以集体主义为原则，以爱祖国、爱人民、爱劳动、爱科学、爱社会主义为基本要求，以社会公德、职业道德、家庭美德、个人品德的建设为落脚点，建立与社会主义市场经济、法律体系相配套的社会主义思想体系，并使之成为全体人民普遍认同和自觉遵守的行为规范。党的十六届六中全会通过的《中共中央关于构建社会主义和谐社会若干重大问题的决定》，也第一次明确提出了"建设社会主义核心价值体系"这个重大命题和战略任务。胡锦涛强调，要大力建设社会主义核心价值体系，巩固全党全国人民团结奋斗的共同思想基础。

今天，我们确立了社会主义市场经济，市场经济本身的"重利益原则"与我们传统道德建设所推行的"轻利益原则"之间就存在某种程度的背离——进而导致双方各行其道，无法走近对方，从而达不到相互规约、相互支持之目的。市场与高阶道德价值之间，由于没有一个必要的连接中介，两者必然越行越离、越离越远。所以，在市场与道德之间，揭示、建立、巩固、强化足以紧密二者关系的连接中介，不断将市场要求与道德要求进行沟通、撮合、协商，甚至拉近、交集、渗透，从而使道德成为有合理利益诉求的道德、市场成为有合理道德规范的市场，就显得非常必要——我们认为这个关键的、重要的、必需的中介就是合法致富理念。合法致富既有市场的基本要求——致富，也有道德的底线要求——合法，二者有机有力地结合在一起，既对市场进行着规范，又为道德提供了基础，它的基础性作用的揭示、显现、成长、壮大，对于我国两个文明建设的奠基作用是非常关键的。完全可以说，没有合法致富观念奠基，一切更高的道德要求往往都只是空中楼阁，只是泡沫、只是幻影。

人是一种追求完美的存在物，人的生命过程表现为人的理想之不断产生与实现之间的不断反复。各种理想因其美好，便成为人类社会不断追求进步与完美的灯塔。但同时，理想又可能因其过高、过远，而导致对某些合理性现实的粗暴否定，从而造成欲速则不达，甚至导致严重的错误与失败。

不切实际的理想主义，一方面反映了人类对美好前景的期待，另一方面也深刻地反映了理想主义者往往对具体历史时空中某些有缺陷的社会现实之合理存在的认识不足，他们急于把未来历史时空的社会理想架构搬到当下来搭建，基础不牢、原材料不足等一系列因素的阻碍，必然导致新的建筑始终无法真正建立起来，就是瞬即立起之后也会快速崩塌。所以，过高的理想主义情结"固然包含了人类进步动力的光辉因素，却也有可能潜藏着将人类引向无穷灾难的陷阱"[1]。

经济建设如此，道德建设也是如此。道德原则要真正发挥规范作

---

[1]　杨蓓、吴毅：《人民公社：现代乌托邦的追求与受挫》，《华中科技大学学报（社会科学版）》2011 年第 5 期。

用，它就得贴近人们的日常生活，过于高蹈，等于虚置。合法致富并非特别崇高甚至根本谈不上什么崇高，但在市场经济条件下，它确是非常现实、非常恰当、非常必要、非常重要的普遍社会要求。说它现实，是因为许多人都想致富、都在致富；说它恰当，是因为用合法规范致富并不高蹈；说它必要，是因为部分人的致富还没有达到合法的基本要求；说它重要，是因为它是道德建设的奠基之石——它是走向更高道德境界的必需桥梁。

也许有人认为，合法致富要求太低，甚至连底线伦理的程度都达不到，是应当批评和超越的。从某种角度来讲，合法致富确实只是一种法律要求，最多也只是达到了底线伦理的程度。但是，"道德底线虽然只是一种基础性的东西，却具有一种逻辑的优先性：盖一栋房子，你必须先从基础开始"[①]。基础不牢固，房屋必垮塌。

对"底线伦理"的批评大致基于两点：一是认为道德价值取向低层次过低；二是认为当前的道德失范源于向道德底线退守。我们认为这两点都值得商榷。道德的本意确实不只是做合法的事，不只是不做不应做的事，还要做应做的事。但是首先，非常态的过高的道德要求在常态下失范是必然的。其次，人们道德要求的失范确实与人的自利心的突然释放相关，但释放自利心是市场经济的必然要求。所以，既然认定了市场，那么规范人们市场行为的基本点和根本点就不在于道德上不允许自利，而在于自利得到规范，自利必须公正合法。

所有批评底线伦理的学者都有一个共同的特点，那就是总站在过高的道德理想主义的高地，站在应然的逻辑推理角度来思考现实问题，现实人的真实存在状况——特别是当下中国人真实的利益、自然的需

---

① 何怀宏：《良心论——传统良知的社会转化》，生活·读书·新知三联书店 1998 年版，第 417 页。

要、必要的欲望，他们往往是视而不见、听而不闻的。

人是自然性与社会文化性、物质性与精神性、肉体性与灵魂性之二重属性的统一，因此基于人的道德也会表现出这两个方面的规定：超越性与现实性。超越性道德使人追求崇高、卓越、完满，让人拥有无穷无尽的创造空间。而现实性道德却是要承认人的生物性、承认合理自利的必然与必要的，它常常只是表现为对自我原始野性的一种恰当约束，其最基本的要求就是：利己只要不损害他人的利益就成①。这两种道德在人的生活中都有其相应的合理存在空间，只用其中的一种来强制地规范人，都将是对丰富人性的残害。

以往高蹈的道德哲学忽视人的二重属性之完整存在，片面强调人的社会文化性、精神性、灵魂性，片面发展道德理想主义，其结果是怂恿人的精神文化不断压缩人的自然存在的必要空间，以道德名义无限地向人的现实生活提出高超的要求，剥夺了人的自然存在的现实合理性及其内在价值，剥夺了个体在高远的道德原则与具体的现实存在之间进行自由选择的裁量权，对于常人来讲，这是非常不合理的。

同时，将高蹈的道德要求视为普行规则，这会导致一些本应允许的行为"变成"不被允许的行为，把一些基于人的基本生存要求的合理行为视为不道德的行为。由于人们无法在实存层面抛弃、超越这些必要的"求生"行为，这就容易导致在人们的现实行为与"观念性认可"的社会应然道德要求之间形成巨大的反差，从而使人们精神与肉体分离，不得不为，却又为之深感内疚，人们不堪道德重负，并最终形成一种逆反心理和畸形人格。所以，"见贤思齐，是一个正确的价值导向。但把道德门槛抬得过高，只能使人感到'高处不胜寒'，甚至产

① 李泽厚先生提出关于的"宗教性道德"与"社会性道德"的区分也表达了大致相应的意思。参见李泽厚：《哲学探寻录提纲之六》，引自李中华、王守常：《文化的回顾与展望》，北京大学出版社 1994 年版，第 152—153 页。

生对这样的道德教育的抵触或反感，放弃对陈义过高的道德高标的践行。另一种后果则是大量的伪善行为。为了迎合社会标准，只好说一套做一套，阳奉阴违，道德投机、形式主义泛滥，以高尚的目的动机将卑鄙龌龊的行为手段圣洁化，道德诚信严重缺失，道德建设实效性大打折扣"[①]。

总之，一味地倡导道德理想主义，不仅失去其应有的规范作用，而且在现实性上还常常使人变为口是心非、知行不一、人格分离的"两面人"。高尚的道德是人们所需要的，但它必须在基础道德稳固的前提下才会发挥应有的作用，一味地高蹈，就与社会现实挂不上钩，就不会真正产生牵引力。综上可见，合法致富不仅是道德的内在要求，而且是经济发展的要求，对中国经济社会的发展释放了且将继续释放出无比巨大的力量。当今中国，只要每一个人都能够合法致富，其能量就是核爆式的，它是一个非常了不起的巨大进步，我们为何不去珍视、内化、践行这一内含巨大能量的基础价值理念呢？[②]

第三节　财富差异与财富共享

如前所述，财富一般指物质财富，它是由使用价值构成的物质实体，是社会存在和发展的物质基础。除物质财富外，人们还把文化知识、科学技术、管理经验等称作精神财富。我们这里所讨论是物质财富。由于人与人之间存在差异，物质财富作为人们对自然资源的占有和人之劳动对象化的成果，它必然呈现出差异性。如何认识和对待这种差异，对于人与人之间关系的合理处理，对于人与人之间的和谐关系的建

---

① 曹治平：《为"底线伦理"辩护：论道德建设的以"退"为"进"》，《前沿》2013 年第 1 期。

② 参见易小明：《论合法致富》，《伦理学研究》2016 年第 5 期。

构与和谐社会的建立都非常必要。

一、财富差异的必然生成

作为劳动成果的财富差异是人之差异表现的对象化，它的生成是必然的。对象化是指主体在发展过程中创造出自己的客体，并在客体中实现自己、肯定自己。马克思说："劳动的产品是固定在某个对象中的、物化的劳动，这就是劳动的对象化。劳动的现实化就是劳动的对象化。"① 对象化对于主体来说，就是人的本质的外在化、物质化、客体化，对于客体来说，就是对象的主体化、人化、社会化。我们借用对象化一词，表达人的某种状态、属性的客体化。我们认为，人的财富差异就是人的活动（劳动）差异对象化的结果。不同的主体之间存在着各种差异，不同主体所使用的劳动工具、劳动方法之间存在差异，不同的劳动对象也存在差异，因此，作为人之差异活动和活动差异对象化的劳动成果肯定也存在差异。

是否占有生产资料是人与人之间财富差异形成的重要根据。社会越是发展，知识、方法、技术杠杆在社会发展中的作用越大，生产资料占有与否的关键性作用就越是被放大，这种情况就越明显，从奴隶社会到封建社会到资本主义社会的发展就是明证。

主体能力与资本在财富的增殖过程中确实都发挥着重要作用，不过，在私有制条件下，主体能力发挥财富增殖的作用往往要借助资本这一渠道，资本不仅是人的差异得以扩大的放大镜，也是人的差异是否能够显现的前提条件，即有无资本是人们能否进入活动差异巨大表现场的前提。因此，面对资本主义发展的社会现实，马克思恩格斯更加关注资本问题而不是个人能力问题，这从他们与施蒂纳关于财产增殖来源的分

---

① 《马克思恩格斯文集》第 1 卷，人民出版社 2009 年版，第 156—157 页。

歧上可见一斑。"马克思和恩格斯与施蒂纳们在财产关系与资产关系问题上的分歧是显而易见的。"① 在施蒂纳看来，唯一者通过自己的能力、努力获得自己的资产和资产的增殖，但在马克思恩格斯看来，问题并不如此简单，除了唯一者自身的能力、努力外，资产的增殖还是在经济交往中实现的，是在劳动与货币的组合中完成的，不同的现实的经济关系一定程度上支撑着不同的财富增殖方式。

在马克思看来，在资本主义社会，资产阶级因占有生产资料而无产阶级失去生产资料，这种差异促成资产阶级无偿占有了无产阶级创造的剩余价值，他将此谓之资本主义条件下财富差异的剥削本质，谓之异化劳动。这种情况使财富不断集中在少数人手中，成为他们挥霍享受的物质条件。

马克思对于异化劳动、对于剥削的揭示无疑是正确的。但我们还是可以从差异普遍存在的角度来进一步揭示经济剥削与异化劳动的先在根据——即资本的形成是人的差异活动的对象化——无论这些差异是怎样的差异——是合法的还是非法的，而资本一旦形成，它又反过来扩大了财富增长的差异。如果我们把剥削、异化劳动看作是人类社会一定历史时期主客体各种差异表现的某种形式，那么我们就能看到这种差异表现其实还有一个遥远的过去与无限的未来，那么它在一定历史条件下——比如资本主义条件下的许多的"罪恶"，也许因其背后还存在着一个更加基础性的差异表现的普遍性和必然性而不显得那么严重了。剥削与异化劳动的本质就是劳动付出与劳动收入之间的不对等，反对剥削与异化劳动，就是要实现劳动付出与劳动收入之间的对等，这种对等，某种意义上说就是一种理想的从劳动起点到劳动结果之过程的纯粹同一

---

① 魏小萍：《词汇选择与哲学思考：财富的来源、性质与功能——〈德意志意识形态〉中马克思、恩格斯与施蒂纳分歧的文本解读》，《哲学研究》2008 年第 2 期。

性进程。而由于差异的普遍存在，合作性的社会生产条件下，这些差异是一定要阻止、破坏这种纯粹同一性进程之实现的。

由于差异的客观存在，财富作为差异活动的结果就是必然的，所以，就算没有分工、没有生产资料的有与无之差异、没有资本的产生，最后，人们财富占有差异的生成也是必然的。只不过，分工、资产、资本为财富差异的生成与扩展提供了更便捷的条件。作为资本来讲，它既是后来财富差异的原因——是资本的拥有与否，造成了工人与资本家之间巨大的财富差异，但同时也可以先前是财富差异的结果——是人的差异表现之对象化的财富积累促成了资本的生成。因此，我们不能只看到资本作为财富差异之原因的客观性，还应看到它作为财富差异之结果的客观性，这样的认识才会更加全面。

如前所述，异化劳动与剥削的提出，其实是以劳动与收入的理想对等性为基础的。协作分工与商品交换存在的条件下，劳动者创造的成果要归劳动者完全所有，这其实只是一种"应当"的理想存在，它只在观念中存在。现实社会中——特别是在分工日益复杂的现代社会中，由于差异的普遍渗透性存在，劳动付出与劳动收入之间的完全对等是根本不可能的。同一劳动者的付出与其相应收入不可能完全对等化实现，不同劳动者的不同付出与其相应收入之间也不会完全成正比地实现，因为由于各种差异的存在，基于分工的不同劳动形式之间不可能存在一个绝对准确的能够相互转换的公式，所谓社会必要劳动时间，也只是一个大致的说法，它不可能十分精准。既然劳动付出与劳动收入之间不可能完全对等，而是必有出入，那么人们就完全有可能通过某种工具性杠杆来扩大这种出入。这种出入的必然性存在，出入的不可避免，是出入可能被扩大的前提性条件。

当然，差异并不是绝对的独存，差异是与同一相互依存的。具体事物中，差异中有同一，同一中有差异，它们相互交织在一起，它们的共同存在是普遍的。但是，差异与同一在世界中的表现功能与作用却是有差异的。一般而言，差异是绝对的、同一是相对的，差异是具体的、同一是抽象的，差异表现着绝对运动、同一表现着相对静止。正因为差异与同一的相互交织，在现实世界中，差异就随时随地地参与于同一，从而随时随地地破坏着一种绝对的同一、平等、对等的存在与实现，也就是说，绝对的同一、对等、平等只在观念中存在，现实生活中是没有的。

但是，由于人是一种理想性的、观念性的、超越性的、精神性的存在物，并且人往往以观念的东西来规范现实的存在，于是脱离差异的纯粹同一、绝对平等、完全对等之类，便时常影响、引导着人们的相应行为。也正是因为人在头脑中产生了"可以"脱离具体的抽象，产生了"可以"忽略差异的同一，产生了对同一性的理念性认识，于是才有了完全平等、对等等观念的生成，才有了常常无睹于现实差异性的同一性立场，才有了各种匡正差异表现的理想性、观念性标准，才有了差异相对于同一而言其表现是否合理、是否过度的相关评价，才有了对不公正、不平等、不对应等现象的否定性评价。

人既是差异性的存在物，也是同一性的存在物，因此，人既客观上表现差异、又客观上表现同一。所以，我们反对异化劳动、反对剥削，并不是要立刻完全消除异化与剥削，因为异化与剥削都是有其差异之根的，我们不可能刨除它的差异之根。当前，我们反对异化与剥削，本质上是反对由异化劳动与剥削所导致的差异的"过度"表现，因为这种不对等的过度表现会影响到同一的合理表现与存在。由于差异与同一是相互依存的，因而反对差异的过度表现不仅是实现某种同一的任务，同时也是差异自身得以续存下去的根据，因为两者相互依存，一方的消亡之时也必将是另一方的灭亡之日。

某种意义上讲，财富生成的本质是人之能动性充分发挥的结果，因此，所有人的能动性的发挥是财富生成的重要源泉。如果一种制度只能发挥部分人的甚至是少数人的积极性、能动性，那么它就可能阻滞财富的进一步快速增殖。老式资本主义生产方式由于其对工人劳动积极性的限制，因而它在生产力的发展中产生了一种同财富生产相背离的机制，这说明它"不是财富生产的绝对的生产方式，反而在一定阶段上同财富的进一步发展发生冲突"①。少数人富有而大部分人贫穷，其本质是差异的绝对性、任意性表现造成的，那么人们解决这一问题就必然是对同一性存在之客观性与必然性的强调，于是无论是无产阶级革命还是资本主义改良，其本质都是强调贫穷者、弱势者的类同一性本质的存在，强调平等的意义，强调共同富裕的目标，总之是强调，没有同一参与、没有同一支撑的单一的纯粹的差异表现不仅没有生机，而且会自趋灭亡。

财富差异的生成是必然的，但这种必然并不直接意味它的生成就是合德（符合道德）的，更不意味它的不断扩大就是应当的。因为财富差异的生成有两种基本方式，即合法的生成方式与非法的生成方式。即使是合法的生成方式，过大的财富差异也是不合理不应当的，原因在于它可能侵占人的同一表现的应有地位，从而使人的整体存在不协调，也使许多人的能动性不能积极发挥。在生产资料公有的条件下，所谓的财富差异，本质上是量的规定而不是质的规定。但在资本主义条件下，就特别容易导致财富差异过大现象产生，其中的一个关键性原因，就在于生产资料的私人所有制，生产资料的拥有与否是剥削还是被剥削、是贫还是富有的分水岭。如果说私有制是贫富过大差异的唯一原因，那么消灭私有制就意味着消灭过大贫富差异。但由于差异存在的先在性与普遍性，私有制只是差异表现的一个历史环节，只是生成、扩展过大贫富差异的原因之一。因此，即使消灭了私有制，也不会消灭差异本身，其他

---

① 《马克思恩格斯文集》第 7 卷，人民出版社 2009 年版，第 270 页。

方面的各种差异及其充分表现，都有可能导致贫富差异过大；同时，如果说私有制本身是完全不合理的，那么我们消除私有制与消除财富占有巨大差异的目标就是统一的，我们能够毕其功于一役。但如果私有制还有其自身的存在合理性，它的历史使命仍在，那么消除贫富差异过大就不能以直接消除私有制的方式来加以解决，而只能另寻他方，以给过大贫富差异一个必要的量的限制。

同时，消灭私有制也不是那么简单的。我们认为，人是根据自己的本性、要求来建立社会建构制度的，如果没有人本身的内在要求和要求根据，制度依据什么来产生？私有制的生成也是如此，如果没有人的先在私性的存在，私有制也许根本就不会产生。过去有人总认为是私有制才使人自私，这种说法其实是片面的，因为人的私性必然存在于私有制之前，如果私有制产生之前人没有私性，那人们何以可能对剩余产品进行私人占有？所以，应当说私有制是基于先前之人的私性产生的，而私有制一旦建立，它又反过来放大了人的私性。既然私有制有其某种人性基础，那么消灭私有制也就不会那么简单。

人性的生成与发展当然与其存在环境相关，但把人性理解为完全被环境所规定的东西，也是有问题的。人作为生命体，是有其内在本质规定的，比如食、色就是其内在本质规定，如果一个人不食不色，他也就失去了人作为生命存在的本质规定，就不再是人了。

人的私性是与人的个体性、生命的自利性联系在一起的。一个生命要生存，就必然从外界获取物质、信息、能量来满足自己的需要，所以，这种意义上的自利是生命存在的本质。人的生命自利性在其后来的发展过程中并没有被外在物所吞噬，而限制它过分表现的是人的生命自利性本身，是另一个生命自利性的同时表现，只有当两个以上的生命自利性相遇时，生命自利的任意发展才可能遭到遏制。由于私有制有其内在的某种人性根据，所以，我们即使可以人为地消除私有制而建立公有制，但我们也不能消除私有制的人性基础——人的私性本身，因此，人的私性仍然在公有制形式中以各种方式表现着自身。

但是，我们说人有私性、说私有制有其人性基础，并不是说人只有私性，也不是说私有制有其完整的人性基础——或者说人性所有方面的都会支持私有制。人既是物质的存在，也是精神的存在，既是自然的存在，也是社会文化的存在，既是个体的存在，也是群体的、类的存在，总之既有"私性"存在，也有"公性"的存在。如果个体性主要凸现差异、凸现私性，那么群体性、类性则还要凸现同一、凸现公性，如果私有制主要以个体性为人性根据，那么公有制则主要以群体性、类性为人性根据，它们都有自己的内在人性根据，只不过，都不是基于全面完整的人性（全面完整的人性是类性、群体性、个体性统一）根据。①由于人总是力图全面地实现自己的内在本质属性，因此人在其活动中总是公私掺杂的。

二、财富差异的历史命运

历史中的财富差异一直都存在着，人类社会发展的历史，既是财富差异不断生成的历史，也是平等理念对财富差异不断"修正"、"干扰"的历史。

历史上有两种基本财富分配方式否定财富差异的过度表现：一是直接平分式否定，一是间接转移式否定。所谓直接平分式否定就是同一时代的人们基于某种自觉或不太自觉的平等观念而对社会财富占有的过大差异进行调节，以使财富由多者向少者转移，实现财富占有的相对均衡；所谓间接转移式否定，就是在不同历史时期，社会财富由某一个体

---

① 易小明：《从人的三重属性看生产资料所有制变革的合理性》，《北京大学学报》
2002 年第 3 期。

或群体向另一个体或群体自觉或不自觉地转移，以实现财富占有的相对均衡，这也就是人们常说的"富不过三代"的现象（当然，长期繁荣的百年老店也是存在的，但为数极少）。但是，无论是哪种方式，其背后的力量虽有差异自身表现的阴差阳错，但主要是基于人之同一、人之平等发展的客观诉求。

平等观对过大财富差异的冲击与否定，既基于世界同一性表现的客观力量，也基于主体对同一、对基于同一之平等理想的自觉追求。

我们知道，人是差异性与同一性的统一体，差异与同一既客观地"表现"在人及其活动之中，也主观地"实现"在人及其活动之中。之所以如此，就是因人的差异特别是同一，能够被人观念化为相应的意识，从而成为人们的自觉追求目标。因此，差异特别是同一不仅表现为客观世界差异、同一的客观性作用，也表现为转化成差别、平等的主观性作用，于是追求卓越与平等便成为人类社会中的不断扩展着的自觉行为。

差异与同一的客观性作用转化生成出差别与平等的主观性作用，原因在于人是能够观念化对象世界的存在物，是具有抽象思维的类存在物，正如马克思所说，人能够"通过实践创造对象世界，改造无机界，人证明自己是有意识的类存在物，……正是在改造对象世界中，人才真正地证明自己是类存在物"①。

费尔巴哈认为，意识是人区别于动物的标志，但是只有将自己的类当作对象的那种生物，才具有最严格意义的意识。动物可以将个体、将自我当作对象，但它不能将自己的类当作对象，它没有那种由知识而推衍的意识。"什么地方有意识，什么地方就有从事科学的才能。科学是对类的意识。在生活中，我们跟个体打交道；在科学中，我们跟类打

---

① 《马克思恩格斯文集》第 1 卷，人民出版社 2009 年版，第 162 页。

交道。只有将自己的类、自己的本质性当作对象来对待的生物，才能够把别的事物或实体各按其本质特性作为对象。"① 费尔巴哈认识到，人所独有而成其类本质的"意识"，不是一般的感性感觉，而是意识中最高级的理性形式。"理性是人类的人性，是他们——如果他们有思想——的类。"② 正因为人有这样的"类本质"，所以，人不但可以把外在事物，而且可以把自身内在的本质当作研究对象，产生基于个别认识之抽象的普遍的科学知识。

总之，人的类存在，人的排除各种差异的抽象思维，使人成为能够符号化、概念化对象的存在物，因而是能够发现对象之同一与规律的存在物，也就是能够发现人与人之间基于某种或整体同一的平等的存在物，这也是人之所以能够按照任何种的尺度进行生产的内在原因。

平等一旦成为人们的自觉追求，那么它就会向人类生活的各个方面渗透，当然也就必然向财富差异渗透。但是，平等观向财富差异的延伸必然有其限度，因为财富差异不完全是由主体理想所规定的，它有其客观根据，它是差异对象化表现的必然结果。平等作为具有某种同一性客观基础的社会文化要求，它对于财富差异的否定也必然是有限度的。从自然存在的角度来讲，同一对差异的否定必须有限度，否则它们自身就不能存在——因为它们是相互依存着的；从社会文化的角度来讲，平等对差异的否定也必须是有限度的，因为社会文化对于自然的否定常常并不是完全否弃对象，而往往是让对象保有其一些内在属性的前提下发生符合人的要求的某种改变，其本质是一种扬弃，因此，社会文化并不完全是自然的对立面，而是自然表现的一种人为形态，是人化的自然。社会文化的本质是人的本质与自然本质的统一，因此，完全否定自然的

---

① 《费尔巴哈哲学著作选集》下卷，荣震华等译，商务印书馆 1984 年版，第 26 页。

② 《费尔巴哈哲学著作选集》上卷，荣震华等译，商务印书馆 1984 年版，第 225 页。

社会文化并没有体现社会文化的最高本质要求，它只是人的绝对主观意识的任性表现，因此，它也就必然会受到来自自然自身的惩罚。

由此可见，财富差异表现的历史，本质就是财富差异不断生成、扩展和人们居于平等观念而对财富差异进行不断调节、改变的历史，其本质是人的同一性追求与差异性追求在财富方面的实现，是人的同一性与差异性表现如何协同、如何合理表现的历史。

三、面对财富差异的应然态度

财富差异是必然，但对过大的财富差异进行调整也是需要的。那么如何面对财富差异呢？我们的基本观点是：既反对绝对均等的财富分配观，又反对人为的过大的财富差异。具体来讲，科学合理的财富观应当体现以下四个方面的要求。

第一，个人财富与社会财富的统一。如果将财富分为满足个体基本需要的"必需"性财富与满足个体基本需要之外的剩余性财富的话，那么必需性财富应当是每个人都得占有的财富，而剩余性财富，则需要根据人们的不同贡献去差等分配。尽管人的基本需要在不同历史时期的不同个人之间有所不同，但在一定历史时期，它还是有一个大致范围，所以拥有巨大财富者，其满足个体基本需要的财富消费仍然是相当有限的，他的巨大的剩余性财富，必然在客观上要表现为社会财富，他个人只是这社会财富的管理者。由于个人的剩余性财富具有非即时消费的客观实有性，它往往会参与到同时也只有参与到整个社会财富的运动洪流之中，才会获得生命力、发展力、创造力，而一旦汇入社会的洪流，它就客观上构成了社会财富的一部分，就不仅必然表现出为社会利用、满足社会需要的特质，同时也才可能产生财富增殖。拥有巨额财富者，如果充分认识到自己的剩余财富必然也是社会财富，那么，他可能就更乐于投资而不是储存，同时他也会乐于以一种更加自觉自愿的形式将自己的剩余财富直接捐献给社会中那些现实地更加需求财富的人——特别是那些急需基本生活物品的人，以实现个人财富自觉的社会化转化，从而实现个人剩余性财富向社会需要性财富的发展。

第二，目的财富与手段财富的统一。恩格斯《在马克思墓前的讲话》中提道："正像达尔文发现有机界的发展规律一样，马克思发现了人类历史的发展规律，即历来为繁芜丛杂的意识形态所掩盖着的一个简单事实：人们首先必须吃、喝、住、穿，然后才能从事政治、科学、艺术、宗教等等；所以，直接的物质的生活资料的生产，从而一个民族或一个时代的一定的经济发展阶段，便构成基础，人们的国家设施、法的观点、艺术以至宗教观念，就是从这个基础发展起来的，因而，也必须由这个基础来解释，而不是像过去那样做得相反。"① 这也就是说，人的存在必须以人的必要的物质条件为基础，正因为如此，一定条件下有财富与有生命是可以相互置换的，如果人们要实现维持生命目的，他也就必然要以获得必要的物质财富为目的，这就是财富的目的性，它统一于生命的目的性，统一于生命存在的需要本质。

但是，人的存在并不只是单纯的物质生命的存在，它不只是生命的维持，而是生命的表现与发展，是对既成生命的某种超越。因此，财富也就必然表现出它为生命表现服务的手段价值。马克思在《1857—1858年经济学手稿》中对财富的本质有一段重要论述："事实上，如果抛掉狭隘的资产阶级形式，那么，财富不就是在普遍交换中产生的个人的需要、才能、享用、生产力等等的普遍性吗？财富不就是人对自然力——既是通常所谓的'自然'力，又是人本身的自然力——的统治的充分发展吗？财富不就是人的创造天赋的绝对发挥吗？这种发挥，除了先前的历史发展之外没有任何其他前提，而先前的历史发展使这种全面

---

① 《马克思恩格斯文集》第3卷，人民出版社2009年版，第601页。

的发展，即不以旧有的尺度来衡量的人类全部力量的全面发展成为目的本身。在这里，人不是在某一种规定性上再生产自己，而是生产出他的全面性；不是力求停留在某种已经变成的东西上，而是处在变易的绝对运动之中。"① 可见，财富只是人实现全面发展的方式和手段。

不可否认，生命的自然存在是生命自由表现的前提，但是，当今许多人已经拥有丰富的维持生命存在的物质条件，但却仍然停留在"基本物质需要满足是第一前提"的惯性思维中，仍然将财富当作生活目的来对待，这其实是生命自由本质的异化，这是需要反思的。但同时，我们强调吃饭是为了做事、为了发展、为了自我实现，可现实社会中，仍然存在着做事是为了吃饭的情况和思维，一个社会中如果这种情况越普遍，那么它就越不发达、越不合理，如果这种情况主要是由于生产力发展总量不足造成的，那就需要通过大力发展社会生产力来解决，如果主要是由财富占有巨大分化造成的，那就必须通过改革来改变这种不合理的分化状况，以实现两者平衡。可见，财富之手段性、工具性价值的普遍实现，既需要社会生产力发展总量的支持，也需要正确的财富观的支持，更需要合理的、公正的社会分配制度的支持。

第三，物质财富与精神财富的统一。人的存在方式内在地决定着财富的存在方式，人是物质存在与精神存在的统一，因此财富也就必然表现为物质财富与精神财富两个存在方面。据此，正确的方法也就要求我们从两个方面来全面认识和合理对待财富。"既要反对将人抽象化为纯粹的思维和意识的唯心史观，又要突破将人等同于'理性经济人'的传统政治经济学主张。"② 也就是说，要从人的内在本质需要方面来理解财富的本质，充分利用物质财富的功能来满足、发展和提升人的精神需

---

① 《马克思恩格斯文集》第 8 卷，人民出版社 2009 年版，第 137 页。

② 俞吾金：《论财富在马克思哲学中的地位和作用》，《哲学研究》2011 年第 2 期。

要，促成人们由物质财富积累向精神财富积累发展。

有人将人们对于物质财富的追求与精神财富的追求看作一个椭圆形中的两个圆心，人离物质财富越近，就离精神财富越远，反之离精神财富越近，则离物质财富就越远，这种比喻虽不一定精准，却倒也有几分理、几分趣。我们则认为，物质财富是必要基础，精神财富是发展方向。人是物质与精神的统一，但人区别于动物，判断两相区别的重点并不是物质方面，而是精神方面。因此，人越是着力发展其精神、追求精神财富，人就离动物越远，人就越成为人；人越是着力追求物质财富，人就离动物越近，人就越可能被异化。

我们觉得，人类文明的发展过程，既是物质财富不断扩大的过程，更是人的精神财富不断扩大的过程。随着时代的发展，今后人类社会对人之存在价值的评估重心，可能更加偏重于注重精神财富方面，这不仅符合人的要求，也符合自然生态存在的要求。当然，做到这一点要以必需的物质财富的充分积累为前提，必须在劳动不是作为谋生的手段之时才会开始。正如马克思所说："自由王国只是在必要性和外在目的规定要做的劳动终止的地方才开始；因而按照事物的本性来说，它存在于真正物质生产的彼岸。"[1]

第四，享受财富与创造财富的统一。

西斯蒙第认为："如果财富不能让人享受，如果任何人都不需要它，那么它就失去了价值，就不再是财富。"[2] 但是，人创造财富既是为了享受财富，更是为了自我创造、自我实现，而享受财富只是人的自我实现的一个方面，有时甚至是一个相对消极的方面。

一个理想的结果就是，财富促成了人的自我实现与全面发展，而

---

[1] 《马克思恩格斯文集》第 7 卷，人民出版社 2009 年版，第 928 页。

[2] ［瑞士］西斯蒙第：《政治经济学新原理》北京，何钦译，商务印书馆 1964 年版，第 51 页。

人的自我实现与发展的过程又反过来成为财富的再创造过程，两个过程的统一最终使财富成为人之发展的副产品。这种境况不同于纯粹以财富创造积累为目的的方式，它以人的发展为目的，而在人的发展过程中，人的物质、精神力量的对象化又反过来直接成为财富，并且人的发展本身也成为一种潜在的财富。人的发展不会只是一种纯粹消费的发展，而是伴随着创造的发展。创造本身作为一种发展实质是基于人的发展，创造本身作为一种财富则是人的发展的副产品。于是，历史在享受和创造中延伸，"整个所谓世界历史不外是人通过人的劳动而诞生的过程，是自然界对人来说的生成过程"①，这个过程具体地表现为消费与生产、享受与创造的统一。

有学者提出："马克思已经立足于人类社会的财富观，批判了资本主义的财富观；而'资本'主义的财富观，对于尚未走出农业社会财富观的中国人来说，却是一种实实在在的思想解放。"② 这虽然有一定道理，但我们并不完全如此认为。财富观不同于不同时代的财富合理增长方式，财富观的"正当合理"与否也并不完全以社会发展形态的高下为基本依据，而总是根基于人们不同的生活观、价值观。就资本而言，它本身虽不具有价值表现的灵魂，但资本在本质上并不完全外在于"人"，它是人自身创造的，是追求利益的人们展开实践活动的一种结果。所以资本的"异化"并不是资本本身的异化，而是支配着资本的人的异化，只要将人纠正过来，形成正确的人生观、价值观、财富观，资本的异化完全可能弱化甚至可能消除。据此而言，在正确财富观的引领下，资本的发展并不一定得成为劳动者的对立面，相反它完全可以成为劳动者自由活动的支持者。

① 《马克思恩格斯文集》第 1 卷，人民出版社 2009 年版，第 196 页。
② 马拥军：《财富的含义与种类——当代中国语境中的马克思主义财富观》，《华侨大学学报》2009 年第 1 期。

　　总之，离开人的合理生存价值观控制的资本运作，只不过是人类扩大整体财富的一种手段，在自然生态限度不断显现、人类平等观念不断加强、人们精神生活水平不断提升的今天，资本表现的这种失控，这种自以为是，也许就是资本的最后疯狂。我们相信，物质财富的过大差异将被合理调整，人的被物化的生存价值将被超越，精神的自由表现之光将照彻地球的每一个角落。

第二章　财富共享思想的
马克思主义源头

第一节　马克思恩格斯思想中孕育着共享的根源

一、马克思恩格斯思想中蕴含的共享元素的基本内容

如前所述，改革开放以来，我国经济发展取得了举世瞩目的成就，但财富占有方面，也出现了差异。如何解决这一问题？这仍是一个需要通过借鉴历史、通过正视现实而加以澄明的问题。

在马克思恩格斯著作和书信中，没有发现他们直接使用"财富共享"一词，但这不意味着他们对此问题没有关注，也并不意味他们没有财富共享思想。经典著作中所蕴含的财富共享思想，需要我们认真阅读文本、进行深入挖掘。探讨财富共享问题，需要把握好经济活动中的各个环节。马克思恩格斯通过对社会生产和再生产过程中的生产、分配、交换和消费四个环节的深入考察，揭示了在资本主义生产过程的各个环节中存在着严重的不平等，富有针对性地提出了解决经济不平等问题的基本思路甚至提出了一些具体方案。正如恩格斯所说，平等"是对明显的社会不平等，对富人和穷人之间、主人和奴隶之间、骄奢淫逸者和饥

饿者之间的对立的自发反应"①。马克思恩格斯对这些问题的关注，可以说是当代的共享发展理念的重要源头之一。

平等的主体不是抽象的人性，不是抽象的个人，也不是抽象的自然人，而是处于一定社会关系中的现实生活中的个人。恩格斯指出，基于人的一些共同点而提出平等，这是非常古老的思想方式，"现代的平等要求与此完全不同；这种平等要求更应当是从人的这种共同特性中，从人就他们是人而言的这种平等中引申出这样的要求：一切人，或至少是一个国家的一切公民，或一个社会的一切成员，都应当有平等的政治地位和社会地位"②。这就是资产阶级的权利平等思想。

资产阶级的权利平等当然有其生成背景，它是自由经济发展的必然产物。"当社会日益成为资产阶级社会的时候，国家制度仍然是封建的。大规模的贸易，特别是国际贸易，尤其是世界贸易，要求有自由的、在行动上不受限制的商品占有者，他们作为商品占有者是有平等权利的，他们根据对他们所有人来说都平等的、至少在当地是平等的权利进行交换。"③

恩格斯在揭示资产阶级平等是权利平等的本质以后，提出了与以往平等观完全不同的无产阶级的平等观。恩格斯指出："无产阶级抓住了资产阶级所说的话，指出：平等应当不仅仅是表面的，不仅仅在国家的领域中实行，它还应当是实际的，还应当在社会的、经济的领域中实行。"④ 无产阶级的平等要求，是在资产阶级权利平等的基础上发展起来的，它是对资产阶级权利平等的超越，而不是对资产阶级权利平等的简单否定。恩格斯说，无产阶级平等"是从对资产阶级平等要求的反应中

---

① 《马克思恩格斯文集》第 9 卷，人民出版社 2009 年版，第 112 页。
② 《马克思恩格斯文集》第 9 卷，人民出版社 2009 年版，第 109 页。
③ 《马克思恩格斯文集》第 9 卷，人民出版社 2009 年版，第 110 页。
④ 《马克思恩格斯文集》第 9 卷，人民出版社 2009 年版，第 112 页。

产生的，它从这种平等要求中吸取了或多或少正当的、可以进一步发展的要求，成了用资本家本身的主张发动工人起来反对资本家的鼓动手段；在这种情况下，它是和资产阶级平等本身共存亡的"①。可见，无产阶级的平等既有权利平等的内质，更有以权利平等为前提的进一步发展的经济平等的要求，它有两个基本层次，应当是二者的统一。

关于无产阶级的平等来源，恩格斯认为大致有两个方面：一是对现实两极分化的自发反映，一是从对资产阶级权利平等要求的反映中产生。我们可以把前者叫作自发平等要求，把后者叫作自觉平等要求。所谓自发，就是对现实两极分化的本能反对；所谓自觉，就是与一个时代平等意识相一致的、有历史觉悟的平等要求。无产阶级的平等要求——即权利平等基础上的社会平等特别是经济平等，它作为一种自觉平等，其自觉的本质，就是对历史、对历史发展阶段、历史发展要求的自觉，就是对自己革命所处历史阶段的清醒认识，知道自己的历史位置，知道它的前与后。知道其前是什么，就知道自己应当从它那里充分吸纳哪些积极有用的东西；知道其后是什么，就知道应当抛弃哪些过时的东西。

显然，自发平等要求，是一种贯穿整个人类历史的平等要求，它可以不顾任何的历史进步的差异，只要两极分化产生，它就自然呈现；而自觉的平等要求，则总是有历史积淀的平等要求，其每一阶段的平等要求，都与之前的平等要求相比有所发展，有所不一致。如果平等要求只有自发的，没有历史阶段、历史进程奠基的自觉平等，那它就谈不上任何进步的意义。奴隶社会的奴隶起义有自发反对不平等的要求，封建时期的农民起义有自发反对不平等的要求，资产阶级革命有自发反对现实社会的不平等的要求，后来无产阶级革命同样是有自发反对不平等的要求，如果没有自觉平等要求的支撑，就不会懂得为什么是奴隶的

① 《马克思恩格斯选集》第 3 卷，人民出版社 2012 年版，第 484 页。

要求、农民的要求、资产阶级的要求、无产阶级的要求，就不会懂得这些要求之间有什么差异，有什么历史进步。所以，任何一种起义或革命，如果离开了社会进步的历史基础，它就往往只是一种自发的行为，它对于历史发展就不会有什么自觉的推进价值。所以，两种平等要求，要以自觉平等为主体、为本质，自发的平等要求要归结到自觉的平等要求，要为有历史积淀、有历史要求的阶段性的自觉的平等要求"服务"。

当然，这并不是说自发的平等要求在革命中根本没有发生作用，它肯定是产生了作用的，它常常是革命群众的一种最原始的动力，自觉的革命领导可以利用它去反对旧势力和旧制度。恩格斯说："我们对平等观念本身的论述没有因此结束，这一观念特别是通过卢梭起了一种理论的作用，在大革命中和大革命之后起了一种实际的政治的作用，而今天在差不多所有国家的社会主义运动中仍然起着巨大的鼓动作用。这一观念的科学内容的确立，也将确定它对无产阶级鼓动的价值。"[①] 这里的平等，应当既指自觉的平等，也指自发的平等，它们对于无产阶级进行社会主义革命都具有鼓动价值。

当然，无产阶级的自觉的平等要求，还要归结于社会主义运动的历史必然性中才显现其更加自觉的价值，因为无产阶级的平等观念之所以能起到推动无产阶级投身社会主义运动的作用，其根本的原因在于，"现代资本主义生产方式所造成的生产力和由它创立的财富分配制度，已经和这种生产方式本身发生激烈的矛盾，而且矛盾达到了这种程度，以至于如果要避免整个现代社会毁灭，就必须使生产方式和分配方式发生一个会消除一切阶级差别的变革。现代社会主义必获胜利的信心，正是基于这个以或多或少清晰的形象和不可抗拒的必然性印入被剥削的无

---

① 《马克思恩格斯选集》第 3 卷，人民出版社 2012 年版，第 480 页。

产者的头脑中的、可以感触到的物质事实"①。

自觉的平等要求是历史的平等要求，是对之前历史阶段平等内容的扬弃。因此，革命者一定要把被革命对象的历史贡献、合理之处继承好，把违背历史要求和历史规律的东西抛弃掉。也就是说，无产阶级的经济平等要继承和保持权利平等的积极内容，而不是简单地抛弃权利平等。

但是，没有经过漫长的资本主义发展的社会主义，权利平等观念不可能深入人心。革命的开始和过程中，许多革命主体特别是一般革命群众就充满着自发的平等思想，革命成功后，若不充分吸纳资产阶级权利平等的积极内容，就必然仍停留在自发革命的境界，一不小心，就容易退回到封建时代的平均主义泥坑中去。

权利平等的生成，是有其深厚的历史积淀和漫长的发展过程的，它的深入人心并非一朝一夕之事。恩格斯在谈到现代平等观念时说："一切人，作为人来说，都有某些共同点，在这些共同点所及的范围内，他们是平等的，这样的观念自然是非常古老的。但是现代的平等要求与此完全不同；这种平等要求更应当是从人的这种共同特性中，从人就他们是人而言的这种平等中引申出这样的要求；一切人，或至少是一个国家的一切公民，或一个社会的一切成员，都应当有平等的政治地位和社会地位。要从这种相对平等的原始观念中得出国家和社会中的平等权利的结论，要使这个结论甚至能够成为某种自然而然的、不言而喻的东西，必然要经过而且确实已经经过几千年。"② 如果说资本主义的产生从而使得平等权利观念得以产生非常不容易，那么资本主义的发展从而使平等权利观念在人们心目中自然而然地存在，就更加不容易。这种不容

① 《马克思恩格斯选集》第3卷，人民出版社2012年版，第537页。

② 《马克思恩格斯全集》第26卷，人民出版社2014年版，第109页。

易，不仅仅表现在这一现象的时间的长度上，更表现为封建特权对它的全面阻挠。"在经济关系要求自由和平等权利的地方，政治制度却每一步都以行会束缚和各种特权同它对抗。地方特权、差别关税以及各种各样的特别法令，不仅在贸易方面打击外国人或殖民地居民，而且还时常打击本国的各类国民；行会特权处处和时时都一再阻挡着工场手工业发展的道路。"①

社会主义发展过程中，亦大都出现过平均主义思想。这种空想，与其说是小资产者的空想，不如说是封建小农的愿望。列宁就曾指出："农民的主要空想是什么呢？无疑是平均制思想，是他们相信消灭土地私有制和平均分配土地（或使用土地）就能够消除贫困、失业和剥削的根源。毫无疑问，从社会主义的角度来看，这是空想，这是小资产者的空想。从社会主义的角度来看，这是反动的偏见。"② 平均主义使自觉的革命蜕变为自发的革命，因此它是"充满了反动的社会空想，并力图'在经济方面使历史的车轮倒转'"③。列宁指出："我们要消灭阶级，从这方面说，我们是主张平等的。但是硬说我们想使所有的人彼此平等，那就是无谓的空谈和知识分子的愚蠢的捏造。"④ 所以，没有资产阶级权利平等支持的经济平等，就自然容易退回到封建小农的平均主义，这样的经济平等，就只是一种贯穿性自发平等在新的历史时期的自然延续。

其实，对资产阶级权利平等思想没有继承或继承不够，一个重要的原因是人们借用社会主义的先进形式而对资产阶级权利平等进行了过度的批判，即在倒脏水的同时将婴儿一同倒掉。我们要强调的应当是，权利平等如果仅仅停留在它自身而不向经济平等发展，那它就不能生成

---

① 《马克思恩格斯选集》第 3 卷，人民出版社 2012 年版，第 483 页。
② 《列宁全集》第 15 卷，人民出版社 1988 年版，第 335 页。
③ 《列宁全集》第 15 卷，人民出版社 1988 年版，第 191 页。
④ 《列宁选集》第 3 卷，人民出版社 2012 年版，第 816 页。

实质平等，而是具有某种抽象性，所以，从这个角度看，不是一味地宣称所有的权利平等本身都是欺骗性的、虚伪的，其本质所指就是：仅仅有权利平等还不够，还应当向经济平等发展，而不是不要权利平等只要经济平等。列宁当然也谈到资产阶级权利平等的某种虚伪性，但他也只是说如果脱离私有制去谈权利平等，这样的权利平等才是虚伪的，他说："不谈生产资料的私有制，自由和平等的口号就是资产阶级社会的谎话和伪善"①。无产阶级的平等是在资产阶级权利平等的基础上形成的平等观念，是必要权利平等基础上的实质平等，是必要形式平等基础上的内容平等，它要以资产阶级权利平等观念的深入人心为前提，正是在这个意义上，恩格斯才说无产阶级的平等与资产阶级的平等共存亡。

所以，无产阶级政党如果不把权利平等作为经济平等的必要铺垫，这样的经济平等，就往往只是新时期的平均主义的表现。平均主义，在任何社会大分化的时代都是大受欢迎的，在没有深厚的权利平等的社会尤其如此。执政者获取民心，只需要大胆广泛推行平均主义就成，但这样的平均主义，只是对一般民众自发平等要求的迁就，它毫无历史的进步意义，只能在一个贫富分化与自发地反贫富分化的历史循环中打转。

两极分化必然引发平等诉求，而平等的真正实现不是对既有财富的平分，而是必须以生产力的不断发展为前提。马克思指出："资产阶级借以在其中活动的那些生产关系的性质决不是单一的、单纯的，而是两重的；在产生财富的那些关系中也产生贫困；在发展生产力的那些关系中也发展出一种压迫的力量。"②"在一极是财富的积累，同时在对立的一极，即在生产资本本身的阶级方面，是贫困、劳动折磨、受奴役、无知、粗野、道德堕落和受奴役的积累。"③正是这种财富的极端不

---

① 《列宁全集》第 39 卷，人民出版社 1986 年版，第 423—424 页。
② 《马克思恩格斯文集》第 1 卷，人民出版社 2009 年版，第 614 页。
③ 《马克思恩格斯全集》第 43 卷，人民出版社 2016 年版，第 693 页。

平等，引发了马克思对平等社会理想的不懈追求。在 1857—1858 年的
《经济学手稿》中，马克思满怀理想地提出，在新的社会制度中，"社会
生产力的发展将如此迅速……生产将以所有的人富裕为目的"①。恩格斯
在《共产主义原理》中也满怀憧憬地说：未来社会"由全体成员组成的
共同联合体来共同地和有计划地利用生产力；把生产发展到能够满足所
有人的需要的规模；结束牺牲一些人的利益来满足另一些人的需要的状
况；彻底消灭阶级和阶级对立；通过消除旧的分工，通过产业教育、变
换工种，所有人共同享受大家创造出来的福利，通过城乡的融合，使社
会全体成员的才能得到全面发展"②。可见，马克思恩格斯的财富共享思
想，并不是简单地批判否定权利平等，更不是仅仅停留在观念中的批判
否定，而是以生产力的巨大发展为基础的。

二、马克思恩格斯思想中蕴含的共享元素的基本特征

第一，不是抽象地理解平等，而是从现实的个人出发理解平等。

物质资料的生产为人类提供基本的吃、穿、住、行等生活和生存
资料，是人类最基本的实践活动。生产、分配、交换、消费是社会生产
总过程的四个相互联系的环节，各有其特殊的内容和作用；这四个环节
之间相互联系、相互制约的辩证关系，也反映了社会生产总过程的辩证
运动。其中生产居于支配地位，起着决定性的作用。生产的性质决定分
配、交换和消费的性质；生产的规模决定着可供分配、交换和消费的产
品的种类和数量。交换、分配和消费也反作用于生产，加速或延缓生产
的发展。在整个社会再生产过程中，生产是前提，只有保证生产环节的
平等，才能为无产阶级经济平等的真正实现创造条件，所以马克思恩格

---

① 《马克思恩格斯全集》第 31 卷，人民出版社 1998 年版，第 104 页。
② 《马克思恩格斯选集》第 1 卷，人民出版社 1995 年版，第 243 页。

斯将生产平等作为经济平等的前提条件。分配作为社会再生产中连接生产和消费的中间环节，生产出来的产品如果不能按照一定的规则进行分配，人们最终的消费是无法得到保障的，因此，马克思恩格斯将分配平等作为经济平等的根本保证。交换是人们互相交换活动和产品的过程，它是连接生产和消费的中间环节。马克思恩格斯之所以把交换平等视为经济平等的实现方式，就在于交换在再生产的四环节中所起的桥梁作用。消费是社会再生产的最终环节，是社会生产的目的和最终归宿。上述任一环节的平等，最终目的都是为了实现经济活动主体消费的平等。可见，马克思恩格斯是从社会再生产四个具体环节所构成的一个互相联系、互相制约有机整体来考察和分析经济平等的。

到了近代，随着商品经济日新月异的发展，由资产阶级社会所带来的经济不平等较之古代的经济不平等更具复杂性和隐蔽性，人们对经济平等的理解由模糊到清晰、由消极到积极，经济平等观念不断深入人心，经济平等的广度和深度在社会生活中不断拓展。特别是劳动力成为商品后，"商品是天生的平等派"[①]、"资本是天生的平等派"[②] 等观念，就充斥着整个资本主义社会。面对这种情形，无论是代表资产阶级利益的思想家，还是国际工人运动中带有浓厚空想色彩的社会主义者，都各自提出了形形色色的经济平等观。

马克思恩格斯翻阅了大量的相关历史文献，结合当时资本家和工人的斗争现实，从时常被人们忽视的"现实的个人"这一基本概念出发，深刻揭示了古代经济平等观的粗放性、资产阶级平等观的形式性以及空想社会主义经济平等的空想性，他们认为，要从人的现实存在关系的角度讨论平等问题，才抓住了事情的本质，才具有实践指导意义。反

[①] 《马克思恩格斯文集》第 5 卷，人民出版社 2009 年版，第 104 页。
[②] 《马克思恩格斯文集》第 5 卷，人民出版社 2009 年版，第 457 页。

过来，如果只是从抽象意义上追求平等理想，观念上要求经济平等，无论是现在还是将来，都是无法真正实现的。但是，无产阶级的经济平等只是消灭阶级的要求，而不是消灭一切差异。国家与国家之间、省与省之间、地方与地方之间，当然会存在生活条件方面的差别，这些差别是不可能被消除的。而消灭阶级，并不能在观念中完成，基于此认识，马克思恩格斯对无产阶级经济平等理想的追求必然"回到尘世"，始终从具体的社会的"现实的人"出发来阐述经济平等。

近代资本主义的经济平等，较之古代经济平等有了明显的进步，不仅仅是停留在生理需要方面的经济平等，而是延伸到具体的经济活动过程中追求一定程度人格发展的经济平等，也不仅仅是体现在简单的经济活动中，而是体现在资本主义的复杂生产活动中，体现在具体生产的各个环节中。因此，作为追求经济平等主体的人，就不再是孤立的、单个的自然人，而是在复杂的经济活动过程中有机联系起来的社会人，其中，各种社会关系，特别是生产资料所有制关系对社会人具有某种规定性的作用。马克思恩格斯通过对资本主义生产总过程和生产资料所有制关键作用的分析揭示出，相对于无产阶级的经济平等，仅仅停留在权利层面的资产阶级的平等往往具有一定的欺骗性。比如，只停留在流通领域的等价交换法则，使得人们从表面上看起来似乎在经济关系中存在平等性，而一旦离开流通领域，这种平等就没有产生真正能够帮扶人们实际生活的价值。在权利平等中，作为经济平等主体的人，并非真正意义上的"现实的人"，而常常是抽象化的人，他只是流通领域中交换关系的一种体现，并不是"一切社会关系的总和"①。当资产阶级把等价交换作为普遍通行的法则体现在法律中通过政治的手段表现出来时，就正如恩格斯所揭示的那样，"人民的单个成员"充其量是政治上的平等，

---

① 《马克思恩格斯文集》第 1 卷，人民出版社 2009 年版，第 505 页。

一旦到了"社会的尘世存在"①，一旦"涉及到经济学"②，平等就飘然远去了。

　　此外，马克思恩格斯对空想社会主义者所提出的根本无法实现的经济平等要求也作出了深刻的批判。空想社会主义者对残酷的经济不平等是深恶痛绝的，他们希望能够彻底铲除经济不平等，以实现全面的、彻底的、绝对的经济平等。尽管他们也认识到无产者在实现经济平等过程中的重要作用，甚至称之为实现平等的"唯一支柱"。然而，他们对于作为经济平等主体的人的理解，仍然是脱离了现实的经济关系的一种理解，忽视了这个人是"从事活动的，进行物质生产的"③、"处在现实的、可以通过经验观察到的、在一定条件下进行的发展过程中的人"，"有血有肉的人"④。抽象人的平等当然只能是抽象的。

　　第二，以阶级分析为突破手段。

　　"无产阶级平等要求的实际内容都是消灭阶级的要求。任何超出这个范围的平等要求，都必然要流于荒谬。"⑤ 按照马克思恩格斯的理解，经济平等的主体应该是"现实的个人"，而现实的个人总是处于特定的阶级、特定的集团、特定的社会关系之中，特别是资本主义社会诞生的前夜，现实的个人处于等级森严的封建制度之中，他们从事任何经济活动都脱离不开自己所处的等级，不同的等级地位决定了他们在生产过程中的不同地位。马克思认为，封建者与资产者关于新闻出版自由的论战，辩论主体不是作为"个别的人"，而是作为"等级"来进行论战的⑥。正是在这一辩论中，马克思清晰地认识到，等级制度不是根据国

---

① 《马克思恩格斯文集》第 3 卷，人民出版社 2002 年版，第 100 页。
② 《马克思恩格斯文集》第 5 卷，人民出版社 2009 年版，第 352 页。
③ 《马克思恩格斯文集》第 1 卷，人民出版社 2009 年版，第 524 页。
④ 《马克思恩格斯文集》第 1 卷，人民出版社 2009 年版，第 525 页。
⑤ 《马克思恩格斯文集》第 9 卷，人民出版社 2009 年版，第 113 页。
⑥ 参见《马克思恩格斯全集》第 1 卷，人民出版社 1995 年版，第 146 页。

家思辨的理性来划分的，而是以私人的经济利益为基础的。在此，马克思已经明确发现了等级之间的差别，并尝试揭示这种阶级差别背后所隐藏的经济利益的不平等关系。随后他在谈到林木盗窃问题时指出，法律实际上变成了欺骗经济上处于弱势地位的穷人的工具，"穷人就会成为合法谎言的牺牲品了"①，而代表富人利益的行政机构则"降低为私人利益的物质手段"②。此时，马克思意识到了"人应该战胜林木所有者"③，但是尚未认识到这个一无所有的等级只有通过联合起来才有可能与资产阶级展开斗争，从而争得自己的应有权益。单个人只有回到他的那个等级，才能与另一个等级开战，这是由个人与其等级的内在关系所决定的。正如马克思所认为："差别、分离是单个人存在的基础，这就是等级一般所具有的意义。单个人的生活方式、单个人的活动等等，不但不使单个人成为社会的一个成员、社会的一种机能，反而使他成为社会的例外，它们成了他的特权。这种差别不只是个人的，而且作为共同体、等级、同业公会固定下来。"④

此时，马克思还不能从生产力的限度、从社会分工来揭示阶级产生的根据，也还不知道阶级之间的根本区别在于它们在生产中的不同地位与作用，是由于不同的人与生产资料的不同关系才造成经济上的不平等。后来到了《德法年鉴》时期，他才真正认识到无产阶级才是实现经济平等主体力量，把消灭私有制作为无产阶级的重要任务，而无产阶级的这一使命，是由他自己的地位决定的。"无产阶级要求否定私有财产，只不过是把社会已经提升为无产阶级的原则的东西，把未经无产阶级的协助就已作为社会的否定结果而体现在它身上的东西提升为社会的

---

① 《马克思恩格斯全集》第 1 卷，人民出版社 1995 年版，第 244 页。
② 《马克思恩格斯全集》第 1 卷，人民出版社 1995 年版，第 285 页。
③ 《马克思恩格斯全集》第 1 卷，人民出版社 1995 年版，第 289 页。
④ 《马克思恩格斯全集》第 3 卷，人民出版社 2002 年版，第 102 页。

原则。"①

这就是说，无产阶级不占有任何私有财产，它要求普遍消灭私有财产，无非把自己身上已经实现的东西推广到全社会，使整个社会都摆脱私有财产，才能实现经济平等。由此可见，马克思恩格斯在探讨经济问题时，是将"现实的个人"置于他们所处的阶级，通过阶级这一理论中介指出，经济平等的实现，不能指望于代表富人利益的有产者所宣言的平等口号，必须依靠经济平等意识特别强烈的无产阶级这一经济平等的思想载体去完成。

马克思恩格斯通过深入调查并大量分析历史资料，透过繁复的经济现象，批判了形形色色的旧的经济平等观，并对其进行唯物史观的根本改造，明确指出要以人的全面自由的发展为宗旨从而实现全人类的经济平等。在未来的共产主义社会，人类已经摆脱了因经济不平等造成的"奴隶般地服从分工的情形"②，获得了区别于动物的、真正的人的生存条件，不再受制于大自然的奴役和任何阶级的经济剥削，人类最终成为自己的主人。同时，随着人类各方面能力的不断提升，人类从自然界所获得财富也逐渐增加，以至达到"充分涌流"的状态，这使得每个人的需求都能够得到最大限度的满足，只有在这个时候，劳动对于人类来说，才不再是一种负担，而是一种快乐和享受，成为人类的第一需要，只有这个时候，人类才能真正自由、自觉、自愿地进行经济活动，同时实现了真正的、事实上的经济平等。因为，作为单个人的需求都得到最大限度满足的情况下，倘若有人再提出要求分得一份平等的产品，就是荒谬。反过来说，只要马克思恩格斯所设想的这种理想状态尚未实现，经济不平等现象也就会一直存在，从而对人的全面自由发展也会形成束

---

① 《马克思恩格斯文集》第 1 卷，人民出版社 2009 年版，第 17 页。
② 《马克思恩格斯全集》第 25 卷，人民出版社 2001 年版，第 20 页。

缚，人类因此也就不会停止追求经济平等的脚步。

第三，强调生产的平等。马克思在批判拉萨尔时指出了他最根本的错误，认为他将全部论述的重点放在了消费资料的分配领域，而只字不提作为生产前提的生产资料的分配是没有道理的。马克思明确指出，"消费资料的任何一种分配，都不过是生产条件本身分配的结果"①，如果是专门避开生产只围绕着分配兜圈子来谈论平等问题，那只不过是资产阶级经济学家的惯用伎俩。

马克思指出，资产阶级的形成有其历史过程，他们首先想方设法地用野蛮暴力手段去剥夺小商品生产者的生产资料，进行他们的原始资本积累。当绝大多数人陷入贫困，沦为除了劳动力以外一无所有的劳动者时，也就为资本主义生产的开展准备了条件，这时资产阶级便用所谓的等价交换原则来购买工人的劳动力。从这个意义上讲，资本家其实是采用了非常隐蔽的形式来剥削工人，来达到他们发财致富的目的。而劳动者因失去进行生产的物质条件即生产资料，从而失去了平等参与生产过程的权利，结果只能陷入被资本家"平等"剥削劳动力的境况。一方面，对于资本家来说，劳动是不断带来剩余价值的一种手段；另一方面，对于工人而言，劳动只是维持劳动力再生产的一种手段。这就决定了在资本主义条件下，除了劳动力之外一无所有的工人不得不将自己的劳动力出卖给占有全部生产资料的资本家。由此看来，在资本主义生产过程中，正是由于劳动力变成了商品，资本家才能够剥削工人的劳动，这就直接决定了劳动过程中的不平等，进而决定了分配的不平等。

马克思在《资本论》中对劳动力这一商品的特殊性作了全面论述。在资本主义社会，一方面，劳动力同普通商品一样，同样具有使用价值和价值，可以到市场上进行买卖。它的价值是由生产和再生产它的社

---

① 《马克思恩格斯选集》第 2 卷，人民出版社 1995 年版，第 13 页。

会必要劳动时间所决定的。另一方面，"劳动力这种特殊商品具有独特的使用价值"①，它具体体现在劳动的过程之中。也就是说工人的劳动过程，对应于普通商品的使用过程，而劳动力商品的使用过程却不是一个使用价值不断消耗的过程，而是一个不断创造价值的过程，它不仅能够创造满足劳动者自身需要的价值，而且能够满足资本家需要的价值。在资本主义生产过程中，尽管工人直接参与了劳动过程，但只是作为单纯的劳动力占有者，他们根本不可能将自己生产出来的产品拿到市场上去交换，资本家更不会同意他们这么做。正如马克思所说，劳动力占有者不可能出卖有自己的劳动对象化在其中的商品，劳动力占有者为了生活，"而不得不把只存在于他的活的身体中的劳动力本身当做商品"去出卖②。尽管劳动力所有权依旧是工人自己的，但劳动力的使用权却属于别人，工人自身劳动力的实际支配权在特定的时间里完全让渡给了资本家。可见，正是由于资本家在市场上购买到了劳动力这一特殊商品，才使得他们可以不劳而获地占有工人的劳动，从而"顺理成章"地独占工人创造出来的剩余价值。

生产的不平等、生产资料的丧失，使工人成为商品，从而使工人无法摆脱被剥削的地位。剥削是非常残酷的，特别是对"妇女劳动力和未成年劳动力"③的剥削，更是"比在真正的工厂中还要无耻"④，不仅如此，资本家还采用了延长劳动时间和增加劳动强度的方式，甚至超过正常生理极限的方式来剥削劳动力。随着技术的进步，机器工人出现，从而也就有了机器工人的工资，并且资本家不断提高了它的比重，这样带来的结果，不仅排挤了男工在较重体力劳动中的地位，而且还排挤了劳

---

① 《马克思恩格斯文集》第 5 卷，人民出版社 2009 年版，第 675 页。
② 《马克思恩格斯文集》第 5 卷，人民出版社 2009 年版，第 196 页。
③ 《马克思恩格斯文集》第 5 卷，人民出版社 2009 年版，第 532 页。
④ 《马克思恩格斯文集》第 5 卷，人民出版社 2009 年版，第 541 页。

动能力较为低下的"老年妇女和未成熟儿童"①的工作机会，他们就断绝了维持最基本生存的经济来源，从而直接导致了因饥饿而死亡的情况。为了维护资本主义生产的正常运转，许多国家也产生了限制童工劳动的法律，"甚至提出过 8 小时的工作要求"②，但这些要求在资本主义条件下，"不过是一纸空文，从来没有付诸实施"③。可见，劳动力这个特殊商品的买卖，并不是所谓的"平等的交换"，而是"使用三天的劳动力，只付给一天的代价"④，劳动力商品的买卖，只是为了实现不平等的结果，只是让资本家榨取工人更多的剩余价值。

为了实现经济活动过程中劳动平等，马克思、恩格斯从工人阶级的立场出发，认为在现实的生产过程中，劳动者必须通过与资产阶级的殊死拼搏来争取自己平等的劳动权利，诸如缩短工作时间，改善劳动条件，提高劳动报酬等。而未来要真正实现劳动平等，就必须彻底消灭劳动力成为商品的前提条件，即生产资料私有制。只有到那个时候，劳动者才会成为生产资料的真正主人，才直接同生产资料结合进行生产劳动，才不会通过出卖自己的劳动力来求得生存。

生产平等的本质，是生产资料占有的平等。生产资料的使用过程，反映的是所有制主体与所有制客体即人与物关系背后的所有制主体之间即人与人之间的关系。生产资料的使用者不一定是因生产资料的使用带来经济利益的获得者。使用者和受益者，在阶级社会条件下的生产方式中，二者往往不是同一的。例如，在资本主义生产方式下，生产资料是归不劳而获的资本家占有和支配，而工人必须在征得资本家的许可的条件下，并在资本家的监督管理下才能够使用生产资料。而由生产资料的

---

① 《马克思恩格斯文集》第 5 卷，人民出版社 2009 年版，第 543 页。

② 《马克思恩格斯全集》第 5 卷，人民出版社 2003 年版，第 333 页。

③ 《马克思恩格斯全集》第 21 卷，人民出版社 2003 年版，第 333 页。

④ 《马克思恩格斯全集》第 43 卷，人民出版社 2016 年版，第 239 页。

使用所带来的生产成果，完全由资本家按照自己的意志来支配，工人和资本家之间没有任何平等可言。马克思恩格斯预言，只有未来社会，当生产力高度发达，全部生产资料归整个社会占有的时候，且人们的劳动能力和思想觉悟提高到前所未有之程度的时候，劳动者才可能真正实现生产资料的平等使用，剥削才会彻底消除，人与人之间才会有真正的经济平等。

总而言之，马克思恩格斯认为，生产资料的私人占有，是消费不平等的直接原因。消费平等只有废除生产资料私有制才可能实现，这是由生产和消费的同一性决定的。"生产直接也是消费"①，生产决定消费，有什么样的生产方式就有什么样的消费方式与之相适应。生产资料归剥削者占有，直接决定了生产资料的消费过程的不平等性。只有将全部生产资料归整个社会所有，除丧失劳动能力之外的所有人都成为劳动者，每个人才能平等地支配和使用生产资料，这样消费平等才能实现。

在资本主义社会，工人和资本家的生活消费形成鲜明对比。资本主义条件下，工人的生活消费并不取决于工人自身的实际需要，即便是最基本的生存需要，也往往由于自身失去生产资料被资本家限于"维持动物般的最低限度的需要和生活资料"②的范围之内，而资本家的消费，则往往是无度的挥霍。工人的生活消费仅限于维持最基本个人和家庭的生存需要，即使生活消费有一定程度的增加，也只不过是用来提高劳动者自身的劳动技能和技术水平，从而为资本家提供更有效的劳动供其重新剥削，工人通过生活消费生产出来的劳动力本身只是为资本家进一步剥削提供了可能。正如马克思指出的，劳动者获取的生活消费品是他们为了维持和再生产自己、为了延续自己肉体的生存而不得不为资本家提

---

① 《马克思恩格斯文集》第 8 卷，人民出版社 2009 年版，第 14 页。
② 《马克思恩格斯选集》第 2 卷，人民出版社 1995 年版，第 93 页。

供廉价劳动力而换取来的"绝对需要的生活必需品"①。资本主义社会工人的生活消费依旧被限制在生存资料的消费范围，然而"在相当早的生产发展阶段上，人的劳动力就能够提供大大超过维持生产者生存所需要的产品了"②，这与资本主义社会生产力的快速发展完全不一致。工人的生活水平和消费水平并没有因为生产力的发展和社会财富的增长而大幅度提高，反而成为工人相对贫困的直接原因。资本主义社会，生产力获得了"令人陶醉的增长"，但工人的消费水平却是不可思议的降低，这种严重的不公平，不孕育革命那还能孕育什么？

　　资本主义生产力的发展，居然没有生产出足够的可供消费的产品来满足所有人的需要，反而促成了下层民众"贫穷的普遍化"③，于是人们之间又必然进行争夺生活必需品的斗争。可见，在生产力有了一定程度发展的条件下，生产出来的、可供消费的产品越来越多，它要惠及所有的人，要实现人们之间的消费平等，就必须要有与之相适应的生产关系的生成。然而，在资本主义社会，财富增长所惠及者"仅限于富裕阶级"④，它将处于悲惨的境地的工人阶级完全置之度外。之所以导致这种消费的严重不平等，最根本的原因是没有与生产力发展相适应的生产关系，即生产资料的私人占有不能适应社会化大生产的要求。资本家占有生产资料，他们的生产目的并不是为了提高工人的生活水平和消费水平，而是为了更大程度攫取剩余价值。财富越是增长，资本家习以为常的挥霍就越是疯狂，"工人放弃了一切生活的享受"⑤的情况也就越发严重。只有在生产力充分发达、生产资料归全社会所有、人们的生产关系

①　《马克思恩格斯文集》第 3 卷，人民出版社 2009 年版，第 73 页。

②　《马克思恩格斯文集》第 4 卷，人民出版社 2009 年版，第 195 页。

③　《马克思恩格斯文集》第 1 卷，人民出版社 2009 年版，第 538 页。

④　《马克思恩格斯文集》第 5 卷，人民出版社 2009 年版，第 38 页。

⑤　《马克思恩格斯全集》第 30 卷，人民出版社 1995 年版，第 247 页。

完全平等的未来理想社会中，充足的产品才会满足所有人的需要，消费不平等问题才能得到根本解决。

第二节　列宁、毛泽东的经济平等思想

一、列宁的经济平等思想

列宁的相关财富共享思想是与其"社会平等"思想联系在一起的。列宁扬弃西方资本主义社会之"权利的平等"，提出了"社会的平等"。

大致来讲，机会平等可分为形式平等与实质平等，或者称为起点平等和结果平等。何怀宏认为："实际上不可能在机会平等的两种意义上都坚持平等，要坚持形式的平等就必须允许实质的不平等，而你若是坚持实质的平等就要破坏形式上的平等。"[①] 形式平等体现为平等对待、程序正义和权利平等，它以政治平等为表征；实质平等体现为财富和收入的平等分配，它以经济平等为表征。形式平等为当代政治哲学家普遍接受，而实质平等，许多平等主义思想家比较赞同，而许多自由主义思想家则不一定赞同甚至是反对。政治正义基调是人与人之间的平等，这种平等是构建现代人的政治生活的基石，失去这种平等，现代政治大厦就没有了地基。而经济正义，无论平等主义思想家是否愿意承认，贡献与所得对等应当是其基石，因此它总是意味着收入的某种差等。人是政治活动与经济活动的统一体，因此，人的社会不能简单停留于形式平等，也不能简单地停留于实质平等，而应该是合理的政治平等与合理的经济差等的和谐统一，它的实质是平等与效率、平等与自由的统一。因此，着眼于形式平等与实质平等的内在关系，从实质平等的生成角度来讲，第一，实质平等是不应当完全实现的，第二，实质平等的某种实

---

① 何怀宏：《解读罗尔斯〈正义论〉》，山东人民出版社 2003 年版，第 110 页。

现——巨大贫富差异的某种缩小，它基于人的政治关系对经济关系的内在影响，因而应当是形式平等对实质不平等——即对经济差异的某种规范影响所致，而不是经济自身运动发展的结果。最根本的理由在于，财富分配的根据应当是财富生成的根据，财富是由具体的实践付出而得，而不是由平等的理论推导而得。贡献与所得应当对等，贡献一定有大小，收入必定有差等。

列宁社会平等的本质，是指经济方面的实质平等而不是政治方面的形式平等。他认为，在现实社会中，不平等的一个突出表现就是阶级不平等，消灭阶级自然就成为社会平等的基本内容。消灭阶级意在使"全体公民在同整个社会的生产资料的关系上处于同等的地位"①，而生产资料的平等占有为财富的平等享用创造了重要条件，所以，列宁的财富共享其实是生产资料公有基础上的社会财富的"平享"。

列宁具体阐述了社会主义平等内涵的主要内容，他认为社会主义平等主要包括政治地位平等和经济地位平等两个方面的内容。所谓政治地位平等，主要是指权利平等；所谓经济地位的平等，主要指生产资料占有的平等，是消灭阶级。列宁说得很清楚："社会民主党人所理解的平等，在政治方面是指权利平等，在经济方面，我们刚才已经说过，是指消灭阶级。"②

列宁是同自由派教授杜冈—巴拉诺夫斯基的论战中阐述他的平等思想，特别是经济平等思想的。

列宁说："杜冈先生宣称：'如果不把社会主义当作经济理论，而把它当作生活的理想，那么毫无疑问，它是同平等的理想相联系的，但是平等这个概念……从经验和理性中是得不出来的。'这就是自由派学者

---

① 《列宁全集》第 24 卷，人民出版社 1990 年版，第 392 页。
② 《列宁全集》第 24 卷，人民出版社 1990 年版，第 391 页。

的论点，他一次又一次地重复那些陈腐透顶的论据，说什么经验和理性清楚地证明人不是平等的，可是社会主义却把自己的理想建立在平等的基础上。这就等于说，社会主义原来是荒谬的，是违背经验和理性的等等！杜冈先生又使出反动派的老花招：先对社会主义进行歪曲，硬把一些谬论说成是社会主义，然后再得意洋洋地驳斥这些谬论！当人们说经验和理性证明人不是平等的时候，这里的平等是指才能平等或者指人的体力和智力相同。当然，从这层意义上来讲，人不是平等的。任何一个有理智的人、任何一个社会主义者都不会忘记这一点。不过这种平等和社会主义没有任何关系。如果杜冈先生根本不会思考，那么无论如何阅读总还是会的，杜冈先生只要翻开科学社会主义的创始人之一——弗里德里希·恩格斯的反对杜林的有名著作，就可以在其中读到关于平等的专门解释：在经济方面，只能把平等理解为消灭阶级，其他的理解都是愚蠢的。但是，当教授先生们开始驳斥社会主义的时候，我们真不知道最使人惊奇的是什么：是他们的愚笨呢，是他们的无知呢，还是他们的不老实。"①

由此可见，列宁所说的社会主义平等是指社会地位的平等——即政治地位和经济地位的平等，而其经济平等，是指生产资料占有的平等，而不是指人们智力、体力上的平等，是指要消灭阶级，并不是要消除个体智力、体力的差异。体力和智力的差异的客观存在与社会主义的平等不说毫无关系，至少不是一种直接内在的本质关系，即智力、体力差异并不直接规定和影响人们的权利平等和生产资料占有的平等。

财富共享主要关涉经济方面的平等，列宁从以下几个方面具体阐述了他的社会主义经济平等观。虽然其经济平等的内容可能超出了经济地位平等的规定，但大都是在经济地位平等这一根本基础上的相应延伸。

① 《列宁全集》第 24 卷，人民出版社 1990 年版，第 393 页。

　　第一，社会主义的平等就是消灭阶级。列宁认为，社会主义平等在经济方面，就是要消灭阶级。这是因为，阶级就是这样一些大的集团，"这些集团在历史上一定的社会生产体系中所处的地位不同，同生产资料的关系（这种关系大部分在法律上明文规定了的）不同，在社会劳动组织中所起的作用不同，因而取得归自己支配的那份社会财富的方式和多寡也不同。所谓阶级，就是这样一些集团，由于它们在一定社会经济结构中所处的地位不同，其中一个集团能够占有另一个集团的劳动。"① 由于经济对人们具体生活、对政治生活的关键性影响，列宁深刻体会到经济平等对于其他平等的基础性地位，他说："如果不把平等理解为消灭阶级，平等就是一句空话"，"我们要争取的平等就是消灭阶级"。② "我们要消灭阶级，从这方面说，我们是主张平等的。"③ 阶级的本性决定了阶级压迫和阶级剥削的存在。列宁继承了马克思恩格斯消灭阶级的平等观要求。他进一步提出"不消灭阶级，就谈不到个人的真正自由，就谈不到人与人之间在社会政治关系上的真正平等"④。"只能把平等理解为消灭阶级，其他的理解都是愚蠢的。"⑤ 社会平等与经济平等是内在地联系在一起的，而经济平等又与消灭阶级的要求是紧紧联系在一起的。在这一点上，列宁坚定地认为只有消灭阶级才能实现真正的广泛的平等。

　　为此，"无产阶级革命将彻底消灭社会的阶级划分，因而也将彻底消灭由这种划分所产生的任何社会不平等和政治不平等"⑥。因此，社会主义平等在经济方面的要求就是要消灭阶级。列宁指出，"为了完全消

① 《列宁专题文集　论社会主义》，人民出版社 2009 年版，第 145 页。
② 《列宁全集》第 3 卷，人民出版社 1995 年版，第 816 页。
③ 《列宁全集》第 3 卷，人民出版社 1995 年版，第 816 页。
④ 《列宁全集》第 39 卷，人民出版社 1990 年版，第 425 页。
⑤ 《列宁全集》第 39 卷，人民出版社 1990 年版，第 425 页。
⑥ 《列宁全集》第 6 卷，人民出版社 1986 年版，第 193 页。

灭阶级，不仅要推翻剥削者即地主和资本家，不仅要废除他们的所有制，而且要废除任何生产资料私有制"①。在社会主义条件下，列宁将社会主义经济平等的实现与生产资料所有制内在地联系起来，他认为只有使全体公民在社会生产资料的占有关系上处于同等地位，才可能实现地位平等。他在《论意大利社会党党内的斗争》一文中也明确指出"不谈生产资料的私有制，自由和平等的口号就是资产阶级社会的谎话和伪善"②。因此，他提出，"消灭生产资料私有制，把它们变为公有财产，组织由整个社会承担的社会主义的产品生产代替资本主义商品生产，以保证社会全体成员的充分福利和自由的全面发展"③。社会主义经济方面的平等就是"使全体公民在同整个社会的生产资料的关系上处于同等的地位，这就是说，全体公民都有利用公共的生产资料，公共的土地、公共的工厂等进行劳动的同等的权利"④。

第二，社会主义的经济平等是按劳分配。社会主义社会条件下，生产力发展水平还比较低，生产的社会产品数量有限，能够用来分配的个人消费品也是有限的。此时，劳动主要是谋生手段，还没有成为生活的第一需要。因此，在此阶段，个人消费品的分配应当实行"按劳分配"的原则。所谓按劳分配，就是按照各人提供给社会的劳动的数量和质量来分配个人消费品。劳动关系到每个劳动者的生存和发展，按劳分配实际上体现着某种"劳动平等"原则，即生产资料公有的条件下，所有人都应当参加劳动，而不应当是私有制条件下，拥有生产资料者不劳动或少劳动，而失去生产资料者劳动、多劳动，从事非常辛苦的劳动。因此，这些意义上的劳动平等便成为社会主义平等的集中体现。劳动平

---

① 《列宁专题文集　论社会主义》，人民出版社 2009 年版，第 146 页。

② 《列宁全集》第 39 卷，人民出版社 1986 年版，第 423—424 页。

③ 《列宁全集》第 6 卷，人民出版社 1986 年版，第 193 页。

④ 《列宁全集》第 12 卷，人民出版社 1958 年版，第 139 页。

等应当包括三个方面：一是劳动者主体地位的平等，二是劳动者生产资料占有的平等，三是劳动者以劳动为收入分配尺度的平等。其中，生产资料占有的平等是关键，它是决定劳动者主体地位平等的基础，同时也是按劳分配原则得以确立的基础。但是，劳动平等并不意味劳动收入的平均。从分配结果来看，劳动平等并不是说干多干少一个样，干好干坏一个样，而是说以劳动为尺度的平等。以劳动为尺度的平等，恰恰意味着实际劳动收入的不平等，因为人们的劳动是有差异的。在社会主义社会里，消费品的分配是和每个人向社会提供的劳动数量和质量"成比例的"，多劳多得、少劳少得、不劳不得。马克思在《哥达纲领批判》中认为，在共产主义社会第一阶段，"生产者的权利是同他们提供的劳动成比例的，平等就在于以同一尺度—劳动—来计量"①。具体而言，它包括两个基本原则：其一，"不劳动者不得食"，正如列宁所说："谁不劳动，谁就没有饭吃"②；其二，"对于等量劳动给予等量产品"。

　　其实，生产者获取生活产品的权利之所以同他们提供的劳动成比例，是因为劳动产品的分配根据理当是劳动产品的生成根据，劳动产品是通过具体的劳动付出而生产出来的，产品的分配当然要根据相应的劳动付出情况而定，分配若不根据生产情况来分配，那谁还愿意进行生产？因此劳动付出必须与收入所得对等。根据这个对等，按劳分配就应当是这样两个基本原则：一是"质"的对等，即劳动者才得食，不劳动者不得食；二是"量"的对等，即等量的劳动获得等量的产品，不等量的劳动获得不等量的产品。因为不劳动者没有创造产品，因而他们就没有权利分配到产品；又因为劳动者有创造产品之多与少的问题，因此应当多劳多得、少劳少得。可见，生产资料公有条件下，按劳分配具有经

---

① 《马克思恩格斯文集》第 3 卷，人民出版社 2009 年版，第 435 页。
② 《列宁全集》第 4 卷，人民出版社 1958 年版，第 111 页。

济自身发展的内在必然性，产品只有归生产者所得，生产和所得都才具有可持续性。

以往一切剥削阶级社会，少数剥削者靠无偿占有他人劳动成果，掠夺别人劳动果实为生，社会主义的劳动平等则实现了劳动者自食其力。列宁指出："工人政权正在力求实现社会主义的第一个主要的和根本的原则：'不劳动者不得食'。'不劳动者不得食'，这是任何一个劳动者都懂得的。这是一切工人，一切贫农以至中农，一切过过穷日子的人，一切靠自己的工资生活过的人都同意的。十分之九的俄国居民赞成这个真理。这个简单的、十分简单和明显不过的真理，包含了社会主义的基础，社会主义力量的取之不尽的泉源，社会主义最终胜利的不可摧毁的保障。"①

要实行按劳分配，就必然要反对平均主义。列宁指出："农民的主要空想是什么呢？无疑是平均制思想，是他们相信消灭土地私有制和平均分配土地（或使用土地）就能够消除贫困、失业和剥削的根源。毫无疑问，从社会主义的角度来看，这是空想，这是小资产者的空想。从社会主义的角度来看，这是反动的偏见。"②平均主义成为"充满了反动的社会空想，并力图'在经济方面使历史的车轮倒转'"③。列宁认为："我们要消灭阶级，从这方面说，我们是主张平等的。但是硬说我们想使所有的人彼此平等，那就是无谓的空谈和知识分子的愚蠢的捏造。"④

列宁社会主义经济平等思想有其明显的生成特征：

第一，靠批判资产阶级权利平等的基础来阐释自己的经济平等观。列宁指出："资产阶级在同中世纪的、封建的、农奴制的等级特权作斗

---

① 《列宁选集》第 3 卷，人民出版社 1972 年版，第 560—561 页。

② 《列宁全集》第 15 卷，人民出版社 1988 年版，第 335 页。

③ 《列宁全集》第 15 卷，人民出版社 1988 年版，第 191 页。

④ 《列宁全集》第 36 卷，人民出版社 2017 年版，第 341 页。

争的时候，提出了全体公民权利平等的要求。"① 列宁看到了资产阶级提出的权利平等在反对封建专制时的革命意义，但也深刻地认识到资本主义权利平等的虚伪性和欺骗性，即资产阶级的权利平等只停留于政治领域，尚未进一步要求实现社会和经济领域的平等，并未抵达科学社会主义平等要求彻底消灭阶级的高度；资产阶级提出权利平等的主要目的不是为了实现广大人民群众的权利平等，而是为了调动广大人民群众反对封建专制，是为资产阶级利益服务的，一旦革命取得胜利，资产阶级掌握了国家政权，权利平等却难以真正实现，往往会仅仅停留在口号上，停留在法律空文中。这是由资产阶级的阶级本性和资本主义社会的性质决定的。所以，列宁指出："美国没有贵族，而且资产者和无产者享有同样的政治权利。可是他们在阶级地位上是不平等的；一些人，即资本家阶级，他们掌握生产资料，靠工人的无酬劳动生活；另一些人，即雇佣工人、无产者阶级，他们没有生产资料，全靠在市场上出卖自己的劳动力维持生活。"②

社会主义的平等当然也包括权利平等，但是社会主义的权利平等与资产阶级的权利平等是有所差异的。例如，列宁所指出的社会主义的平等权利就包含着两层含义：其一，社会主义的平等权利意味着"消灭阶级"，意味着反对一切特权，不仅反对封建特权，而且更为重要的是反对资产阶级特权。正如列宁指出："只要把科学社会主义的创始人之一恩格斯先生的反杜林的有名著作拿来，就可以在那里读到关于平等的专门解释：在经济方面，只能把平等理解为消灭阶级，其他理解都是愚蠢的。"③ 其二，社会主义的平等权利要"使全体居民群众真正平等地、真正普遍地参与一切国家事务，参与解决有关消灭资本主义的一切复杂

① 《列宁全集》第 20 卷，人民出版社 1958 年版，第 138 页。
② 《列宁全集》第 20 卷，人民出版社 1958 年版，第 139 页。
③ 《列宁全集》第 20 卷，人民出版社 1958 年版，第 137—138 页。

问题"。①

列宁指出了资产阶级社会平等仅仅是体现于政治领域中，它只是一种形式平等。列宁说："资本主义既有形式上的平等，又有经济上的不平等和随之而来的社会的不平等。"②资产阶级社会平等只限于宣布法律面前人人平等，但是在最具有实质意义的社会经济领域却是完全不平等的。同时，列宁指出，即使在政治领域，资产阶级平等也大多偏重于一种形式。资产阶级社会"只限于宣布形式上的全体公民一律平等的权利，例如集会、结社、出版的权利。至多也就是一些最民主的资产阶级共和国取消过这几方面的全部立法限制。然而，在实际上当局的实践，以及劳动人民所受的经济奴役（这是主要的），总是使劳动人民在资产阶级民主制度下不可能稍微广泛地享受到权利和自由"③。因而，资产阶级的平等总停留于政治领域，甚至是停留于政治口号、政治宣言，总是止步于实质平等。

列宁认为，资产阶级形式平等实质上具有某种欺骗性。在资本主义社会，"资产阶级民主制冠冕堂皇地宣布一切公民平等，而实际上却伪善地掩盖剥削者资本家的统治，用剥削者和被剥削者似乎能够真正平等的思想欺骗群众"④。"一方面是资本家'民主'所标榜的形式上的平等，一方面是使无产者成为雇佣奴隶的千百种事实上的限制和诡计。"⑤因此，列宁认为，"即使在最自由最民主的共和国中，'自由'和'平等'只能表现为而且从来就表现为商品所有者的平等和自由，资本的平等和自由"⑥，"只要有劳动者存在，私有者就会投机倒把，而且正由于他是

---

① 《列宁全集》第 28 卷，人民出版社 1990 年版，第 111 页。

② 《列宁全集》第 38 卷，人民出版社 2017 年版，第 210 页。

③ 《列宁全集》第 36 卷，人民出版社 1985 年版，第 169 页。

④ 《列宁专题文集 论无产阶级政党》，人民出版社 2009 年版，第 192 页。

⑤ 《列宁选集》第 3 卷，人民出版社 2012 年版，第 605 页。

⑥ 《列宁全集》第 36 卷，人民出版社 1985 年版，第 361 页。

私有者，也就不得不投机倒把。我们说，平等是没有的，饱食者和挨饿者是不平等的，投机倒把者和劳动者也是不平等的"①。资本主义社会的平等只是片面的平等，只是资产阶级内部的平等，在资产阶级与无产阶级之间是没有平等可言的，无产阶级没有摆脱受剥削、受压迫的命运，劳资之间平等缘何产生？

列宁认为，资本主义平等形式化的根源在于生产资料私人所有制。列宁说："平等如果同劳动摆脱资本压迫的利益相抵触，那就是骗人的东西。"②"只要土地和生产资料的私有制继续存在，资产阶级制度和资产阶级民主中的'自由和平等'就只是一种形式，实际上是对工人他们在形式上是自由和平等的实行雇佣劳动制，是资本独裁，是资本压迫劳动。"③通过对资产阶级社会平等的批判，列宁深刻认识到资本主义社会的平等完全是形式平等，没有半点实质平等的影子；而社会主义的平等则是以生产资料公有制为基础的平等，它不仅使社会主义政治平等实质化，还使社会主义经济平等实质化。

客观分析，人的平等总是相对抽象的，要么是总体的人作为大写的"人"而平等，要么是人与人之间的某些具体方面的平等。人与人之间既有差异也有同一，虽然人与人之间所有的同一性并不一定都会转化为平等，但人的平等却总是以人的某种同一性为根基。人是具体的人，是差异与同一同在的人，所以，人一旦具体化，就有许多的差异存现于其中。从这些差异来看，人与人之间就必然有这样或那样的不平等，阶级的不平等就是人们生产资料占有与否的差异而产生的不平等，它是人的平等的一个重要方面，它会影响到人的其他方面的不平等。但是，阶级的不平等会不会完全消解掉人与人之间所有其他方面的不平等呢？我看也未

---

① 《列宁选集》第 4 卷，人民出版社 1995 年版，第 122 页。

② 《列宁选集》第 3 卷，人民出版社 1995 年版，第 816 页。

③ 《列宁全集》第 39 卷，人民出版社 1956 年版，第 343 页。

必。因为人是类性、群体性、个体性的统一，阶级作为人的某种群体属性，它既不可能完全撕裂人的类的统一，也不可能完全弥合不同个体之间的差异。所以，从阶级平等的角度来理解其他方面的平等与不平等是必要且重要的，但仅仅从阶级平等的角度来理解、甚至完全规定其他方面平等或不平等也必然是有局限性的。阶级性只是人的群体属性方面的一个重要属性，从人的群体属性规定来讲，人还不只是阶级人，人还是有男女之别的性别人，还是有不同肤色的种族人，还是有不同文化的民族人，还是有不同领地的区域人，还是有不同教派的宗教人，还是有不同工作的专业人，等等。人的阶级的群体属性，不可能把人的其他方面的群体属性都淹没了，如果认为人的其他方面的群体属性完全被人的阶级性所宰制，那就是片面的阶级属性分析被扩大化。同时，人还有类的存在，还有个体性存在。生产资料占有平等了，个体所有的方面就都平等了吗？生产资料占有不平等，人格、人作为理性存在者的人的尊严就不可能平等吗？这样说，并不是说阶级平等不重要，而是说阶级平等虽然重要，但它也不可能完全越俎代庖地使人的其他所有方面都达到平等。

第二，在平等与效率关系中思考和建构社会主义经济平等。

没有效率的平等必然行走不远。列宁对效率与平等关系的合理理解是走过弯路的，他曾经一度追求绝对的平等，甚至不惜牺牲效率。他曾提出："技术人员、监工和会计，如同所有公职人员一样，都领取不超过'工人工资'的薪金，这就是我们最近的目标。"[①] 他还说："使一切行业和工种中的一切工资和薪金逐步取平。"[②] 但是，随着社会主义实践的开展，列宁逐渐认识到，社会主义社会的平等不应该是追求绝对的平等，而应该是平等与效率的统一。因为列宁在实践中已经认识到了平

---

① 《列宁专题文集　论马克思主义》，人民出版社 2009 年版，第 222 页。
② 《列宁全集》第 34 卷，人民出版社 1985 年版，第 77 页。

均主义危害："我们在粮食分配上是有缺点的，今后决不能这样继续下去。按照平均分配的原则来分配粮食会产生平均主义，这往往不利于提高生产。"① 绝对的平等只会造成普遍的懒惰和低下的效率，他认为，这不是社会主义平等应有的内容。

首先，列宁认识到社会主义的平等应该是建立在较高效率的基础上。列宁指出："劳动生产率，归根到底是使新社会制度取得胜利的最重要最主要的东西。……社会主义能创造新的高得多的劳动生产率。"② 在这里，列宁强调较高的劳动生产率既是社会主义优越性的重要特征，也是社会主义取得胜利的根本所在。而单方面追求绝对的分配平等，则必然失去效率，必然导致共同贫穷。所以列宁明确提出："在粮食分配问题上，决不能认为只要分配得公平合理就行了，而应当考虑到粮食分配是提高生产的一种方法、工具和手段。"③ 而平等分配则达不到提高生产效率之目的。列宁要求把平等与效率结合起来，希望在提高效率的基础上去实现平等。为此列宁强调："当无产阶级夺取政权的任务解决以后，随着剥夺剥夺者及镇压他们反抗的任务大体上和基本上解决，必然要把创造高于资本主义的社会结构的根本任务提到首要地位，这个根本任务就是：提高劳动生产率。"④ "无产阶级提出的不是小业主的平等社会主义，而是公有化大生产的社会主义。"⑤ 即不是小农的无效率的绝对平等，而是社会化大生产基础之上的高效率的相对平等，并且只有高效率才能保障社会主义平等的实现。

其次，列宁认识到要实现高效率的发展，就必须注意保障个人利

---

① 《列宁全集》第 41 卷，人民出版社 1986 年版，第 351 页。

② 《列宁全集》第 37 卷，人民出版社 1986 年版，第 18 页。

③ 《列宁全集》第 41 卷，人民出版社 1986 年版，第 352 页。

④ 《列宁专题文集 论社会主义》，人民出版社 2009 年版，第 96 页。

⑤ 《列宁全集》第 15 卷，人民出版社 1988 年版，第 192 页。

益。社会主义追求平等并不意味要抹杀个人的利益，恰恰相反，社会主义的平等就是要为了满足个人的需要。列宁认识到"不同个人利益结合，什么也办不成"①。而"同个人利益结合，能够提高生产；我们首先需要和绝对需要的是增加生产"②。个人正是在追求自身需要的过程中奋发有为的，基于此，列宁认为应当对熟练劳动付给更高的工资，他说："在没有达到共产主义社会最高发展阶段以前，专家始终是一个特殊的社会阶层，我们应该使专家这个特殊的社会阶层在社会主义制度下比在资本主义制度下生活得更好，不仅在物质上和权利上如此，而且在同工农的同志合作方面以及在思想方面也如此。"③ 因而，社会主义中每个人的工资不可能是绝对的平等，由于个人的态度、能力、贡献不同，其间的收入必然会出现不同程度上的差别。

应当说，平等与效率之间也存在着某种可以相互推进的可能性，这当然也要看是什么样的平等以及什么条件下的平等。人是生产力中最活跃的因素，相对于生产主体没有生产资料的状况，生产主体一旦平等拥有生产资料，他们的生产积极性应当有较大提高，因而其生产效率也应当提高。但是，平等拥有生产资料与共同平等拥有生产资料是有重大差异的。平等拥有生产资料，是生产主体平等分有生产资料，这些生产资料是归属个人所有的。而共同平等拥有生产资料，则是生产资料不具体归属个人所有，而是大家共同平等拥有，这些生产资料，个人有使用权而没有所有权。历史经验证明，生产资料共同所有的这种平等，由于产权不清，它并没有像一些思想家所设想的那样充分调动起了人们的生产积极性，此时，人们生产积极与否，都是靠自己的劳动觉悟，而人都是有其惰性的，这也就是国有企业总是效率不高的重要原因。而如果分

---

① 《列宁全集》第 51 卷，人民出版社 1988 年版，第 449 页。
② 《列宁专题文集　论社会主义》，人民出版社 2009 年版，第 248 页。
③ 《列宁专题文集　论社会主义》，人民出版社 2009 年版，第 306 页。

配上实行平等原则，那这种平等与效率就几乎是矛盾的，即收入平等就不会有效率，要有效率收入就不能平等。历史事实证明，所有的平均主义分配，没有一个是有效率的。所以，总体来讲，无论是生产资料占有的平等还是经济收入的平等，其与效率冲突的情况多、协同一致的情况少，如果说生产资料平等占有还使人们多少保有一些生产积极性的话，那么平均分配则将使这种积极性消失殆尽。

效率是实现有内容的相对平等分配的物质基础，没有效率的平等分配，几乎只有平等的内容而没有分配的内容，没有分配内容的平等分配，是没有什么经济价值的。社会主义要实现有内容的平等分配，就必须提高生产效率，而要提高生产效率，就必须对传统的绝对的平等观念和平等制度进行改革，其本质，就是差异活动与差异收入的对等。在追求平等过程中，如果走入误区，以平等抹杀差异，牺牲效率，甚至忽视个人利益，追求绝对的平均、完全的一致，这样的平等并不能有力促进社会主义经济的发展，也是列宁所坚决反对的。

列宁的社会主义经济平等仍然具有形式平等的内容与特征。列宁继承了马克思主义的理想平等思想，认为人类真正的平等是"从形式上的平等进到事实上的平等，即实现'各尽所能，按需分配'"①，但是，"在共产主义社会的第一阶段（通常称为社会主义），'资产阶级权利'没有完全取消，而只是部分地取消，只是在已经实现的经济变革的限度内取消，即只是在同生产资料的关系上取消。'资产阶级'承认生产资料是个人的私有财产。而社会主义则把生产资料变为公有财产。在这个范围内，也只是在这个范围内，'资产阶级权利'才不存在了"②。在这里，列宁其实要说明的是社会主义分配领域仍然存在着"资产阶级权

---

① 《列宁选集》第 3 卷，人民出版社 1995 年版，第 201 页。

② 《列宁专题文集　论社会主义》，人民出版社 2009 年版，第 34 页。

利"。虽然社会主义社会实现了劳动平等，不劳动者不得食和等量劳动给予等量报酬的原则。但是，列宁认为，这仍然是"资产阶级权利"，这个权利同任何权利一样，是以结果的不平等为前提的。因为他认为，"任何权利都是把同一标准应用在不同的人身上，即应用在事实上各不相同、各不同等的人身上，因而'平等的权利'就是破坏平等，就是不公平"①。只要存在"平等权利"，必然存在事实上的不平等。

但是，"各尽所能，按需分配"的平等是另一种"平等"。一般来说，平等总是有人与人之间的某种同一作为基础，但"各尽所能，按需分配"则不是这样的，它不以个体之间的某种同一为基础，也不是不同个体都得遵循某种同一性原则，而是以不同个体自身的最佳生存发展状态为标准和原则，这样，各个体就会根据自身的不同具体情况来选择不同的标准，按需分配应成为一个标准多样、差异纷呈的过程，这样的过程，社会是很难提供相应的合理程序的。

列宁认为，社会主义社会还存在富裕程度的不同，不可能实现完全的结果平等。他认为"事实上的平等"才是最终目的，也才是"真正的平等"。因此，社会主义社会具有形式平等的一面。当然，社会主义的形式平等与资本主义的形式平等也是有区别的，资本主义的形式平等是因为没有生产资料的平等占有为基础，因而是长期的、虚假的。而社会主义形式平等则有生产资料公有制的支持，并将最终走向事实上的平等。列宁说："一旦社会全体成员在占有生产资料方面的平等即劳动平等、工资平等实现以后，在人类面前不可避免地立即就会产生一个问题：要更进一步，从形式上的平等进到事实上的平等，即实现'各尽所能，按需分配'的原则。"②形式平等是社会主义现阶段的必然产物，我

---

① 《列宁专题文集　论社会主义》，人民出版社 2009 年版，第 33 页。
② 《列宁全集》第 31 卷，人民出版社 1985 年版，第 95 页。

们既要防止借形式平等贬低社会主义平等的倾向，也要防止用实质平等否定形式平等的倾向，因为虽然形式平等不等于实质平等，但如果没有形式上的平等，实质上的平等也是没有存在根由的。

把平等权利作为资产阶级的法权，其实是马克思的观点①。他说："在这里平等的权利按照原则仍然是资产阶级权利……虽然有这种进步，但这个平等的权利总还是被限制在一个资产阶级的框框里。生产者的权利是同他们提供的劳动成比例的；平等就在于以同一尺度——劳动——来计量。但是，一个人在体力或智力上胜过另一个人，因此在同一时间内提供较多的劳动，或者能够劳动较长的时间；而劳动，要当做尺度来用，就必须按照它的时间或强度来确定，不然它就不成其为尺度了。这种平等的权利，对不同等的劳动来说是不平等的权利。它不承认任何阶级差别，因为每个人都像其他人一样只是劳动者；但是它默认，劳动者的不同等的个人天赋，从而不同等的工作能力，是天然特权。所以就它的内容来讲，它像一切权利一样是一种不平等的权利。权利，就它的本性来讲，只在于使用同一尺度；但是不同等的个人（而如果他们不是不同等的，他们就不成其为不同的个人）要用同一尺度去计量，就只有从同一个角度去看待他们，从一个特定的方面去对待他们，例如在现在所讲的这个场合，把他们只当做劳动者，再不把他们看做别的什么，把其他一切都撇开了。其次，一个劳动者已经结婚，另一个则没有；一个劳动者的子女较多，另一个的子女较少，如此等等。因此，在提供的劳动相同，从而由社会消费基金中分得的份额相同的条件下，某一个人事实

---

① 权利：是指法律赋予人实现其利益的一种力量。从通常的角度看，权利是法律赋予权利主体作为或不作为的许可、认定及保障。权利通常包含权能和利益的两个方面。权能是指权利能够得以实现的可能性，它并不要求权利的绝对实现，只是表明权利具有实现的现实可能；利益则是权利的另一主要表现形式，是权能现实化的结果。权能具有可能性，利益具有现实性。也可以说说权能是可以实现但未实现的利益；利益是被实现了的权能。因此，权利有着应然权利和实然权利之分。

上所得到的比另一个人多些，也就比另一个人富些，如此等等。要避免所有这些弊病，权利就不应当是平等的，而应当是不平等的。"①

罗纳德·德沃金力倡权利平等。他在《认真对待权利》一书中提出："政府必须不仅仅关心和尊重人民，而且必须平等地关心和尊重人民。它千万不要根据由于某些人值得更多地关注从而授予其更多的权利这一理由而不平等地分配利益和机会。它千万不要根据某个公民的某一集团良好生活的概念更高尚或高于另一个公民的同样概念而限制自由权。"② 这种权利平等理论在西方社会平等理论中占有重要的地位。虽然，这种权利平等是在资本主义社会范围内的，在不触动资本利益的基础上的平等，有其相对的局限性。但是，权利平等的内容，仅仅一个资产阶级的框框是限制不了的，因为权利平等也许是所有社会中的一个基本准则。

综上可见，列宁的社会主义分配平等思想有一个发展过程。早期的平均主义，后来的相对平等主义，再后来的个人利益原则，这是一个从理想到现实的过程。刘国华先生的关于列宁的公平与效率思想经历了一个由公平与效率的绝对统一到效率优先的转变过程的思想，也大致与此相一致③。列宁认为，生产资料公有制应当是实现公平与效率相统一的基本的制度，他通过公有制条件下的计划经济来实现公平与效率的统一。但列宁为了发展物质生产，就得贯彻物质利益原则，建立物质激励机制，这表现了一个始终务实的态度。他的整个思想过程，表现为从战时共产主义到新经济政策的转变。

---

① 《马克思恩格斯文集》第 3 卷，人民出版社 2009 年版，第 435 页。
② ［美］罗纳德·德沃金：《认真对待权利》，信春鹰、吴玉章译，中国大百科全书出版社 1998 年版，第 357 页。
③ 刘国华：《列宁的公平与效率思想及其当代价值》，《中共四川省委省级机关党校学报》2008 年第 2 期。

这种转变是由现实的需要来推动的。列宁曾经设想："我们计划（说我们计划欠周的设想，也许较确切）用无产阶级国家直接下命令的办法在一个小农国家里按共产主义原则来调整国家的产品生产和分配。"① 但实践证明，列宁的这些过急的政策措施，并没有推进社会平等的真正实现进程，反而引起了人民的不满。客观实际使列宁的思想发生转变，从而使其认识到：建设社会主义必须从现实出发。他指出："我们犯了错误：决定直接过渡到共产主义的生产和分配。"②

列宁说："俄国是一个农民国家，是欧洲最落后的国家之一。在这个国家里，社会主义不可能立刻直接取得胜利。"③"俄国无产阶级是在欧洲最落后国家中的一个国家内，在大量小农居民中间进行活动的，因此它不能抱定立即实行社会主义改造的目的。"④ 为此，列宁不得不承认："我们对社会主义的整个看法根本改变了"⑤，"为了作好向共产主义过渡的准备（通过多年的工作来准备），需要经过国家资本主义和社会主义这些过渡阶段。不能直接凭热情，而要借助于伟大革命所产生的热情，靠个人利益，靠同个人利益的结合，靠经济核算，在这个小农国家里先建立起牢固的桥梁，通过国家资本主义走向社会主义"⑥。

1921 年初春，苏俄国民经济由于遭受三年内战的重创和农村经济危机加重，2 月 28 日在喀琅施塔得发生了叛乱，此事件标志着苏俄开始从经济危机走向政治危机，这也就意味着"战时的共产主义政策"的某种不适宜，需要及时进行调整。列宁开始认识到，在一个经济和文化都非常落后的俄国，快速实行共产主义分配制，用计划经济来调控产品

① 《列宁专题文集　论社会主义》，人民出版社 2009 年版，第 247 页。
② 《列宁专题文集　论社会主义》，人民出版社 2009 年版，第 251 页。
③ 《列宁全集》第 29 卷，人民出版社 1985 年版，第 90 页。
④ 《列宁全集》第 19 卷，人民出版社 1988 年版，第 442 页。
⑤ 《列宁专题文集　论社会主义》，人民出版社 2009 年版，第 354 页。
⑥ 《列宁专题文集　论社会主义》，人民出版社 2009 年版，第 247 页。

的生产和分配，已经困难重重。因此，必须建立新的经济政策，可见，新经济政策的制定，是俄国当时的政治、经济形势的客观需要所逼。新经济政策大致包括四个方面的内容：（1）实行粮食税收制度，用粮食税收来代替余粮收集制。农民在缴纳农业税后，可以自由买卖余粮。这样就可以缓和工人同农民之间的矛盾，也缓和城乡之间的紧张关系。（2）实行合作制度。农民可以自由买卖粮食，客观上就开展了自由贸易，促进了国家资本主义产生。同时列宁认为可以用合作社来吸引农民参加社会主义建设，并实行对农民的社会主义改造。所以，列宁在1923年提出论"合作制"思想，在俄共（布）第十三次代表大会通过的《关于合作社决议》等各项决议。并作为党和国家的纲领性文件。（3）发展商品经济。列宁认为在不发达的社会主义国家，要发展经济，必须要利用市场，利用商品交换、货币政策、价值规律，并提出经济核算和由私人企业来发展生产，同时也要利用外资来建设社会主义，建立以托拉斯为中心环节的工业经济管理体制。大权集中于国家，小权分散给各个部门和地方企业。（4）建立起国家资本主义体制。

新经济政策实行后，列宁重新提出了实行国家资本主义制度，他强调实行国家资本主义制度是联系社会主义经济与私人小生产经济的纽带。

虽然列宁认识到商品经济和市场将导致贫富分化，他说："只要还存在着市场经济，只要还保持着货币权力和资本力量，世界上任何法律都无法消灭不平等和剥削。只有建立起大规模的社会化的计划经济，一切土地、工厂、工具都转归工人阶级所有，才可能消灭一切剥削"[①]。但他还是选择了发展商品经济，这是无可奈何的选择。这种无可奈何，主要表现为客观现实对理论与理想的无情纠正。过去是按照经典作家的设

---

① 《列宁全集》第13卷，人民出版社1987年版，第124页。

想去建设社会主义，但生产资料的公有化并没有将人民群众的积极性充分调动起来，于是生产力便得不到快速的发展，而生产力发展的滞缓，产品的严重不足，就必然满足不了人民群体的需要甚至是基本需要，就必然导致群众的不满甚至进而怨声载道，最后就可能导致政权的不稳定甚至丢失。正是面对这样的残酷现实，列宁才不得不从现实和实践中吸取智慧，对马克思主义经典作家一些既成的结论进行修正和发展。因此列宁说："对俄国来说，根据书本争论社会主义纲领的时代也已经过去了，我深信已经一去不复返了。今天只能根据经验来谈论社会主义。"①"现在已经到了这样一个历史关头：理论在变为实践，理论由实践赋予活力，由实践来修正，由实践来检验。"这些认识都是非常宝贵的。

二、毛泽东的经济平等思想

毛泽东在经济方面的思想，主要体现为他的经济平等思想。

纵观毛泽东的一生，其平等思想是非常突出的，还在青少年时代，他就具有了一种强烈的平等观念。

青少年时代的毛泽东就立志要建立一个平等的社会。他在其早年所设想的新村计划提道："合若干之新家庭，即可创造一种新社会。新社会之种类不可尽举，举其著者：公共育儿院，公共蒙养院，公共学校，公共图书馆，公共银行，公共农场，公共工作厂，公共消费社，公共剧院，公共病院，公园，博物馆，自治会。合此等之新学校，新社会，而为一'新村'。"②

面对各种贤愚、贵贱、贫富之分，针对各种社会不平等，毛泽东认为不能"但顾自己"而独去，而应救贫扶弱、有所作为。因为，"则

---

① 《列宁专题文集　论社会主义》，人民出版社 2009 年版，第 192 页。

② 《毛泽东早期文稿》，湖南人民出版社 2008 年版，第 410 页。

此小人者，吾同胞也，吾宇宙之一体也"①。对待处于不平等关系两端的人，毛泽东的态度是有所不同的，他"粪土当年万户侯"，却特别关心下层民众的疾苦，对处于底层的人民充满了深切的同情，并且把拯救他们作为自己一生的奋斗目标。

在毛泽东的革命生涯中，他的经济平等思想集中体现在其土地政策方面。

土地革命时期，毛泽东在率领部队转战湖南、江西、福建，对如何分配土地以及其他财产，他在实践中作了各种探究。首先是进行了较为广泛深入的调查研究。此间，他先后撰写了《寻乌调查》、《分青和出住问题》、《查田运动的群众工作》等调查报告，这些文章广泛涉及如何对土地、财产的进行合理分配的问题。其次，他在实践中提出并不断完善土地分配方法。他在1928年底主持制定了第一个土地法，提出关于分配土地的标准，主要采用"以人口为标准，男女老幼平均分配"的方法②。后来，他指导下制定的《土地问题决议案》提出了土地分配应坚持"抽多补少"的原则，继而又提出按人口平分土地，在原耕地的基础上，实行"抽多补少、抽肥补瘦"的土地分配方法。他在《寻乌调查》说："各乡分田会议中，……至于没收标准问题简直不消讨论，因为红旗子一打起，那就是没收土地的宣告，用不着再有什么文字形式的宣告了。简单的问题就是这一大片土地怎样分配。很明显的，以人口总数除土地总数的平田主义是最直截了当，最得多数群众拥护的，少数不愿意的（地主与富农）在群众威胁下，简直不敢放半句屁。所以一个'平'字就包括了没收、分配两个意义。"③他认为，对于土地问题，我们认为一定要彻底的平均分配，才是对的，只有执行没收一切土地平均分配，

① 《毛泽东早期文稿》，湖南人民出版社2008年版，第89页。
② 《毛泽东文集》第一卷，人民出版社1993年版，第49页。
③ 《毛泽东文集》第一卷，人民出版社1993年版，第235—236页。

才能争取广大的贫农群众，才能彻底推翻封建剥削，才能保证社会主义的前途①。由此可见，这一时期毛泽东主张"耕者有其田"，并认为平分土地是解决农民平等问题的最关键的基础，同时也是中国革命争取最广大农民支持的必要条件。

解放战争时期，为满足农民对于土地的迫切要求，进一步发动农民，准备进行自卫战争，1946年5月4日中共中央发布《关于清算减租及土地问题的指示》（史称《五四指示》），指出要"坚决拥护广大群众这种直接实行土地改革的行动"，"坚决拥护农民一切正当的主张和正义的行动，批准农民获得和正在获得土地"，强调"各地党委必须明确认识，解决解放区的土地问题是我党目前最基本的历史任务，是目前一切工作的最基本环节。必须以最大的决心和努力，放手发动和领导目前的群众运动来完成这一历史任务"。1947年7月17日至9月13日，在河北省平山县西柏坡村召开了全国土地会议。会议根据"彻底平分土地原则"制定并通过了《中国土地法大纲》，《大纲》共16条，其主要内容可以概括为六个方面：

第一，彻底废除了封建和半封建的土地制度。《大纲》明确规定："废除封建性及半封建性剥削的土地制度，实行耕者有其田的土地制度。""废除一切地主的土地所有权。""废除一切祠堂、庙宇、寺院、学校、机关及团体的土地所有权。""废除一切乡村中在土地制度改革以前的债务。"并规定："乡村农人接收地主的牲畜、农具、房屋、粮食及其他财产，并征收富农的上述财产的多余部分。"

第二，规定了土地改革的合法执行机关。《大纲》规定："乡村农民大会及其选出的委员会，乡村中无地少地的农民所组织的贫农团大会及其选出的委员会，区、县、省等级农民代表大会及其选出的委员会为改

---

① 顾龙生：《毛泽东经济年谱》，中共中央党校出版社1993年版，第51页。

革土地制度的合法执行机关。"

第三，规定了平均分配一切土地和分配财产的办法。《大纲》规定："乡村中一切地主的土地及公地，由乡村农会接收，连同乡村中其他一切土地，按乡村全部人口，不分男女老幼，统一平均分配，在土地数量上抽多补少，质量上抽肥补瘦，使全乡村人民均获得同等的土地。"并规定，接收地主和征收富农的牲畜、农具、房屋、粮食等财产，"分给缺乏这些财产的农民及其他贫民，并分给地主同样的一份"。

第四，规定了土地改革之后农民的土地、财产所有权。《大纲》规定："分给各人的财产归本人所有，使全乡村人民均获得适当的生产资料及生活资料。""分给人民的土地，由政府发给土地所有证，并承认其自由经营、买卖及在特定条件下出租的权力。"

第五，规定了保护工商业的政策。《大纲》规定："保护工商业者的财产及其合法的营业不受侵犯。"

第六，组织人民法庭，保障土地改革的实施。《大纲》规定："对于一切违抗和破坏本法的罪犯，应组织人民法庭予以审判及处分。人民法庭由农民大会或农民代表会所选举及由政府所委派的人员组成之。"

全国土地会议的召开和《中国土地法大纲》的颁布实施，我党以平分土地为核心内容的政策制定和实践，得到了更加深入的反映和体现，从而最大限度地实现了在"耕者有其田"主张下分配领域的平等。毛泽东直接主导了这些政策、法律的制定。在此过程中，他指出："按人口平均分配土地。这是最彻底地消灭封建制度的一种方法，这是完全适合于中国广大农民群众的要求的。"[1]

新中国成立后，毛泽东的经济平等思想主要体现在以下几个方面。

第一，认为建立生产资料公有制是保障经济平等的制度基础。

---

[1] 《毛泽东选集》第四卷，人民出版社1991年版，第1250页。

1949 年之后，随着全国土地改革的充分实现，分得了土地的农民，由于其劳动力强弱的差异、劳动方法的差异、劳动勤惰的差异，以及除了土地之外的其他生产资料方面的差异，于是农民之间出现了财富占有的不断分化现象。毛泽东对共产党领导的新中国仍然产生了贫富分化现象无法容忍，他说："农村中的资本主义自发势力一天一天地在发展，新富农已经到处出现，许多富裕中农力求把自己变为富农。许多贫农，则因为生产资料不足，仍然处于贫困地位……这种情况如果让它发展下去，农村中向两极分化的现象必然一天一天地严重起来"。① 他认为必须杜绝两极分化现象的出现，必须进行社会主义改造，必须实现经济平等，以达到"全体农村人民共同富裕"②。

显然，把财富占有的多方面原因，仅仅归结为除了土地之外的生产资料的差异是不准确的。

在农村，实行农业生产合作化和集体化，其目的就是为了杜绝新的剥削关系的产生，实现农民之间的经济平等。因为农村中最重要的生产资料——土地归集体所有，大家都是平等的，其他生产资料（包括农具、资金等）的占有上的，也是平等的，农民变成了通过集体劳动才能获得消费品平等成员。在城市，则通过实行公私合营和手工业合作化，使大部分生产资料集中到国家手中，以不断消灭剥削、实现人民的经济平等。但这里有几个问题：第一，剥削是没有了，人与人也更加平等了，但人们的生产积极性是否就因此而提高了？这是个问题，如果没有提高反而下降了，那么就不能达到共同富裕的目标。第二，在生产资料公有的前提下，如果实行按劳分配，那么经济差异仍然会产生，因为人们的劳动付出与劳动成果是有差异的。同时，人们对于已有生活资料的

---

① 《建国以来毛泽东文稿》第 5 册，人民出版社 1997 年版，第 254 页。
② 《毛泽东文集》第六卷，人民出版社 1999 年版，第 437 页。

安排也存在差异，这同样会导致贫富差异的产生，正所谓"吃不穷穿不穷，不会划算一世穷"。

第二，通过实行计划经济体制来保障经济平等。

所谓计划经济或计划经济体制，就是根据政府计划调节经济活动的经济运行体制。一般是政府按事先制定的计划，提出国民经济和社会发展的总体目标，制定合理的政策和措施，有计划地安排重大经济活动，引导和调节经济运行方向。资源的分配，包括生产什么，生产多少，都由政府计划决定。

计划经济有这样一些特征：一是公有制经济在所有制结构中占据主导地位；二是国家对经济活动采取直接指令性行政管理；三是经济决策权高度集中；四是社会资源的计划配置；五是交易活动具有非价格特征；六是分配方式上采取按劳分配原则；七是经济结构呈现明显的城乡分化和二元结构；八是经济生活政治化倾向。

所谓社会资源是相对于自然资源而言，指人类社会在长期的生产和生活中不断积累的物质和精神财富的总称。社会资源根据其不同特点和属性，可划分为经济资源、文化资源、科技资源、人力资源、教育资源和制度资源。社会资源是人类生存发展的必要条件。不言而喻，这些资源占有的多寡直接影响个人的经济地位和社会地位。

社会资源配置受制于国家的经济体制。迄今为止，人类在配置社会资源方面主要有两种方式：一种是市场配置资源，一种是计划配置资源。市场配置资源利弊鲜明，其优点是可以遵循价值规律法则，按照个人能力的大小合理配置资源；就其弊端而言，其中之一就是会因为种种原因导致贫富悬殊的出现和社会阶层的固化，这一点我们有目共睹。而计划配置资源也是优劣分明。其优点是国家能够比较平等地在全社会配置社会资源，其不足是漠视人的贡献，不论贡献大小或有无贡献，大家分得社会大致相等的社会资源。毛泽东认为："为了建设一个强大的社会主义国家，必须有中央的强有力的统一领导，必须有全国的统一计划和统一纪律，破坏这种必要的统一，是不允许的。"① 在社会平等的视域下，建立在公有制基础的计划经济体制一方面杜绝了市场经济体制下由于种种原因导致人与人在社会资源占有上的不平等而引起的贫富悬殊，另一方面也可避免利益集团根据自己的利益而制定不合理的法律制度，占有社会重要的资源，从而影响其他人的生存和发展的权利。在计划经济体制下，国家通过计划来配置社会资源。社会资源是按照身份制、单位制、行政级别制这三大机制从上到下进行配置。这种资源配置方式虽然是按身份和级别来进行，但遵循人人大致平等的原则，所以，人们在经济资源、文化资源、科技资源、教育资源等社会资源的占有上差距不是很大。

衡量经济平等的一个重要指标就是对社会财富进行相对平等的分配，也就是说，社会财富要由全社会共享。如前所述，经济体制具有分配社会财富的功能。这由以下两个方面来决定：一是消灭任何形式的私有财产，是社会主义公有制计划经济的现实目的。在这种体制下，没有私人生产部门，不会存在任何形式的私有财产，这就杜绝了私人消费与分配出现极大差异。二是建立在计划经济体制上按劳分配制度确保了社会财富相对的平等分配。新中国成立后，毛泽东坚持按劳分配理论。他提出在一个很长的历史时期内主要实行各尽所能、按劳分配的原则，多劳多得、少劳少得、不劳动者不得食。按劳分配的原则，是根据劳动者提供给社会的劳动数量和质量获得相应收益，它符合劳动价值规律，有利于人们劳动积极性的提高。同时，避免了因个人能力差异而导致个人收入差异在较短时间内快速扩大的可能，保证了收入分配上的相对平等，既有差异又差异不大。

---

① 《毛泽东文集》第七卷，人民出版社 1999 年版，第 32 页。

毛泽东把按劳分配的实现具体化为以国家为分配主体的一元化的"产品型"分配形式。在这种分配形式下，生产、流通、消费与分配统统由国家统一安排。个人生活消费品分配，不需要通过交换获得。在"各尽所能"的前提下，每个人的衣、食、住、行的需求都由政府大致平均地分配给每一个人。这种分配方式也避免了按生产要素分配而可能导致的穷者更穷、富者更富的两极分化。同时也避免了因少数人垄断占有生产资源和社会财富，进而购买、支配可以创造一切财富的劳动力而导致的剥削现象。

综上所述，建立在公有制基础上的计划经济，无疑是更有利于收入的相对平等之实现的。从计划经济建立的基础这个层面看，计划经济建立在公有制的基础上，生产资料的公有制消除了生产资料占有的不平等，排除了任何个人凭借生产资料所有权无偿占有他人剩余劳动产品的可能性，避免了少数人富裕，多数人贫穷现象的出现；避免了少数人因占有巨额财产而奴役、驱使、剥削他人的不平等现象的出现。因而，公有制的建立符合最广大人民群众的根本利益。从计划经济的生产目的这个层面看，在社会主义条件下，计划经济唯一的目的是为了不断提高全体人民的生活水平。经济发展指导原则是多数人原则，即一切经济活动都是为了最大限度地满足多数人的需求，即为了实现全体中国人民的共同富裕。然而，计划经济的弊端也是显而易见的，主要体现为三个方面的致命缺陷。

第一，经济核算的不可行性。"社会理性"为假定前提的计划经济体制，认为社会能够准确无误地了解社会需求、社会资源、生产者的生产函数以及每一个劳动者的劳动贡献，并认为中央具有超常的搜集和及时处理各种有关经济信息的能力。如此，社会经济活动就可以在没有市场或个人决策行为的情况下，由中央通过计划统一设计出来，并按照这种设计来实现资源的合理配置，而无须求助于价格或价值形式。但是，这种资源配置方式的准确性和有效性是无法保证的。正如哈耶克所言：
"如果计划的意思是以权威指示的手段对生产活动进行实际控制，不仅
要控制生产数量和所使用的生产方式，也要控制价格的固定，那么我们
就能很容易看出，这不仅是不可能的，而且上述做法中任何一种方法都
将引起背弃它自身目的的反应。"①

　　第二，人们的利益并非总是一致。计划经济体制基于公有制完全
代替私有制，全部生产资料归全社会成员共同占有，整个社会仿佛一个
没有利益矛盾的共同体。因为人们平等分配生活产品，财富的转移不是
在个人之间发生，而是在个人与社会之间发生，是个人利益与集体利益
的变更，在共同体内部进行调整即可。但是，"由于经济资源的稀缺性，
所有主体的一切需要不可能不受到限制，于是就产生了对可用资源的分
配问题，进而产生了利益之间的矛盾。这是人与人之间的社会关系。因
此，经济利益关系本质上是人们之间的社会关系（当然，它还受到人与
自然的关系的制约）。对生产资料的占有和分配只是人们取得经济利益
的手段，而不是经济利益本身。所有制形式的改变只能改变社会主体的
利益关系及其实现形式，但不能改变具有自己特殊的经济利益这一事实
本身，因此也就不可能消除主体之间的利益矛盾。即使发展到全社会单
一的公有制，经济主体之间的利益矛盾也不会消除，因为任何社会都存
在资源稀缺问题，随着生产力的发展，社会的物质财富将会极大地丰
富，这是毫无疑问的。但同样毫无疑问的是，随着社会的发展，人们对
物质财富的需要会以更大的程度增长。因此，社会越发达，资源稀缺性
问题只会越严重，而不是越减轻。"②

　　第三，体制运行的效率低下。计划经济体制下，经济系统的运行

---

① 　[英] F.A. 冯·哈耶克：《个人主义与经济秩序》，费湛、施炜译，北京经济学院出
　　版社 1989 年版，第 123 页。
② 　周毅：《计划经济的体制缺陷》，《黑龙江农垦师专学报》1999 年第 3 期。

效率仅取决于计划的科学性，而这种科学性在该体制下却根本无法实现。首先，计划经济体制下，从中央到企业需要支付巨额的成本，计划越具体成本越高昂。其次，科学计划的作出基于全面信息的提供，而在信息汇总前的人为传递过程中，信息会变得失真和滞后。同时，即使计划足够科学，在逐级实施过程中"一刀切"也会使计划脱离生产单位的实际，变化总比计划快，导致计划最终难以落实。

总之，计划经济使资源配置不合理，供需脱节、产品质量不高，官僚集权、发展动力不足，故步自封、创新空间萎缩。计划经济是一种效率低下的经济体制，这是改革开放后，中国抛弃计划经济体制而选择市场经济体制的重要原因。

毛泽东的财富共享思想也是大体追随着列宁的思路，即实现生产资料公有制基础的财富"平等享有"。早在1953年，我国就在《中共中央关于发展农业生产合作社的决议》中提出了"共同富裕"概念。决议提出："逐步实行农业的社会主义改造，使农业能够由落后的小规模生产的个体经济变为先进的大规模生产的合作经济，以便逐步克服工业和农业这两个经济部门发展不相适应的矛盾，并使农民能够逐步完全摆脱贫困的状况而取得共同富裕和普遍繁荣的生活。"①

生产资料公有制在中国的初步建立，为人们实现平等的经济权利奠定了基础。

---

① 《建国以来重要文献选编》第4册，中央文献出版社1993年版，第661—662页。

第三章　财富共享的基本依据

第一节　共在作为共享的依据

一、海德格尔的共在概念

所谓共在，就是他人与我存在于同一世界中的方式，它是海德格尔存在主义哲学中的一个非常重要的概念。海德格尔运用现象学的方法，对"存在"、"存在者"、"此在"、"共在"等进行了具体的区分和相应的阐述，并在此基础上建立起自己不同于传统本体论的新的本体论。

海德格尔在《存在与时间》中指出，"存在"是指存在物的显现、在场，而不是指现成具体的存在物；而"存在者"是指已有的现成存在物，包括一切已显示出其存在的、现实的或观念中的事物。他认为"存在"不是"存在者"，"存在"是对"存在者"的悬置，是括去了存在者之后的那个剩余物。"存在"比"存在者"具有优先地位，没有"存在"就没有"存在者"。

对于"存在"意义的揭示，他是通过"人"这种"存在者"的意义剖析而实现的，为区别人与其他"存在者"，他引出了"此在"——人的存在概念。"此在"有两个重要的具体规定：第一，"此在"具有单一性，它是不可替代、不可重复的；第二，"此在"本质在于其存在，即通过"在"而在存在中获得本质。

海德格尔说"此在"的存在优先于本质，指的恰恰是"此在"不是像各种具体存在物那样，是一个现成存在者的名称。"此在"不表达这个存在者是什么，而是表达它怎样去是，即表达其存在。因而"此在"就是一种可能性，它作为它的可能性而存在。这并不是说"此在"首先已经在那里存在好了，然后要面对诸多可能性来让它选择，如果这样，"此在"就仍只是一个现成的存在者。"此在"作为一种可能性存在，就意味着它总是从其所是的那些可能性的开口或结局中来规定自己，其存在性特质总是开放着、生成着的，它并没有在某一瞬间将它的可能性彻底完成。只因为这样，"此在"才有可能作为一个未完成的"是"而"去是"它自己。

海德格尔认为，作为"此在"的人，总是与其所处世界的其他的人、其他的事与物同时在场，并不断地与其他存在处于一种活动过程之中，此所谓"共在"。他说："此在就是相互并存的存在，与他人一道存在：与他人在此拥有这同一个世界。"① 因此，此在就是一种共在：一方面人与人要打交道，一方面人与物要打交道；一方面人与物的交道方式影响着人与人的交往，一方面人与人的交道方式规定着人与物的关系特质，并且它们是一个同体过程。

海德格尔的以上相关描述，其实是描绘了一种生存论图画，此在和其上手事物在世界中的相遇。既然能够相遇，就说明那个上手事物一定也有它自己既成的历史和来头，与其相遇的他人当然也是如此。所谓上手事物，其实就是对存在主体有某种实用价值的事物，在海氏看来，一种事物对于此在来讲，它首先是以某种关涉我、为我所及、为我所用的方式出现的，而不是以客观认识对象的现成事物出现的。因此，他人

———————

① 孙周兴：《海德格尔选集》，上海三联书店 1996 年版，第 13 页。

作为用具的制造者通过用具且连同用具一起与作为用具使用者的此在照面了。可见，此在不可能单独孤立地存在，它既与上手事物打交道，也通过上手事物而与他人相关联，或者直接与他人照面。在世这个原始结构本身就包含了此在和他人共同存在的特征。"由于这种共同性的在世之故，世界向来是我和他人共同他有的世界。此在的世界是共同世界。'在之中'，就是与他人共同存在。"① 同时，即使是个人的独在，也是共在中的独在或共在的一种方式："此在之独在也是世界中的共在，他人只能在一种共在中，而且只能为一种共在来说才谈得上：不在。独在则是共在的一种残缺方式，独在的可能性恰恰是共在的证明。"② 也就是说，"共在"并不意味着他人时刻在场或时刻与他人照面，即使此在单独处于世界的某一地方，与他人共的某种实际也不会因此而改变。因此独在作为共在的一种残缺形态，其可能性构成了共在的某种证明，即只有相对于共在、只有在共在的基地上，独在才可能得以矗立。反过来讲，独在也不会因为他人简单出现而立马消除。因为在陌生的环境中，此在和他人以一种互不相关或互不关心的冷漠方式相照面时，此在的共在空间结构虽没有改变，但此在却仍然只是以"独在"的形式显现出来，不相干的他人再多，也并不能改变此在的某种独在存在方式，这其实涉及此在相遇是"面遇"还是"心遇"的问题，独在的本质，其实是没有真正的"心遇"。但无论如何，如果没有面遇的机会，心遇的可能性世界是无法真正敞开的。因此，共在是"此在"的一种必然的本质的生存方式，自我与他者在交往活动中构成一个"共同世界"。海德格尔指出，"共在"并不是指在具体生活中我与他人在世界中现成地同时存

---

① ［德］海德格尔：《存在与时间》，陈嘉映、王庆节译，上海三联书店1987年版，第146页。

② ［德］海德格尔：《存在与时间》，陈嘉映、王庆节译，上海三联书店1987年版，第148页。

在着，若是这样，就会将共在贬抑为某种偶然性的东西，似乎他人和我共同出现仅因某种因缘巧合。相反，"共在所表示的是属于此在本身的一种与在世界中存在同等原初的存在品格"①。他人构成了此在生存的结构性内在要素，是此在如此存在的原初的本质规定，此在总是接纳着他人并向他人敞开的。

那么，此在和他人是以什么样的方式照面的呢？海德格尔明确指出："他人是从操劳寻视的此在本质上停留于其中的那个世界方面来照面的……他人是从周围世界来照面的。"② 此在并非孤立的个体性存在，从某种共在本质的意义上讲，此在既不能通过将自己与他人相区别的方式来与他人照面，也不能运用客观的理论观察与他人照面，因为"此在是为世界和他人内在地渗透了的此在……他人首先不是作为自由漂浮的主体或与其他客体并列的自我而被既定的，而是在他们不同的世界性地位上，他们显露于随手可及的生活情境之中。"③ 可见，他人和世界构成了此在的先行境域，此在从出现之时就处于依恃他人、面向他人敞开的状态。因此，海德格尔认为此在在根本上是无法与他人完全区别开来的，于是，反对总是用主客二分的方式来把握他人和世界也就非常容易理解。

具体而言，"共在"思想其实是对"反思现象学"的某种超越。胡塞尔认为，纯粹意识及其"纯我"可以通过内在知觉被给予我们，而且这样一种给予是先验自明的。世界作为意识的意向指示的对象相关物，只是相对于意识而如此存在或者如此显现，而他人，也是由本己自我通

① ［德］海德格尔：《时间概念史导论》，欧东明译，商务印书馆 2005 年版，第 331 页。
② ［德］海德格尔：《存在与时间》，陈嘉映、王庆节译，上海三联书店 1999 年版，第 138 页。
③ ［美］弗莱德·R. 多尔迈：《主体性的黄昏》，万俊人译，上海人民出版社 1992 年版，第 94 页。

过某种"构造"而形成的客观产物。自我对他人的认知过程是一个意识超越客观对象的能动呈现过程,"即一个将内在的感觉材料综合为一个超越的意识对象的过程"①,如若这样,自我在主体认识过程中处于某种绝对的优先地位便显而易见。

但是,海德格尔却认为,通过反思而给予我们的那个"纯我",只是一种纯思的抽象物,它缺乏关系性、活动性、过程性、生成性,它只是一个被给定的既成物,是没有他人和世界的孤零零的存在,是没有在关系中动弹的死寂寂的存在,它并不符合存在论的本质要求。

同时,对象世界也并不是纯粹的意向世界,某种意义上,意向世界只是对象世界的一种敞开者。所以他认为,近代的主体性哲学其实是"过于狭隘地理解了人这个主体。近代哲学以纯主体作为开端,然后再给这个主体一个世界;继而又把这个主体与其他主体联系起来,这样一种对世界和人的同类主体所进行的外科手术式的构造是臆造的、无意义的"②。

传统认识论首先把"自我"、"世界"和"他人"设定成了现成的,然后通过移情又把它们联系起来,并认为对于自我的认识优先于对于他人和世界的认识。海德格尔对此种认识表示强烈反对。他认为,移情论首先设定了一个与世隔绝的自我,然后又通过引入移情,来使自我与他人联系起来,这种设定是不真实的。同时,移情论认为我对我自己的理解始终是先在和确然的,而对他人和他物的理解则基于其自我理解。但海德格尔认为,自我认识原就包含了自己的此在如何与他人共在的洞见,而这种洞见只可能基于自我与他人共同在世"并不是移情才刚组建

---

① 倪梁康:《现象学及其效应——胡塞尔与当代德国哲学》,上海三联书店 1994 年版,第 148 页。

② [美] 约瑟夫·科克尔曼斯:《海德格尔的〈存在与时间〉——对作为基本存在论的此在的分析》,陈小文等译,商务印书馆 1996 年版,第 161 页。

起共在，倒是移情要以共在为基础才可能"①。因为"此在的存在"向来
不是"无世界"、"无他人"的孤绝存在，而是在世界之中的存在和与他
人的共在，向他人的存在是存在的存在性关联。正是在这个意义上，一
个孤绝个体如何和另一孤绝个体相遇的问题其实就成了一个伪问题。所
以，共在论其实已经阐明了主体间性的问题。不仅自我不能成为主体间
性的出发点，而且自我、他者和世界任何一个都不能作为主体间性的出
发点，因为三者交互共生的主体间性是比它们任何一方都更为原始的现
象。所以，海德格尔认为移情说之所以是错误的，原因并不仅仅在于它
没有揭示主体间性的基本模式，更是因为它遮蔽了主体间性这一事实。
换句话说，主体性哲学并没有明确意识到，此在一开始就已然首先"被
存在于"世界之中了——即此在的构建首先是被构建者的一种构建；主
体性哲学更没有把此在看作向他人和他物开放、且与他人他物相互存在
着。此在并非首先意识到自我，而可能是恰恰通常没有意识到自我；世
界也并非主体后天感知或给予的，而只是先于此在被给予的某种境遇，
是所有存在物和存在者得以显现的场所，他人也正是在这个预先的场景
中原初地存在于此在生存的结构之中的。海德格尔的生存—本体论思维
范式，把他人和世界看作和此在具有同样原初本质的存在，它瓦解了那
些依靠一种完全独立精神或先在确定主体来解释人与世界如何存在的任
何企图，从而那些抽象的、纯思的理性自我成为一种无实在之根的幻
象，这当然也可视为对传统主体论哲学以釜底抽薪。

　　但法国哲学家萨特认为，海德格尔的共在，仍然只能被视为一种
基于"我的存在"的纯粹要求，它完全不能证明他人的存在以及不能成
为我和他人之间的沟通桥梁。这就是说，"我和一个抽象的他人的这种

①　[德] 海德格尔：《存在与时间》，陈嘉映、王庆节译，上海三联书店1999年版，第
　　145页。

本体论关系，由于一般地定义了我与他人的关系，恰恰这一事实远没有使我和皮埃尔之间的一种特殊的、本体的关系变得容易理解；事实上，它使我的存在和在我的体验中被给予的一个特殊他人的任何一种具体的联系变得不可能。"①

实际上，只要海德格尔是在一种先验的意义上来探讨我与他人的关系，那么，他的这一做法就可能完全消除了交互主体性得以展现或实现的诸多可能性。"一种本体论的并因此是先天的'共在'的实存使与一个具体的人的实在的所有本体论联系成为不可能的，这种人的实在作为一个绝对的超越的东西自为地涌现出来，被视为我的存在的一个结构的'共在'像唯我论的证明一样确实地使我孤立起来。"② 从人的实存的角度来讲，共在所阐释的"共"的关系还是有些单薄，它还不足以表明人的存在的丰富内容。"事实上，必须指出，'与皮埃尔共在'或'与安妮共在'是我的具体存在的构成结构。但是从海德格尔所采用的观点来说，这是不可能的。他人在本体论水平上采取的'共'的关系中，与被直接遭遇的、他人是另一个自我的人的实在相比，事实上并不能被具体地确定：他人是一个抽象的，并因此是不自立的项，他没有力量变成那个他人——皮埃尔或安妮。因此，对我们来说，共在的关系在解决认识他人的心理学和具体的问题上完全是无用的。"③ 基于此种指认，萨特认为，关于主体——我们的经验不是本体论范畴，而是心理学范畴，关于"主体——我们的经验在个人的意识中是一个纯粹心理学和主观的事件，它相当于这个意识结构的一个内在变化，但它不在与他人具体的本体论

① Sartre J., *Being and Nothingness*：*An Essay on Phenomeno-logical Ontology*，Barnes E H translated，New York：Washington Square Press，1993，p.249.

② Sartre J., *Being and Nothingness*：*An Essay on Phenomeno-logical Ontology*，Barnes E H translated，New York：Washington Square Press，1993，p.249.

③ Sartre J., *Being and Nothingness*：*An Essay on Phenomeno-logical Ontology*，Barnes E H translated，New York：Washington Square Press，1993，p.248.

关系的基础上显现，并且不实现任何的'共在'"①。所以，尽管"共在"这一概念颇具革命性，但事实上海德格尔也并没有完全突破传统哲学的主体性困境——没有从根本上走出那个先验的主体。

从上述分析不难看出，在海德格尔的思想体系中，此在虽被他者和共在有所规约，但它仍然是绝对主角，其理论逻辑依旧得从此在出发来谈论他人与世界。在后世的一些学者看来，海德格尔所试图超越自我而达到的他人视角仍然是有缺失的，他人虽然有所"自身"突现，但依旧没有摆脱被此在最终结构的命运，呈现的仍然是一种若隐若现的飘移，其本质在于，他人仍然只是此在表现的对象物。正如如陈嘉映先生所言："无论他怎样愿意强调共在这一规定性，实则仍把此在当作先于他人和共在的东西了……虽然这个此在是开放着的，允许世内存在者和他人来照面，这诚然比把人描述为封闭的主体通融些，但仍难使我们看出何以他人也是此在。《存在与时间》全书中并没有关于他人的共在如何积极建树此在的论述，我们也看不到究竟是什么从根本上规定他人与他物的不同。"② 因此，"共在"是海德格尔思想体系中的一所魅力十足的美丽楼阁，但从人的实存角度来讲，它却缺少扎实矗立的内在根基。在这个问题上，海德格尔也仿佛表现出一种前后不一的矛盾思维状态。在《存在与时间》的前面章节中，他通过"共在"的力量去挣脱自我的桎梏，以希望能够站在一个宽广的原野上来凝视和描述自我与他人所共同存在的美丽世界。但在其后的一些章节中显示"共在"的思想之根似乎又被刨除，此在又成为他的唯一所爱。这说明，尽管海德格尔的问题意识十分强烈，但如何真正解决问题，仅仅通过批判传统主体性哲学是远远不够的，若立于某种本体论思维范式，这样的批评都不可能彻底——

① Sartre J., *Being and Nothingness*：*An Essay on Phenomeno-logical Ontology*，Barnes E H translated，New York：Washington Square Press，1993，p.425.

② 陈嘉映：《海德格尔哲学概论》，上海三联书店 1995 年版，第 81 页。

甚至有某种自我批评的嫌疑。当然，我们也不能因此就否认其"共在"思想的内在价值，无论对于我们理解存在主义哲学，还是重新理解交互主体性的生成与实现，它都具有十分重要的启发性意义。

二、列维纳斯的绝对他者

在海德格尔那里，他者的存在虽然是作为与此在共在的一种存在，但最终还是被此在对存在的一种优先性领会所消解，因为他者无法超越于自我的指涉或自我的结构之外，不能成为绝对意义上的他者。"因为此在之在是共同存在，所以在此在的存在之领悟中已经有对他人的领悟。"① 因此，在海德格尔的此在—存在系统中，人与人之间的一种真正的基于某种相互性的伦理关系是无法从此在—存在王国中直接升腾出来的。至少可以说，由于人与人之间的人际关系其实是从属于此在与存在之关系的，一方面，他人系身于此在的指涉和结构，他人与自我共在的原初性和先在性因此已被削弱，陌生的他者就无法拥有从自我这里获得伦理关照的资格；另一方面，此在又从属于那个无人称的存在，而那个无人称的存在当然要对此在有所规定，使此在表现出一种空旷渺远的普遍的无个性的存在性本身，而他人，又是由此在掌控的，因此作为绝对他者的异质性与陌生性，便可能在这种此在存在的普遍性中丧身，从而不能让人与人之间的真正伦理关系从中挺立。

因此，作为特别关注人的伦理关系的列维纳斯，就必然要从海氏的这种存在中逃离，他要确立现实的存在者——直接从人的现实伦理关系的维度确立人的真实存在。如果说传统主体性哲学强调自我中心，那么列维纳斯却是要确立他者，他者不是自我意识的构成物，而是先在自

---

① [德]海德格尔：《存在与时间》，陈嘉映、王庆节译，上海三联书店1987年版，第152页。

在的异己者。他确信，对于人的存在的追问，不是人的存在的真理是什么，而是人如何道德地去存在，同时后者也不能从前者的追问中得出相应的结论，这充分体现了列维纳斯在"纯粹存在"之外追求道德存在、把"真在"转化为"善在"的思想，这一思想原点其实与柏拉图的"善在存在之外"的观点不谋而合。所以他说："超越存在之诘问，所得到的并非一个真理，而是善。"①

列维纳斯是法国哲学家，曾跟从胡塞尔和海德格尔研究现象学，他通过深入研究希腊文化和希伯来文化来使二者融通起来，通过对传统认识论和存在论的辨析和批判，为西方传统哲学如何思考差异性、异质性、他在性提供了重要的思想资源和思维路径，并最终阐释了如何从人的伦理存在之维来重建形而上学的某种可能性。他的"他者"理论，一反西方哲学的以存在论—知识论为根据的思想传统，强调超越存在、以善释真，从而使伦理—价值成为人何以存在的内在基础。

列维纳斯认为，"西方哲学最为经常的是一种存在论：通过中介或中项的介入把他者还原为同一以保证对存在的理解"②。他认为，近代主体性哲学意义上的主体，形成一种"唯我认识论"：一切对象都源于自我、为了自我，一切外物都为自我所决定。它强调同一，表现为对外在性、异质性的恣意消解。对于现象学的认识论生成方式，他有一个生动的比喻，他说："现象学的描述不可能离开光，也就是说不能离开封闭、孤独的人，不能离开作为终结的死亡所带来的焦虑，因而它对与他人的关系所作出的任何分析都先天不足。"③"现象学停留在光的世界中，

---

① [法]列维纳斯：《从存在到存在者》，吴蕙仪译，江苏教育出版社 2006 年版，第 11 页。

② Emmanuel Levinas, *Totality and Infinity*, translated by Alphonso Lingis, Pittsburgh：Duquesne University Press, 1969, p.43.

③ [法]列维纳斯：《从存在到存在者》，吴蕙仪译，江苏教育出版社 2006 年版，第 104 页。

这个自我独居的世界中没有作为他人的他者，对于自我来说，他人只是另一个自我，一个他我，认识它的唯一途径是同情，也就是向自身的回归。"① 而他之所以对同一性如此反感，也许与他的亲身经历有关。他作为一名经历过"第二次世界大战"的犹太人，他深切体会到当时德国集权主义对"他者"所实施的屠城，而集权主义，不正是西方哲学所一贯强调的同一性诉求的一种表现吗？其认识的根基，就表现为自我对他者的统一，这种统一的结果，就是真正他者的消逝。

列维纳斯以他者为基石而建立起来的人的伦理性存在，其实是以"替代"为中介而建构起来的。无论是胡塞尔的自我还是海德格尔的此在，尽管他们在理解存在的思考方式上有所差异，但在对存在的同一性认定上却有某种内在的一致。列维纳斯所阐释的关于"替代"的思想却与之截然不同，其本质是关注和追求差异，而且这种差异是完全依源着人的真实的伦理关系的，"替代"作为一种先于认知、更为本源的存在相关性，"是一种在前的、无始基的、前于意识的一种牵连，在兄弟性中攫取"②。即在自我意识发生之前，自我就已经被他人纠缠，就已经是他人的"人质"。因此，主体性或自我也便成为对他人的替代与责任，自我只是他人责任的先天性载体。列维纳斯认为，"替代"思想并不会使主体陷于被奴役的状态之下，因为，自我被他人纠缠并不是由外在的伦理规范强加所致，而是基于自我对他人的主动"感发"——即基于自我与他人通过直接面对的当场感受而产生的，直接面对便顿然使我感觉责任在身，伦理主体便由此确立。他说："这种对他人的意义发生于亲近中。亲近非常不同于别的任何一种关系，它必须被理解为一种为他人

① ［法］列维纳斯：《从存在到存在者》，吴蕙仪译，江苏教育出版社 2006 年版，第104 页。

② Emmanuel Levinas, *Otherwise than Being or Beyond Essence*, translated by Alphonso Lingis, The Hague：Martinus Nijhoff, 1981, p.83.

的回应能力，它可以被称作人性，或主体性，或自我。"① 所以，这是一种通过深藏于内的恻隐之心和表现于外的现场感发而实现的一种主体能力，它不是通过加强道德规范的方式来与他人建立伦理关系。他说："我能够通过他人享受和痛苦只是因为我是为他者的，这就是超越存在的意义的诞生。"② 于是，作为他人的替代的自我，便摆脱了先验自我的孤独，走出了存在的掌控与压制，从而撑起了一片道德自由的晴空。

其实，对他者问题的关注，早在黑格尔那里就已经有所表现。黑格尔在其《精神现象学》中讨论主奴辩证法时就已经阐明：自我意识必须通过他人的认可才会真正确立起来，未经他人认可，自我意识始终走不进真实的现实世界。然而，由于黑格尔的"绝对精神"的思想压力，一切现实都是绝对精神的外化，因此，他的他者——经过绝对精神的碾压，只能作为与我同样的外化物，而成为与我在某种统一基础上具有相对立意义的"异己"而已，于是，他者便不具有超越于我之外意义上的绝对价值。

当然，胡塞尔所谓的"主体间性"，海德格尔所主张的"共同此在"，也都在不同的维度和不同的程度上关注到了他者问题，然而在列维纳斯看来，他们的这些思想主张，都没有真正摆脱传统同一性哲学的牢笼，因为在他们思想的根子上，他者最终都会被划归于某种形上思想基础上的同一性之中。与之不同，列维纳斯所强调的他者，是原本就相异的他者，在绝对意义上的他者，这个他者是不能被划归于自我、是不能被自我意识所统一和溶解的。正是这个意义上，列维纳斯确立的自己的基本思维方向：不是存在为他者奠基，而是他者为存在奠

---

① Emmanuel Levinas, *Otherwise than Being or Beyond Essence*, translated by Alphonso Lingis, The Hague: Martinus Nijhoff, 1981, p.46.

② Emmanuel Levinas, *Otherwise than Being or Beyond Essence*, translated by Alphonso Lingis, The Hague: Martinus Nijhoff, 1981, p.90.

基，不是以真立善，而是以善立真。所以，我们不能从存在的角度规定他者，而应当从他者的角度规定存在，也正是在这个意义上，他的他者理论才常常成为许多反传统的激进理论的重要思想资源。可见，列维纳斯形而上学，并不是存在论意义上的形而上学，而是价值论意义上的形而上学，于是他认定，不是一般的哲学，而是具体的伦理学当成为最重要的理论学说，它应当成为存在、知识、真理的基础，应当成为第一哲学。

列维纳斯把我与他人的直接面对，置于一种先在的地位，面对他人存在于自我的世界之外。他认为，他人之面容是不能简单地被还原于自我的异质性的，他人之异不是基于与"我"不同，而是本来就异，这是对自我的同一性力量的一种质疑。"邻人的脸为我预示了一种没有例外的责任，前于所有自由的同意，所有的期约，所有的契约。"① 可见，在列维纳斯这里，作为绝对的他者是异于一般存在论、特别是认识论之推演逻辑的，他者，不能从自我出发去"认识"，在这个意义上，他者是不能被自我所把握的。而正是他者的这种异质性，反过来却成为自我的一种生成背景，从而构成了其伦理大厦得以建立的基石：我为他者负责，由此，真正的社会关系才得以真正建立起来。

当然，列维纳斯的许多论证与结论仍然是可以讨论的，比如他的善在存在之外的命题。善究竟是在存在之外还是在存在之中？其问题的关键或许在于人们如何理解存在。如果人存在不仅可以理解为普遍的此在之此"在"，还可理解为具体的此在之"此"在，理解为人"去"存在，而存在一旦与人的某种能动性挂钩，人与人的伦理关系，似乎又不在存在之外，而在存在之中。同时，对于他者，不一定完全基于自我

---

① Emmanuel Levinas, *Otherwise than Being or Beyond Essence*, translated by Alphonso Lingis, The Hague：Martinus Nijhoff, 1981, p.88.

去"认识"，但一定需要自我去"理解"。理解虽然并不总是因为相同而理解，有时是因为相异而理解，但对相异的理解仍然需要一个理解的立场，这个立场一定是人与人之间的某种相同。所以从相异到关心，一定要经过一个某种"同"的桥梁，这种同既可能是同情同感，也可能是同识同意。

列维纳斯通过对原本他异性的揭示而得出一个重要结论：人的存在的最终基础，不是一种更深层的、更本原、更原始、更具有同一性或统一性的存在本身，而是异质于存在的绝对他者。但在我们看来，存在是差异与同一的统一，既不是纯粹的同一，也不是纯粹的差异。存在与"存在的差异与同一"，没有谁更先在的问题，或者说，两者都有可以先在的可能性：既可以说差异与同一更先在于存在，也可以说存在更先在于差异与同一，因为先在是一种实在，而存在本身是意指的，可能是也可能不是一种实在。虽然，差异作为一种实在性的存在，同一作为一种实在性存在，它们都只是存在，但它们的存在并不比实在性的存在更先在或后在。胡塞尔始终是在同一的角度来解决这一问题，这是困难的，但列维纳斯始终从差异的角度来解决这一问题，同样会遭遇到他所批评的胡塞尔的同样的困境。人作为一种生命，没有同一就没有基础性的"来"，而没有差异就没有方向性的"去"，或者可以说，"来"的根源在同，"去"的根源在异，虽然在根源的同上本来就有同有异，在根源的异上本来有异有同。没有差异就不可能理解死，就不能理解生存为什么是向死而生，正如没有同一就不可能理解生，就不能理解生存为什么是向生而死，因为其实无论生还是死，都是不能永恒的。

甚至有学者指出，由于他人只是一个托词，即只是一个空洞的形式，其内容需要自我将其填满，因此列维纳斯的他人，也并没有真正归于和融入人的现实生活。所以，"他人（其结构）更像是为了满足自我朝向他人这一替代运动的愿望而被预先设定好的理论模型。在这个意义上，列维纳斯'为他人'的伦理学实质上是一种更为彻底的自我回归运动。"①

三、主体的伦理之在

共在是人的存在状态，而共享则是人的一种伦理行为。尽管人的存在不只是客观的存有，而是包含着一个能动的去存在的过程，尽管人的共在也包含着某种主体间性，但人的能动性与主体间性，也并不一定就能够直接导致人的伦理行为的发生。列维纳斯虽然强调人存在的伦理价值，但是从绝对的他者直接长出他者的替代、长出伦理责任还是有困难的，也就是说，从他者到伦理责任之间，还有许多的现实的中间环节需要过渡，二者才能通达。

赵汀阳先生认为，由存在向伦理存在的转入，是通过做而实现的。他说："'是'（to be）落实为'做'（to do）是'是'的人化。做事使存在变成一个价值事实而不仅是自然事件，人的存在也因此成为具有价值的存在。我思是孤独的，而我做则创造了人际关系和互动行为。存在的意义必定在存在之外；我的存在所以制造了意义，就在于我做的事创造了我与他人的关系，把他人变成在我的事中的存在，而正是他人，担保和证明了我所做之事的意义。因此，我做不仅创造了我在，同时还创造了我与他人的共在，而共在关系创造了事的世界。在这个意义上，'我做故我在'不仅是主体的存在论原则，而且是事的世界的存在论原则。"② 他认为，"是"向"做"的转化揭示了存在论所隐含的道义学问题。也就是说，伦理学问题与存在论问题具有某种形而上学一致性。"在通常意义上，应在（ought to be）和存在（to be）是两个不能还原的

---

① 刘祎家：《"替代"：列维纳斯伦理学的一个核心概念》，《文艺评论》2016 年第 2 期。
② 赵汀阳：《共在存在论：人际与心际》，《哲学研究》2009 年第 8 期。

问题，就像平行线不相交，但在事的世界这个不寻常语境中，人必须决定何事存在，于是，存在变成了应在的结果。这定让某事存在或不存是以何种价值去做事的创世问题，是一个道义化存在论（deontological ontology）的问题。存在的责任问题的典型表现就是莎士比亚问题'存在还是毁灭'（to be or not to be）。人必须决定；甚至决定让某一个事的世界存在或不存在，在此抉择面前，价值问题与存在问题交汇成为一个问题。"① 应当说，这些见解是非常深刻的。但是，对于"做"，我们还可以做进一步的分析。

第一，把"做"理解为某种存有来讲。在某种意义上，做或活动，仍然只是存有的方式，即以做的方式而存有，这时是 doing 向 being 回归，这不是存在向人而来，而是人向存在而去。"在"从某种实有的角度来讲，应当是事物在空间中实有、在时间中绵延，在世界关系中显现或在场。人的存在虽然是"去存在"，但去存在并不会丢失它的存在的实有性，而必须占有存在的实有性，它只是使这种实有具体地"活"起来，是能动的动有而不是自在的静有，即在人作为能"动"之物，常常总是以主体"动"的方式显现其存在，所以这样的"做"也就必然现象为一种客观的"动"，它主要显现的是实有和某种在场，它本身并不直接显现或直接就有伦理价值。即使后来这些"做"中包含着伦理行为，也常常可以或可能被它的主要的实有显现所遮蔽，它直接敞开的只是一种行为，一连串的运作，动作背后包含的隐形的意义并没有直接显现。

第二，从更加具体的角度来讲，"做"作为人的已然成人之做，当然常常包含人的价值追求于其中，因为人的做大致总是有目的的，人的行为当是合规律性与合目的性的统一。但是，人的价值活动并不一定就只是道德价值活动。人之动有自觉之动与不自觉之动、事实之动与价

---

① 赵汀阳：《共在存在论：人际与心际》，《哲学研究》2009 年第 8 期。

值之动、身体之动与心灵之动的差异；而价值之动，可分为以个体为中心、以群体为中心、以类为中心的价值之动。而以个体为中心的动，又可分为以自我为中心之动和以他者为中心的价值之动，以群体为中心的价值之动，又可分为以本群体为中心的价值和以其他群体为中心的价值之动，以类为中心的价值之动，又可分为以本类为中心和以其他类为中心的价值之动。一般情况下，往往都是以自我、本群、本类为中心的，只是在"以自我为中心"中，当人们对其后代进行观照——后代作为与自我有血缘关系的他者而存在时，他者才常常并入与自我中心之内。人以自我、本群、本类为中心，是一种自然的常态，是一种价值行为，只有当自我、本群、本类，兼顾他者、他群、他类时，如此的价值行为才显现为道德价值行为，或者说其行为才表现出相应的道德性。人的行动是丰富多彩的，其中的许多行动，也许是本能的、下意识的、自发、自然的，这些"动"一般都不内含自觉的目的性。而做，作为一种"自觉能动的"动，虽然总是内含着主体目的、价值，但并非所有的做都会具有道德意义。比如不顾他人利益的自我利益最大化之做、损人利己之做，都是有目的的价值活动，但它却没有道德价值。道德虽然是一种应然，但只是庞大的应然系统中的某种应然，至少是人对人关系系统中的应然，而不是人对物关系系统中的应然，且是人对人系统中涉及利益关系的应然。所以，道德应然其实是有许多限制词的应然，其最低限度就是利己不损人，其一般要求就是自利与利他要兼顾。

第三，人的做当然可以分为或存在或不存在的选择，也可以有或道德地存在或不道德地存在的选择，同时，存在或不存在的选择之中当然可以有一个道德责任的问题。但道德责任的问题，更多地是表现为首先选择存在之后存在过程中或道德地或不道德地存在。而人选择存在之后的行为，也不一定只是在或道德或不道德的二元对立中去选择，因为其存在行为在不涉及他者利益时，就无所谓道德与不道德。做是自觉的行为，但自觉的行为仍然是一个较大范围的行为，它比道德或不道德行为的范围要大得多，当然比道德的行为范围更大，所以做中，只有一部分行为才涉及道德责任问题。人的存在与人做还是有差异的，物没有做，也存在，人不做也存在。人的做是一种存在方式，人的不做也是一种存在方式，从抽象的存在的角度来讲，做的存在与不做的存在是同一种存在，从具体的存在角度来讲，做的存在才不同于不做的存在。

应当说，道德价值存在于人的做的存在之中。如果将人的存在缩化为做，或人的存在就是做，那存在的意义就在存在之内，如果存在是存在，做是做，它们不是同一个概念，那存在的范围就大于做的范围，其间虽有联系但也有差异，或只是把做理解为存在的"一种"方式——即以怎样的方式去存在，那么存在的意义才可能在一般的存在之外。况且从人存在的意义到我存在而对于他人的意义或他存在对于我的意义之间还有遥远的一段路程，而存在主体之间的相互意义与主体之间的伦理关照，也还不能直接等同。

所以，人的道德行为，既要首先落实到人做的问题，还要落实到人要怎样去做的问题。而人怎样去做的问题，就不只是一个事实或身体的活动展开问题，而是一个人如何被它的意识所支配的价值行为问题，其中人被其道德意识所支配的行为，才可能具有道德价值。人要活、人能动，说明人是主体；人会想、人能做，说明人是价值主体；人的做能够实现自利与利他的统一——至少自利不损人，说明人是道德价值主体或道德主体。可见，人的主体可有一般主体、价值主体、道德主体之分。人的行为也必然有一般主体行为、价值主体行为、道德主体行为之分。人是三种主体相统一的存在物，说人是道德主体，并不是说人只是道德主体，而是说人可以成为道德主体，但并不意味人能够始终或随时保有其道德主体的身份或角色。从"鉴定"其身份的程序上来讲，他是不是道德主体，并不首先由他是一个道德主体的抽象命题来推定，而是从他所做的具体行为来判断的，我们不是从行为的起始来判断而是从行为的结果来判断。他每做一次符合道德原则的行为，我们就作一次他是道德主体的判断，他做了 N 次符合道德原则的事，我们就作相应的 N 次他是道德主体的判断，在这个基本程序确定的问题上，我们不要怕麻烦。之所以如此的原因在于，人是三重主体的统一，人是自由存在者，可以或可能符合道德原则基于人的自由，可以或可能背离道德原则同样基于人的自由。这并不是要在具体的问题上完全否定人的德性，而是强调德性只是在一定的具体条件下才有稳定表现，条件改变了，它也可能改变，其中最基本的条件就是，人的德性表现要以其生命存活为基础，存在这个基础，德性才有载体，德性表现才有可能，所以，生命价值大于德性价值。总是从道德行为表现来判断人是否道德主体的命题，是在对人是自由主体、生命价值大于其他一切价值进行充分肯定的基础上作出的，它有利于警醒人们从善而不作恶、要求人们珍爱生命，这就是为什么以法治为基础的社会总是比以德治为基础的社会更加稳定有序的根本原因所在，同时也就是人的基本需要的满足对于人的道德表现具有如此重要奠基作用的根本原因所在。

在的道德意义，是通过主体的做而表现出来的。而主体的做，既有其开放的生成性一面，也有被其过去的道德主体的即成"本质"或一贯性表现所规定的一面。开放性的一面，说明他具有不断的生成性，具有不被过去的他所完全规定的属性；规定性的一面，又说明他总是被他之前的所有行为和这些行为造成的既成性格有所规定。所以，人的道德本质是既成性与未成性的统一。人是道德主体，从某种意义上来讲，是从人的既成属性来讲的，但人也有未成性，因此人不能确保他今后时刻、在任何条件下都是道德主体，都会承担道德义务。

尽管人始终是变化发展着的，但主体一旦成为道德主体，在既定的条件、环境下，它还是具有相对的稳定性，常常会按照道德主体常规德性要求去行为。所以，在这种意义上，不是通过"人的共在"或"人的共做"，来打通存在与道德之间的联系，使存在成为道德之存在，而是人的共在或人的共做，即人作为道德主体通过道德行为而表现出来的存在，才直接打通了存在与道德之间的关联。这里有几个方面需要强调：第一，人的共做，重心在主体的"人"而不在客观的"做"；第二，人是自然性与社会性的统一，人的"做"并不一定都是符合道德原则之"做"，只有符合道德的做，才使其存在表现为道德存在；第三，不仅要从人的做来规定人的"人"性，更要从人的做规定其德性，人性和德性寄生于连续的做的过程之中；第四，由于人的存在的开放性，要始终坚持从人之做的实质和结果来判定他的人性、德性本质，他是不是道德主体，依据于他有没有现实的道德表现。

总之，打通存在与道德关系的，就是人，是人的价值行为，是人的道德行为。道德是什么时候产生的？道德就是道德行为产生的那一刻产生的。不是从内部、从主体的意识、观念、心理去理解道德，而总是从外部、从客观条件、从客体的必然性来理解道德行为，都是没有抓住道德生成的关键。客观条件当然是需要的、不可忽视的，但没有主体的那一"应然"理念的闪现、定格，所有的客观条件永远都只是道德产生的客观条件，都是没有风吹草动的万籁俱寂，永远都只是万事俱备而没有东风，只有"应然"这个东风的到来，才使所有的外部条件和事实准备发挥作用，才使道德的大火得以熊熊燃烧，映照人性赤壁。

之所以必靠人来打通存在与道德的关系，是因为人本身是道德的存在物。具体来讲，人是物质性与精神性、自然性与社会性、必然性与自由性、客观性与主观性的统一，而物质性与精神性的统一，又是其他方面的统一的基础。没有人的精神、意识及其发展，就没有社会性、自由性、主观性的产生和发展，是人的意识使人从自然中突兀起来，从而开放成自然界中最美的花朵。人的意识的产生和发展，使得人的行为成为不同于其他存在物的人的行为，道德行为就是人的行为的一种，而且是人的行为中值得称道的一种行为。打通存在与道德之关系必须是人，因为只有人才是实然存在与应然存在的统一体，只有人的意识、意志、愿望，使人的客观存在向主观存在有所"转化"实现实然存在向应然存在进驻，从而使人的存在成为合规律与合目的的统一。人就像实然与应然之间进行交流的翻译官，他既懂实然的语言又懂应然的语言，如此才可能使两者真正顺利交流，如果只是客观来理解，只懂实然的语言，或只从主观来理解，只懂应然的语言，这交流就不可能进行下去，一句话，只懂一种语言的人永远都当不了沟通交流的翻译家。

之所以必靠人来打通存在与道德的应有关系，从人来理解道德，一个更加具体的原因是，道德是基于人的自由意志的。道德行为，不是——至少不完全是出于必然，而是包含着自由意志、自由选择于其中。纯粹从客观方面来理解道德，其实是把道德现象当作必然的自然现象来理解了。而人的道德行为作为有意识、基于自由原则的行为，它恰恰是自由意志对自然必然的某种"超越"。人的遵循自然必然的方面，当然还是需要从自然必然的角度来理解，而人超越自然必然的方面，则得从人的自由自觉方面去理解。人的身体病了，当然要从客观方面去寻找药方，但人的精神病了，则要从人的主观方面去治疗。这里可能要涉及唯物主义与唯心主义的问题。从归根结底的意义上讲，先有物质后有人的意识是没有问题的，一定意义上社会存在决定社会意识也是完全可以理解的。但是，人的意识一旦产生，仍然只是从归根结底的意识产生的物质基础维度，仍然只是从社会存在的客观规定方面来解释和理解人的思想和行为，就往往是不太对劲、不太恰当，甚至是完全错误的做法。如果承认人是从猿进化而来的，但难道人的行为总是需要回归到猿本性之视角去理解吗？恰恰不需要，需要的只是从已然成了人的视角去理解。某人的思想有问题，若与他的认识、情感、态度等有关，就得从认识、情感、态度方面去解决问题，而不必回到物质决定意识的原生问题上去，这正如某人思想认识不通叫人去开导，你却开出个"由于物质决定意识，你要加强锻炼身体"方子来解决问题一样。人是受动与能动的存在物，虽然过于强调主观，人可能碰得鼻青脸肿，但过于强调客观，人的能动性被淹没了。缺乏客观条件的支持，人的目标、行为、事业当然不能成功，但即使各种客观条件已经成熟，而人们不想、不愿、不去作为，其目标、行为、事业同样不能成功，况且，人作为能动的存在物，在客观条件欠缺的条件下，他们也可以通过创造条件去实现自己的理想。马克思在《关于费尔巴哈的提纲》中指出："从前的一切唯物主义（包括费尔巴哈的唯物主义）的主要缺点是：对对象、现实、感性，只是从客体的或者直观的形式去理解，而不是把它们当做感性的人的活动，当做实践去理解，不是从主体方面去理解。因此，和唯物主义相反，唯心主义却把能动的方面抽象地发展了，当然，唯心主义是不知道现实的感性的活动本身的。"[①] 可见，对于人的活动仅从客体方面去理解是根本不够的，对于更加需要自由精神支持的道德活动而言，则尤其如此。

对于许多的"人事"（人为之事），人们却常常希望在对象本身的客观联系中试图发现它们之间的联系，这其实是一种科学认识的方法，它不一定适合于研究人事。人事的两个或多个东西得以联系起来的，也许并不总是基于两个或多个东西之间本身的什么关系，而是人把它们"偶然地"联系了起来。所以，自然的联系不同于人事的联系，物的联系不同于人的联系，科学的联系不同于人文的联系，凡是把物的联系全部统领到人的联系的理论，或把人的联系全部扩展推广到物的联系的理论，都必然陷入一定的片面性认识之中，两个领域，有的方面可以跨越渗透，有的方面则不能跨越渗透。

---

① 《马克思恩格斯选集》，人民出版社 2012 年版，第 133 页。

　　由此可以得出结论，人的存在可以是道德存在的根本原因，但不在客观方面，而在主观方面：不是因为人在，而因为人做；不是因为"人"做，而是因为人"做"；不是因为人作为一般主体而做，而是因为人作为道德主体而做；不是因为人作为即成的道德主体而做事，而是因为人做了道德之事而成为道德主体。所以，人之所以按照道德要求去做，是因为人能够成为道德主体，而人之所以能够成为道德主体，是因为人的自由，而人的自由，在使人可以成为道德主体的同时，又不担保人必然总是道德主体。所以，人是不是道德主体的最终判断，要从人是不是做了具体的道德之事去断定；所以，是不是道德主体的判断是一个连续的逆向的从主体行为结果进行判定主体存在状态的过程；所以，不是某人某一次道德行为之后就判定其永远为道德主体，不是一锤定音之后的一劳永逸。

　　人的存在先于本质，这就是人之生成性本质的一种规定。人的存在先于本质说明人不同于其他存在物，人不能完全地被其自然本性直接加以规定，人的存在有其开放生成性的一面，而且是非常重要甚或本质性的一面。人之所以可以产生伦理行为，是因为人是自由的，他是可能的伦理主体。鸡蛋才能孵出小鸡，可能的伦理主体才可能产生相应的伦理行为。从某种意义上讲，人的自由本质可从两个层面来理解：一是形而上的，正因为人有自由，所以人被自由所规定；一是形而下的，正因为人有自由，所以人才不被规定。人因为有自由而超越自然的规定，与人因为超越自然的规定而自由，是有不同的表达重心的，前者表达人的自由本质，后者表达人的本质的自由实现。人的自由的获得，当然是一个发展过程，而不是上帝突然给人类的一个礼物，它是人的智力长期发展的结果。因此，智是早于德的，德只是智的一种表现形式或是智在某一方面的表现，离开智的土壤，德便无处播种。

　　总之，从共在到共享，要以存在向道德存在的通达为前提，而实现存在向道德存在的通达，本质不在于客观条件，而在于人这个主体。当人不是道德主体之时，没有发生道德行为之时，所有的客观条件都只是道德产生的客观条件，只有当人的现实行为成为一种被主体认同的应当如此的行为时，道德也就从此发生了。

从人的角度去理解存在与道德的内在关系，当然也是一种从主体的角度去理解问题的方式。当代，对主体概念的批评之声不绝于耳。但是，对主体概念的一些批判，并不意味着必须对主体概念进行全盘否定。因此，在对主体的声讨之时，也就必然伴随着对主体的辩护之辞。美国哲学家弗莱德·R.多尔迈就曾指出，虽然主体性观念在当今时代已经不再辉煌，但"再也没有什么比全盘否定主体性的设想更糟糕了"①。主体不是全部，但主体一定是它所是。问题的关键，既不在于主体自身完全虚妄，也不在于我们根本不需要任何主体，而在于我们面对某个问题时的主体应当是什么，以及我们究竟需要怎样的主体。

在其《总体性和无限性》中，列维纳斯明确地将其哲学目标归结为主体性的一种拯救："这本书确实把自己表达为是对主体性的辩护，但它既不是在它的纯粹自我中心地对抗总体性的层次上来理解主体性，也不是在它面对死亡时的焦虑的层次上来把握主体性，而是在无限性观念的基础上理解主体性。"② 在这里，列维纳斯所要力图辩护的主体性，其实已经不是那种以自我为中心的西方传统哲学中的主体性，而是以他者为中心的主体性，其本质是一种对他者负责的伦理主体性。③

主体，当然包括自我于其中，按照培里的理解，"自我中心困境"

---

① [美] 弗莱德·R.多尔迈：《主体性的黄昏》，万俊人译，上海人民出版社1992年版，第1页。

② Emmanuel Levinas, *Totality and Infinity*, translated by Alphonso Lingis, Pittsburgh：Duquesne University Press, 1969, p.26.

③ 李荣：《列维纳斯他者视阈中的伦理主体》，《学术研究》2011年第8期。

实质就是一种认识论基本思维范式所必然面临的一种基本情境:"没有一位思想家能以在人们这样的请求之下提到一个不是观念的东西……没有一个人不亲自接触着事物而能够说出它们的本质存在"。也就是说,"无论他所说出的任何事物,事实上,是作为他的观念、认识或经验的对象,而跟他发生着关系的"。① 罗素也指出:"每个人的知识,从一种重要的意义来讲,决定于他自己的个人经验,他知道他曾看到的事物。这里所谈的是个人的而不是集体的经验,因为从我的条件过渡到承认证词需要经过推理"②,"个人的知觉知识是我们全部知识的基础,我们还没有一种能在许多共有的条件上开始研究的方法"③。

但是,我们认为,认识虽总是与主体之我关联在一起,但它并不就一定是自我中心。而只是一种自我关联或意识关联。但是,我的意识,并不是封闭既成的我的意识,而是开放的发展的我的意识,开放发展的我,实质就是不止于我。意识是在主体与对象的关系中生成和发展起来的,意识总是指向某物的意识,指向某物并不一定就是让意识构建填满某物的规定,恰恰相反,意识有可能被某物填满,在这个意义上,我的意识就是由对象而进入的,是对象的信息在我头脑中的置入,它当然也需要我的头脑进行编码。这样的相互生成或依存关系说明,那种说对象是空洞的由意识所填满,与意识是空洞的,需要对象去填满,也许都具有片面性。如果我的意识需要对象信息的置入,那么我的意识就必然跳出"我"的封闭,从而成为关联他者自身、关联对象自身的意识。同时,即使是对于对象的意识总是不可避免地带有片面的自我性规定,那人们同样可以通过交往、商谈的方式达成共识,以避免单一的自我判

---

① [美]拉·巴·培里:《现代哲学倾向》,傅统先译,商务印书馆1962年版,第308页。

② [英]罗素:《人类的知识》,张金言译,商务印书馆1983年版,第14页。

③ [英]罗素:《人类的知识》,张金言译,商务印书馆1983年版,第15页。

定和自我中心所带来的某种虚妄。

况且，认识论的自我中心与价值论的自我中心是两个不同问题，不能混同在一起。如果认识的自我中心只是认识的自我意识关联性，那它更不可能直接导致价值的自我中心。所以，那种认为认识的主体性哲学直接导致了自我中心和人类中心主义的说法，至少是有逻辑欠缺的。客观地说，认识论的自我中心虽然可能对价值论的自我中心有一定的影响，但它不一定导致价值的自我中心，更不能直接将认识论的自我中心等同于价值论的自我中心。

其实，关于主体的这种自我中心，或主体意识的生成机制，我们可以从皮亚杰有关儿童认识的研究中获得一些启示。皮亚杰发现，儿童心理发展过程中普遍存在着一种自我中心倾向，儿童很难离开主观感情去客观地理解和判断事物、情境以及自己同他人的关系，他们往往根据自己的主观印象进行思考，根本不关注对方的意图和感知。

皮亚杰认为，认识的自我中心是内在于认知图式①并通过图式显现出来的一种意识倾向。这种意识倾向并非天生，而是婴儿实物性动作图式内化于主体的结果。刚出生的婴儿是以自己的身体为中心反应外来刺激的，但此时的自我中心还具有一种非自我的、无意识的倾向。随着认知的不断发展，儿童把自己的身体也看作客体，从而意识到自己是活动的发起者，并在思维中把自己与对象区分开来，从而建立了关于自我的概念时，他也就建立了最初的自我中心。自我中心的建立是以图式为基础的，图式作为中介，在把儿童同他的对象区分开来时，同时也作为新认识的基础，使儿童与对象的认识表现出以自我为中心的特征。

人的活动本身是动态的、发展的系统，作为活动结构的图式当然也是动态的、发展的。图式的发展要通过两条途径：一是主体以原有的

---

① 图式，即动作的结构或组织。

图式同化外来刺激，二是主体通过顺应的作用改变旧的图式或建立新的图式接受外来刺激。同化使原有的图式发生量变，而顺应则使原有的图式发生质变。同化和顺应是相互作用的，当同化作用占主导地位的时候，思维趋向于自我中心，而当顺应作用占主导地位的时候，思维趋向于解除自我中心。图式的同化和顺应纵横交错、相互补充，使自我中心不断地产生又不断地解除。在这里，图式的同化和顺应是自我中心产生和解除的微观机制。

说顺应解除自我中心，其实只是解除那个既有图式的自我中心，但这种顺应仍然是"自我"的顺应，自我仍在其中。虽然自我仍然在其中，但顺应的自我确实又不同于同化的自我，这说明，自我是通过与外物的交流而不断发展的。同化的那个自我中心，也不同于顺应的那个自我中心，顺应虽然解除了那个基于既有图式而"自以为是"的认识自我中心，却没有解除基于总体自我——既面向过去也面前未来的自我中心，没有改变基于主体意识和自我意识的自我中心。所以，仅仅从既成认识的自我中心去理解和批评能动意识的自我中心是有问题的，这其实是一种以小批大、以过去批未来、以阶段批整体的搞法。

认识离不开人"这个中心"，离不开每一个"我"这个中心，即认识都是人的认识、我的认识。所以，中心这个词，其实是表达着不同的含义。认识离不开人这个中心，并不是讲人或我就是中心，而是讲认识是人的认识、主体的认识，没有主体就没有认识。但是，这种认识是不是以"我"为中心，以"我"为标准，以"我"为取向，那倒不一定。有的认识可能有这种情况，但有的认识就不一定如此，不成熟的认识往往自以为是，而成熟的认识却总是虚怀若谷，它强调调查和沟通，通过摄入对象信息而将意识不断填满。

所以，问题的关键在于，那个"我"是个什么样的"我"，是既成的故步自封的我，还是开放发展的我，是对象化的我，还是非对象化的我，是我中无他的我，还是我中有他的我。以后面的这个"我"为中心，其实我已经不是中心，而是关联对象的椭圆运动的双中心甚至更加广泛的多中心了。多中心中，我与对象都是中心，或每一个个体都是中心，也就无所谓中心了。

本来，认识是为了追求真理，因此往往强调客观性，强调主体要符合客观。但是，由于人的认识图式的"规范性"指导，它在进行有序整理时，也就带着失真的危险。同时，人是有目的的存在，人是有价值追求的，因此，其认识过程中总是包含着价值诉求，总是不自觉地会从自身的目的、需要出发（至少是带着这样的心理需求）来展开认识，个体如此，人类也是如此。这产生了认识的即成图式符合性与认识目的选择性或价值选择性对于对象全面真实性有所遮蔽的可能。并且，有些认识对象，并不像纯粹的客观对象那样，是由完全自身的现实关系而存在，而总是与人的或我的存在，与我的愿望、需要、情感有各种各样的联系，前者主要是自然对象，后者主要是社会对象——当然，自然对象有时也会与主体的愿望、需要、情感联系起来。因此，对于与自身关系非常密切的对象的认识，人们要做到完全客观往往是非常困难的。事情越是与人的价值追求联系紧密，往往越是难以做到客观。因此，由于认识关联价值，所以认识中的自我中心，一定意义上也直接关联着价值中的自我中心。

认识要摆脱自我中心的某种遮蔽，就是要客观化，它需要调查研究和主体沟通。而人的价值活动的展开，虽然也必然地关联着认识，但又不仅仅局限于认识。有时，人的情感活动作为一种价值活动，它在一定的意义上是高于认识的。也就是说，人们日常生活中总是强调认识的重要性、强调认识的中心地位，而情感往往被放在次要的位置，对于人的某些相关活动，也许大致应当如此，但对于人，对于人总体的活动，却大可不必总是如此。因为人作为主体，并不总是或只是认识主体，它还可以是其他方面的主体，人的活动也并不总是或只是认识活动，它还有其他方面的活动。人的存在是丰富的，有时人的情感需要会压倒认识，有时需要"明知山有虎偏向虎山行"，需要舍生取义、杀身成仁。

当西方的理性哲学日趋没落时，李泽厚先生提出了中国哲学必会登场理论。他认为，中国文化有着异于西方文化的巫史传统，这样的文化传统中既有实用理性也有乐感文化，它呈现的是理性与情感、信仰与生存的和谐共存，这种情理交融的文化突破了西方传统单一理性至上哲学的形而上学，也与西方后现代哲学迥然有别。

中国哲学与文化，是在日常生活、人情世故中建构生存的意义，李泽厚基于中国哲学与文化而提出了情本体说。李泽厚说："人生只是一种情感，这是一种普泛而伟大的情感真理。"[1]"中国哲学也充满情感，它从来不是思辨理性"[2]。"人性、情感、偶然，是我所企望的哲学的命运主题，它将诗意地展开于二十一世纪。"[3]

"情本体"作为人的文化心理结构中与审美相对应的"本体"具有至高的意义，具有培育健全心理、塑造完善人格的重要价值。现代人的危机主要是精神的危机，是心无所依的危机，李泽厚强调了人心理的重要性，特别提出了"情本体"，以此为其从历史唯物论向个体生存论的转向，更是对于当下人的生存问题的现实关怀。李泽厚的"情本体"是"以'情'为人生的最终实在、根本"[4]。

综观李泽厚先生的整个哲学建构，传统唯物论给他建构了工具本体的坚实基础，心理本体论又让他颠覆了反映论，从而走出了传统唯物论。他通过历史过程中的"双本体论"的"替代"式发展，努力打破西

---

[1]　李泽厚：《人类学历史本体论》，天津社会科学院出版社 2008 年版，第 5 页。

[2]　李泽厚：《人类学历史本体论》，天津社会科学院出版社 2008 年版，第 5 页。

[3]　李泽厚：《实用理性与乐感文化》，生活·读书·新知三联书店 2008 年版，第 245 页。

[4]　李泽厚：《实用理性与乐感文化》，生活·读书·新知三联书店 2008 年版，第 54 页。

方传统哲学主客二分、相互对峙的思想僵局，而他最后走向"情本体"，则是想以此探索和追求完整而现实的人生，实现生命的诗意化栖居，是他哲学理论追寻和力图达到的最高境界。

李先生的这种探索是很有价值的，至少，从人的"全面发展"来讲，情本体是对理本体的必要补充。但是，他的双本体，没有使他走向情—理互补本体论，而是最后终落于情本体，这可能要归于他对中国情本文化的偏爱。其实唯理不行、唯情更不行，我们需要的是情理交融、合情合理。而一般意义上，情感是需要理性来驾驭的——尽管有时情感更让人痛快淋漓。这好比理性是长长的竹竿，情感是那个高高在上飘扬的旗，上面的旗很亮丽生动，但没有竹竿的支撑，它或许就根本没有迎风的机会。

情本文化作为一种客观描述，是想强调中国文化与西方文化的既成差异，这并不意味它就是完美的，是其他文化学习的标的。情本文化中，有许多与当今社会制度、现代管理不相合的地方，有许多值得修正、完善的地方。但是，情本文化也有其某种意义上的独到之处，对于人的情感的尊重与强调，它有时就是使人的生活显得更有价值、更有意义，更值得去活。

综上所述，人的共在要成为共享的基本理由，关键既不在于在，也不在于共，而在于人，即在于人是伦理主体，是直接承担着某种共享责任的主体。只有当人成为伦理主体之时，对象的东西才可能成为价值的东西，这种事实向价值转换的基础，不在对象自身身上，而在主体身上，因为主体本身就是物质与精神、事实与价值的统一体。主体之所以能够打通存在与价值的联结通道，就因为主体是存在与价值联结通道的天然连通者。

近代的人类社会在人与人的关系中，人对他人的义务往往以他人具有内在价值、具有尊严及权利为前提。因此，其他非人类生命体要获得人的尊重，人要对其他非人类生命体负有义务，就必然要求人们承认其他非人类生命体也具有"内在价值"以及"权利"，这种认识其实是把近代社会的道德关系生搬硬套到人以外的其他生命体的尝试。其实，从发生学的角度来讲，在个人的权利以及尊严观念尚未产生之时，就已经存在了个人对他人或集体履行义务的观念。因此，解释义务也并非需要内在价值和权利作为应然如此的伦理前提。

从学术史来看，既成的内在价值概念至少有两个含义：一是生命有其自身目的的自利的内在价值，二是人作为目的存在、作为理性存在、作为有尊严的存在的内在价值。非人类生命体表现为生命自利的内在价值，也许是人类同情它的必要条件，但不是充要条件。对于人而言，非人类生命体的内在价值是其获得人类同情的内在基础，但同情者若由人换成了其他动物，非人类生命体的这种内在价值就不能成为被同情的基础，甚至可能一文不值的。所以，生物因具有内在价值从而要求人尊重它，恰恰是由于人具有普遍理性，是由于人的个体自利性的普遍化发展，是由于人的非自然属性的同情、博爱心理的存在，总之是由于人对非人类生命体的一切以自己为天然中心之自利行为的人为超越所致。所以，非人类生命体的内在价值不只是它本身自然就显现出来的缘故，而且更是人的理性、同情使其彰显的结果，是人类道德意识能动将其揭示的结果。正因为人能够超越非人类生命体的个体自利性，不仅能看到自己的利益，也能看到他者的利益，所以，人才可能尊重自己的同类，也正是在人类同胞相互尊重这一基础上，人类才依此类推将尊重和爱扩大到其他的非人类生命体身上。所以，人的内在价值，是其他生命的内在价值彰显的前提，人的普遍理性、人对个体自利的超越是人扩展自己道德关爱情怀的前提。所以，人尊重其他生命，关键的并不只是基于其他生命有自己的内在价值，更是因为人具有超越自我个体生命自利的、将个体目的性与自利性普遍化的内在价值，在于人是一种普遍的存在物，一种有理性的存在物，在于人具有抽象思维能力，平等相处能力，同情他者能力，道德关怀能力，这些能力的存在，是构成人类关心、尊重其他生命形态的根本原因。那种将非人类生命体之所以应被人类尊重的原因归结为它们自身具有内在价值的理论，其实是缘木求鱼，离开了人的普遍理性、离开了人的博爱，离开了人的道德关怀，非人类就是客观上存在着它的内在价值，也得不出其他存在物就应当因此而关心尊重它这一结论。所以，非人类生命体及其存在意义的揭示，其主体性被人类认可，其关键的根据在于人是一种理性化主体、普遍化（推己及他）主体、道德化主体，是一种既有生命自利又超越生命自利，能尊重自我生命，又超越自我生命尊重的存在物。离开了人的自然生命，人无法感受体验其他自然生命的苦乐，但离开了人的理性与同情，人更无法感受其他生命的内在价值，无法尊重其他生命的存在。

从存在论的角度来讲，自然生态与其他自然生命具有其内在价值与人应当保护自然、有保护自然的义务是两回事，二者根本联系不上来。人反省自己与自然生态、与其他自然生命之间的关系，并把保护自然生态与自然生命作为自己的义务，这是因为人具有相应的道德能力。所以，人的道德能力是联系自然生态与自然生命具有内在价值之因与人应当尊重自然生态与自然生命之果的必然、必要环节——而这一环节却常常被人们作为一个"天然应当如此"的条件而加以忽视。可见，人的道德能力不仅是人的内在价值生成的核心，也是自然生态、自然生命内在价值因"被揭示"而"生成"为主体的基础，一切替自然生态、其他自然生命说话的生态伦理学家，其言行其实都是基于人具有道德能力这一内核而展开的。所以，从客观上来讲，并不是完全因为自然生态与其他自然生命本身具有什么内在价值而值得人们尊重保护、才导致人们必然地保护它们，而是人的道德能力构成了人保护自然的内在动力和根本条件，人保护自然生态与自然生命的理由不过是人为了说服"懂得道理"的理性化的人类自己而已。

利普斯认为"人类的本质"不仅有利己的一面，还有利他的一面。而人之所以能够利他，是因为人类能够移情，移情构成了人类共同的心理基础。"人本来就有和别人共幸福同苦恼的利人的社会关心。这不但有人类历史和日常生活为凭，也是有人不得不如此的心理事实足证。人只要知道自己以外还有别人存在，他就不能没有社会的关心。这是由于可以叫做移情的心理事实使他不得不如此。"① 利普斯并认为利他性并不是由利己性引申而来，而是有其充分的独立的心理基础——即移情。

其实，移情之所以产生，仍然基于人是道德主体。不是因为人会移情而成为道德主体，而是因为人是道德主体而会移情。人的道德主体角色的确立，基于两个基本条件：一是自然的进化，二是社会文化的继承性发展。现代道德主体的支持者，不仅是一种文化积淀，不只是一种道德认识或素养，而且还有相应的身体——物质器官支撑。现代医学表明，人类的道德意识并不只是文化心理部分，它还有自身的物质基础，人类大脑皮层的前额叶承担着道德器官这一功能，它是人类道德心理的生理基础。与人相比，其他动物的前额叶微不足道，它象征了人类作为道德存在者的鲜明的物质性标志："前额叶……我们现在可以重新确定这个所谓人类的精神维度，给予它特殊的性质，即辨别不同的形势和状态的能力，作出选择的能力，认同某种价值观和目标的能力，在我们的头脑中预见短期和长期的可能或大概情形以及我们相应行动的结果的能力：我们应该做什么，如何做是正确的，还有分辨善恶的能力。换句话说，用道德的原则来指引我们的行为和判断。"②

---

① ［德］西奥多·利普斯：《伦理学底根本问题》，陈望道译，中华书局 1936 年版，第11 页。

② ［英］乔治·弗兰克尔：《道德的基础》，王雪梅译，国际文化出版公司 2006 年版，第 98 页。

你的身体内长着利他的器官，他的身体里也长着利你的器官。这个利他的器官，并不是他人派驻在你身上的"卧底"，而是你自己派驻在你身上的"卧底"，即为他性、利他性是你自己的为他性、利他性，为他成了你的某种本质。所以对于一般的生物来讲，生命也许是自利的，但对于人来讲，生命虽也是自利的，但一定不只是自利，一定有利他的方面，人的生命是自利与利他的统一。

第二节　共构作为共享的依据

一、社会共构理论

所谓共构，就是人们共同构建人的生活世界，具体一点，就是共构社会。无论是共在还是共构，都离不开人的活动，离不开人的能动性。但两相比较，共在与共构还是有差异的：如果说共在更多地关注着人的客观、自然存在方式，那么共构就开始偏向于人的主观、社会存在方面了，如果说共在中人有能动性被遮蔽，那么共构中人的能动性就已经充分敞开了，如果说共在是此在的生成背景，从而具有先在性，那么共构就是主体现时现世的存在和表现过程。

但是，共构是不是构成共享的某种基础，以及何种意义上可以构成共享的某种基础，还是一个需要认真讨论的问题。

我国著名伦理学专家王海明先生在谈到平等是人们权利的平等——确切地说是人们基本权利的平等时，提出了他的"共构社会"理论。我们认为，社会共构理论可以作为理解许多社会问题的一般理论，它不仅应当在伦理学中有必要的应用，而且还应当在政治学、社会学中有更加广泛的应用。该理论提出：在一个社会中，人们之所以可以享有平等的基本权利，是因为他们"共构"了这个社会，或者说作为构成社会的一员，他们在社会的结构形成中作出了同样的贡献。

　　"所谓基本权利，亦即人权，是人们生存和发展的必要的、最低的权利，是满足人们政治、经济、思想等方面的最低的、基本的需要的权利；而非基本权利，则是人们生存和发展的比较高级的权利，是满足人们政治、经济、思想等方面比较高级的需要的权利。那么，为什么每个人所享有的基本权利应该完全平等呢？因为权利是被社会所认可和保护的利益，显然，每个人只有先为社会贡献利益，而后社会才有利益分配给每个人。由于人权、基本权利的依据乃在于每个人都是缔结社会的一个成员，只要一个人生活在社会中，便为他人做了一大贡献：缔结社会。虽然人的才能有大小、品德有高低、贡献有多少，但在缔结社会这一点上却完全相同。所以，每个人应当平等地享有基本权利。"①

　　"所以，缔结社会在每个人所做出的一切贡献中是最基本、最重要的贡献。不仅如此，每个人的这一贡献还是以自己蒙受相应的损失为代价。因为人们结成任何一个集体，都会有得有失。例如，从逻辑上看，每个人脱离自然状态而结成社会，就失去了自然自由。这一点，社会契约论者已经说得很清楚了。那么，每个人在社会中能得到什么呢？显然，每个人不论贡献如何，最低都应该得到作为人类社会的一员所应该得到的东西。可是，作为人类社会的一员究竟应该得到什么呢？无疑至少应该得到生存和发展所必需的起码的权利，即享有人权或基本权利。进而言之，每个人不仅应该享有基本权利，而且应该平等地享有基本权利。因为虽然人的才能有大小、品德有高低、贡献有多少，但在缔结社会这一点上却完全相同。每个人之所以不论具体贡献如何都应该完全平等地享有基本权利，就是并且仅仅是因为每个人这一最基本的贡献和因此所蒙受的损失是完全相同的。所以，分配给老百姓与国家领导人

---

① 　王海明：《平等新论》，《中国社会科学》1998 年第 5 期。

同样多的基本权利，就决不是什么恩赐，而是必须偿还的债务。"①

　　创建这一社会共构理论，作者主要目的大概是为其平等享有基本权利作出理论说明。由于基本权利是满足人们政治、经济、思想等方面的最低的、基本的需要的权利——这里讲得非常清楚，基本权利包括经济方面的基本权利。所以，这一社会共构理论，与财富共享是密切相关的，某种意义上，它显然也为财富共享提供了一些重要的思想资源。第一，强调共构在先共享在后，为财富共享提供了一种合理程序。"共构"作为某种贡献，由它去规定后来的相应共享，这种思维方式，为共享特别是财富共享提供了一种前后相应的方向性论证程序：即贡献在前，共享在后，贡献了才能共享，共享要以贡献为前提。由于这里的共享是对财富的共享，所以财富的先行生成是必要条件。即共享要有可享和之所以可享的先前来源——那就是财富的创造，而财富要创造、要生成，就得有其创造、生成的根据——那就是贡献，而贡献则要求着与它相匹配的合理的分配结果——那就是共享。第二，人权平等为某种财富共享提供了一种合理论证。人权平等是人的基本权利的平等，基本权利的具体化，必然包含着基本物质需要品的满足；而基本权利的平等，则意味着基本物质需要品的提供是一种平等提供，因此，基于人权平等的财富共享，其实是基本层面的物质财富的"平享"（即平等享有享用）。虽然，财富共享不一定就等于或就是财富的"平享"，但财富共享中也完全可以"包含"一个基本物质需要品平等提供的共享方式。也就是说，财富共享中可以包含一个基本物质需要的平等满足方式，但并不意味财富的平等享用。因为作为消费物的物质财富包括基本物质需要品和非基本物质需要品，基本物质需要品可以平等提供，但非基本物质需要品则不能平等提供，原因在于所有的物质财富或物质财富总体是不能像"抽象人

---

① 王海明：《平等新论》，《中国社会科学》1998 年第 5 期。

权"那样是可以直接平等享用的，它常常需要通过考虑和计算不同个体的具体的贡献差异，并根据从贡献对应到相应结果的正义原则去分配，贡献的差异对应着相应的分配结果的差异，这是分配正义的内在要求。

虽然正义分配不是财富享有享用的唯一原则，却是财富享有享用的最基本或最主要的原则，其最根本的理由，就在于财富是通过个体具体的活动、劳动、具体的贡献而形成的，财富形成的原因理当成为财富分配的内在根据和基本原则。所以，人们作为社会的共构者，最多也只能"平享"基本权利，而不能"平享"所有权利，只能"平享"基本的物质需要品，而不能"平享"所有的物质消费品。非基本权利和非基本物质需要品，是要人们通过公平原则、通过不同主体的不同努力、通过其差异化活动去争取的。

把基本物质需要品的平等提供，作为财富分配正义的一个重要组成部分，这其实只是财富分配正义的"外在性"扩展——所谓外在性是因为，这一分配根据不在经济活动程序内部、不在经济自身，而是从外部打入的。财富分配正义，在总体上是要坚持贡献与获取相对等之原则的，基本物质需要品的平等提供，虽然不是基于或完全符合这一原则，但它也没有从总体上彻底颠覆这一原则，这也就是说，还有许多的非基本需要的物质财富分配，仍然是根据贡献与获取相对等的原则来进行分配的。至于基本物质需要品的平等分配为什么能够进入物质分配的正义系统，并成为其中的一个重要原则，那一定与人的认识、人的生存境界的提升密切相关。应当说，从原初的意义上讲，基本物质需要品的平等分配，虽说不上一定是一个人道或仁爱原则，却明显包含着人道或仁爱精神，或它能够进入正义，是人们愿意让它进入正义，人们宁愿让"贡献与收入对等"这一正义概念的根本精神有所动摇或财富分配根据有所扩展，也要把这个原则接受进来，这是人的理想生活要求所使然，因为人们的理想生活得以展开的社会，不仅是一个充满正义的社会，还是一个充满人道、仁爱的社会。

客观地说，社会共构理论是一个很有原创性的理论，它对于理解许多政治的、经济的、社会的、伦理的、法律的问题，都具有某种重要的参考价值。但是，这一理论也并不是毫无可商榷之处，其中一个最重要的问题是，用贡献原则解释基本权利平等分配的方法是否恰当。

二、共构与人权平等

如前所述，社会基本权利的"共构—平享（等）"论，在本质上有一个分配正义的基础向度，即它有一个"正义"的底座：贡献在先、享受在后，贡献与享受应当对等，即贡献如何规定享受如何。但问题也由此而生。

第一个问题，人权是否仅可归结于正义去解释。其实，人权的平等享有，并不是或并不只是基于正义，人权是作为人而存在的"平等权利"提出的。

其一，从概念之历史生成的角度来讲，人权并不是正义之下的二级概念，它有时或有些方面甚至是"高于"正义概念。人权在生成之时，明显包含着某种基于平等意识的仁爱因素，它是在反对神权和封建特权的烈火斗争中产生，此时人权和平等的关系，不是因为人们拥有同样的人权而平等，而是因为人们观念上要平等而现实上却未平等才去要求同样的人权，也就是说，平等价值的普遍需要首先立在那里了，人权只是为了更好地说明和获得这个平等而产生的一种工具性论证。这样的一种生成方式，它当初根本就没功夫考虑权利与责任应当对等的问题——即若要享用人的权利就得付出人的责任。所以，把人权首先理解为一种权利，然后又以权利与责任对等的框架中解释人权，这在理论逻辑上是完全可以的，也是很有必要的。但从人权的历史生成角度来看，人权生成的历史合理性规定在此已经被一笔勾销了。个人认为，为完成某种特殊的历史任务而暂时形成一个逻辑不太完善的理论，和后来者从理论的逻辑本身来考察这种理论是否完善是两种思路。我并不反对从理论本身的逻辑去分析和完善这种理论，这是很有必要的，它不仅对于理论本身非常重要，而且对于理论的实践应用也非常重要。我只是想强调，还应当考虑一种理论为完成当时历史任务的特殊使命，也就是还应当理解一种理论当时提出和存在的某种历史合理性——无论它当时自身是否已经成熟、完善，许多理论在生成时序或方式上，也许首先不是完成逻辑的任务，而是完成当时历史条件下现实的任务。

所以，从这种历史合理性的角度来讲，就不能仅仅用今天的相对成熟的正义来理解这种历史性的人权，彼时的人权拥有主要强调的是人如何获得平等权利，是强调平等价值的重要性，而今天的人权拥有或人权分配理论，则往往强调人权拥有须通过正义分配方法，即强调权利与义务的对等，即要获得某种权利就得付出相应义务。前者强调平等，后者强调对等，平等与对等，显然不在同一层面。可见，两种人权理解所拥有的价值目标和理论着力点，明显存在着巨大的差异。

其二，从人权拥有之结果与一般分配正义之结果的逻辑关系来讲，人权拥有的结果是平等，而一般分配正义，由于其对等特质——比如功过与赏罚的对等，其结果既可能是平等也可能是差等。在对等中产生平等结果主要是两种情况：一是，按照人的某种同一性进行相应分配时，完全可以产生平等的分配结果；二是，按照人的某些合理差异而差等对待的分配正义——比如按照贡献进行分配中，当且仅当人们的贡献完全相同时，也会产生平等的分配结果。可是，第二种分配正义中，平等的结果是非常态的，而差等的结果则是常态的。可见，人权实现的目标结果只有一个——即平等，而正义实现的目标结果常常有两个——或平等或差等——按人头分配的一人一票是平等，而按人的贡献分配则常常是差等。

　　但是，当人权拥有或人权分配被引入到一般的权利——责任对等的正义的分配框架中时，人权分配的结果就可能是不平等的，因为人们的权利和责任常常是有大小的。如果要保证人权分配的平等结果，我们就得把人权规定为人的权利系统中的基本权利，基本权利无大小之别，故人的基本权利的分配，是应当平等的。可是，当我们把人权作为基本权利进行分配时，它就已经脱离了权利——责任相对等的一般分配正义的框架，而"下降"到一般分配正义中的一个原则——同一性分配正义原则。可是，有人提出，人是有差异的——不是一般其他方面的表现的差异，而是善恶表现的差异，这种差异如果不成为人们是否可以拥有人权的一个根据，那么人权的存在基础都可能因此而丢失。因此，人的善恶表现应当成为人权分配的一个重要根据，凭什么坏人与好人一样可以平等地享有人权？于是他们就把人权分配从同一性分配正义提升和置入到分配正义的一般框架之中，即权利与义务相对等的框架之中，享有人权是有义务条件的，是要根据不同主体的不同善恶表现而可差异对待的，从基本要求来讲，要完全拥有人权，就得守法，就应当尽力从善而不作恶。如果作恶了，就应当根据作恶的大小来分别对应享有人权的分量或程度——于是，人权起初的平等内质消失了，人权实质上变成了一般的可以大小变化的权利。可见，人权分配一旦纳入权利—责任对等的正义分配系统，就不能保证其分配的平等性，而要保证人权分配的平等性，就必须脱离一般分配正义系统而委身于其下的一个分配原则——同一性分配正义原则。既要根据正义的一般对等原则进行人权分配，又要保证人权的平等，这是不可能的，至少逻辑上是有问题的。也就是说，既要考虑根据人的差异表现来分配人权，又要保证人权分配的平等结果，这在逻辑上是不可能的！

　　正义的对等要求，其实是社会良序要求的实现方式，社会要保证分配资源能够供给充分而不至于枯竭，就必须保证生产与消费、得到与付出的对等，消费和得到如果不与生产与付出相挂钩、相对应，如果没有一个基本的条件来限制消费和得到，最后一定是无物消费无物得到。可见，一个社会要维持下去，正义是必须的条件。而正义原则——比如按贡献分配原则之所以能够成为一个允许差异表现、大多数人都认同的一律性的原则，除了社会的良序要求之外，它其实还有一个共同的人性基础，即人们之所以都能够认同正义原则，仍然要根基于人的某种同一性或平等性。社会要求所有人都要一律遵循按贡献分配原则，那凭什么"所有人都要一律遵循"？就凭所有人都是人，都具有人的同一性或平等性，同时所有人都具有人的普遍的、共同的认知机制和服理心理。所以，正义之对等原则的实现虽然常常使人得到差异的结果，但对等原则本身的生成，却是要以人的某种同一性和人们对这种同一性的认同为前提的。

较为清晰的人权概念的提出，当然是较晚的事情，但将人作为某种人而对待的非理论化、概念化的某种"平等性"实践却是较早的事情，只有当平等是"从人就他们是人而言的这种平等中"[①] 引申出来之时，为了对应实现这种平等观念，人权概念才得以产生。所以，"人权"，不仅不是来自正义，它反而可能为正义特别是现代发展了的正义提供某种合法性基础，因为人权总是与平等相联系，而平等——具体来讲是人的某种平等，构成了正义的生成基础。不管是把正义直接理解为某种平等，把正义理解为人的某种平等基础上的正义，把正义理解为对同一活动规则的遵循和运用，某种平等似乎总是要成为正义的生成根基。总之，没有对等可以产生平等，没有平等却不能产生对等，因为对等的基础总是要包含平等这一要素。从差异贡献到差异收入的对等，其中若没有对人的某种平等的认同，若没有人们某种认理能力、服理能力

---

① 《马克思恩格斯选集》第 3 卷，人民出版社 2012 年版，第 480 页。

的大致平等，不同的人们凭什么要遵循这同样的对等原则？

人权的正义解释，与怎样定义人密切相关。

王海明先生提出："所谓天赋人权，是说人权乃每个人与生俱来的天生贡献（缔结社会）所赋予的。然而遗憾的是，几乎所有天赋人权论者均以为人权是每个人作为人所具有的共同人性天然赋予的：'我们的人性怎么能证明我们有权得到这些平等呢？这个问题的答案是，作为人，我们都平等的……就是说，所有人都具有相同的物种特性。'① 这是错误的。因为照此说来，一个人，只要还活着，只要还是人，他便应该享有人权：人权在任何情况下都绝对不可剥夺而为每个人无条件享有。这样，一个人不管做了多大坏事，不论他给社会和他人造成多大损害，他的人权也不应该被剥夺，他也应该与好人一样享有人权。因为他再坏，也与最好的好人同样是人，同样具有'相同的物种特性'。可是面对现实，这些天赋人权论者又不得不承认：并非一切人都应享有人权。他们说，每个人一生下来便应该享有人权。但是，如果他做坏事做到一定程度，侵犯了他人的人权，那么他的人权便应该被剥夺。一个杀人犯，夺去他人性命，他自己的生命权也就应该被剥夺。可是这样便自相矛盾了，既说凡是人都应该享有人权，又说坏人不应该享有人权。摆脱之法显然只有否定其一。而凡是人都应该享有人权否定不得，于是只好否定坏人是人了。有人便这样写道：'坏人只有坏到不是人的时候，才可以剥夺其人权。'"②

人权当初被认为是"天赋的"，有着"与生俱来"层面的规定，在这个意义上，它与人的贡献大小根本无关。人权基于人的类本质定义，而人的类本质定义是无法顾及人的群体性、个体性差异的。"按人对待"

---

① ［美］艾德勒：《六大观念》，生活·读书·新知三联书店 1991 年版，第 176 页。
② 王海明：《权利分配原则论》，《湖南师范大学社会科学学报》2001 年第 6 期。

虽然在今天也形成了一些基本标准，比如什么人格尊重原则、人道原则之类，但它仍然是相当抽象的。之所以抽象，就是因为它无法针对不同群体、不同个体的具体差异而区别对待。所以真正全面合理的人际对待，还应当有按不同群体对待、按不同个体对待的相对具体一些的对待原则。而按不同群体对待或按不同个体对待，虽然具体针对了不同群体、不同个体的差异性，但它又有可能破坏人的类统一，可能伤害基于类统一本质的人的平等对待原则。可见，人际对待既要平等又要差等，二者之间的确存在对立统一关系。那么，人们为什么既需要平等对待又需要差等对待？关键就在于，人之间既有同一，又有差异，且其中的某些同一或差异需要人们去认同：有时认同同一，有时认同差异；有时主要认同同一，有时主要认同差异；有时既要认同同一，又要认同差异；有时认同这种同一或差异，有时认同那种同一或差异；等等。

对于大写的"人"的定义必然是抽象的，它没法具体。"人是自由的存在物"是抽象的，"人是理性的动物"是抽象的，"人是符号的动物"也是抽象的。"人的本质是劳动、是自由自觉的活动"，同样是抽象的。人的本质是一切社会关系的总和（其中生产资料占有与否是一个重要方面）可能稍微具体一点，但对于大致拥有某种共同的基础性社会关系的不同个体来讲，它同样是抽象的。无产阶级就其一般的所谓"阶级属性"（阶级属性这个概念本身还需要认真考察）来讲，也并不是铁板一块，资产阶级亦然。所以，一个无产者与一个资产者的差异，也许在一定意义上有时可以有用阶级差异去标示和分析，但并不保证这种标示和分析总是准确有效。恩格斯是资本家的儿子，但他是革命者，是向着无产阶级的，这样的例子还真不少。反之，无产阶级的队伍中，也有人反对革命。"龙生龙，凤生凤，老鼠生儿打地洞"之类，从自然遗传角度来讲，也许没错。但人不是动物，动物的本质直接就是它的自然本质，而人的本质是自然规定与社会规定的统一，并且社会规定更具有本质性的意义。人的社会规定不是直接生"出"来的，人是自由的，他的社会规定是开放的、生成的，由他自己去创造的。所以，将一般的所谓"阶级属性""遗传性地"直接套用在这个阶级的所有个体头上是不准确的。

人权要谈人，谈人的类的同一，谈人的平等，而人权的具体对待，则往往要谈人的群体的、特别是个体的差异或差异表现，谈人的区别对待。起初的人权目标，是反对特权，它要证明平等的天然原生性，所以它要利用人与动物的区别——人类内部的同一去证明和推广平等。从逻辑上讲，利用人与动物的区别——人的类同一来对待人与动物的关系，即不能像对待动物那样去对待人，这可能问题不大，而用之对待人类内部的所有关系，则一定会产生问题——因为人类内部有不同群体、个体之间的差异，有不同群体、个体之间的不同表现，有不同群体、个体之间的利益纷争，它在许多情况下，都是需要区别对待的。如此，人权面对这些需要认同的、基于差异的、具体的情况时，也就必然鞭长莫及了。比如人的尊严，就有两个不同的面对境遇，即人面对自然、动物的自然性尊严和人面对人类社会内部的社会性尊严。在自然面前，人的肢体结构、人的面貌、人的一般智力水平，直接就表现着人的自然性尊严，人用枪解决几百米以外的凶猛动物，那些动物的尖牙利爪还没有派上任何用场就一命呜呼了，如果它们有点思维能力或想象力，还不编出个神话来对人顶礼膜拜？而在人类社会中，一个人面对他人，人的这些身体结构形式、一般智力性的东西，就不能从根本上表现他的尊严，你是人的模样，别人不是吗？即使是帅气的外表、较高的智商，引来的也往往只是别人的欣赏，而不是自己已然获得了尊严。自己的尊严，是需要自己用行为——特别是道德行为去积累、去塑造、去获取的，它与个体的差异选择、差异活动密切相关。

但是，人面对社会时需要证明和表现人的社会性尊严，是否就否定了人面对自然时而拥有的自然性尊严呢？也没有完全否定。特别是在现代社会，人的区别于动物的自然性尊严仍然存在，只是在社会中常常没有充分表现的机会而已——它作为一个已然解决的问题，常常只是作为一个社会存在的常态前提而存在。

现今的人权当然也反对特权，且反对特权一直是其需要执行的重要任务，它在反对特权时，其人际平等对待的合法性、贯通性是没有什么问题的。但是，当它面对特权以外的问题，特别是面对有些人故意为恶、特别是严重为恶的问题时，其平等对待的合法性、贯通性就有了问题。既然人有两种境遇，面对大自然和面对人类，人与自然、动物之间有差异有同一，人与人之间也有差异、有同一，而人的定义（其实只是人的类本质定义）却只讲人与动物的差异——即人与人之间的同一，而现实的人际对待，却不能只讲人与人之间的同一，还要讲人与人之间的差异。因此，根据人的定义而来的只讲平等的人权，在实现具体的人际对待时就出现了矛盾。如何解决这个矛盾？一般来讲，至少可以有这些思路：第一，把人的定义改成包含人的具体差异的定义，这几乎是不可能的。因为一类事物的定义本身必须是抽象的，没有抽象就没有此概念，而所谓抽象，某种意义上就是要排除许多差异。实际上，把人的定义改成包含人的具体差异的定义其实已经不是人的定义而是某些人或某个人的定义了。第二，把人权对待中的差异表现排除掉，这同样会带来问题。如果任意作恶都始终能够获得人权保护，那人权本身就不能得到保护。这样看来，人权的平等诉求与人权对待的差等诉求之间要取得完全一致，可能并不是我们没有找到恰当的方法，而是它根本就不存在这种恰当的方法。根本原因或许在于，人是差异与同一的统一体，它既需要某方面的平等对待，也需要某方面的差等对待，要将平等对待贯穿人的全部生活且要贯穿到底，那就是不可能的。

我们不妨有一个相对"折中"的方法。既然人是自然人与社会人的统一体，那么，当我们谈死刑犯也是人时，是讲他至少是一个自然人，是个区别于动物的类存在物，我们仍然保护他的自然性尊严；而当我们骂他不是人时，是讲他不是社会人，没有按照社会的最基本原则——不伤害原则办事，而不是讲他不是自然人，他即使作恶，他也是一个自然人。所以，从所有人都是自然人的角度来讲，人们在这方面的人权是可以平等的。而人权对待主要是在人类社会内部行使的，必须考虑人如何作为社会人而存在，因此它应是平等对待与差异对待的统一。在面对自然时，人可以平等对待；面对社会时，既有平等对待也有差等对待，这要看主体是否获得和持有着社会人的资格——至少不伤害他人。获有社会人的资格，就能平等享有人权，失去社会人资格，就不能（平等）享有人权。但这种折中方法同样是有问题的，因为把人权分解为自然人权利与社会人权利是有风险的，且把人权规定在自然人权利上可能有违人权的初衷，有某种文明倒退的嫌疑。同时，它也严重撕裂了人权规定与人权对待之间的某种逻辑一致性。并且，要理解"获得社会人资格者才享有人权"的论证，也仍然是基于权利与责任对等的正义原则，如前所述，用正义来论证人权的生成缘由是有问题的。

今天的正义概念，有人认为包括得所当得和一视同仁，而西方的许多学者则只认同得所当得或得所应得，并没有把一视同仁作为正义的基本内质。比如科恩就说过，如果要用一句简单的话概括正义，那就是得所应得。[①] 从一视同仁的角度来看，它作为根据同一原则处理人与事的原则，本质上就认同和强调平等。从得所当得来讲，它认同贡献与报偿、破坏与处罚的相应性，其本质是对等。如果把正义理解为得所应得，那么正义的本质就是对等而不是平等。若从得所当得、从正义对等

---

① ［英］G.A. 科恩：《拯救正义与平等》，陈伟译，复旦大学出版社 2014 年版，第 6 页。

的角度来分析人权，它作为一种权利，就应当与相应的责任相匹配。这也就意味着，并不是"是"一个人或具有人的生理特征就能够获得人权，而是应当承担相应的"人的"责任的人才能够获得人权。于是，人权天赋和人权平等就都成了一个问题。既然人权是以"人责"为基础，它就不是一个先天的问题，而是一个后天的问题。但是，正义的对等性，并不会仅仅停留在"人的责任与人的权利之类的"的抽象规定上，它会不断具体化，即具体的什么人承担了什么责任，从而享有了什么权利，因为"人责"的具体表现，对于不同的人而言，也必然表现出差异性，于是就有了责任的差异对应着的权利的差异，而人权的平等根本就不需要再落实到这些具体的权利—责任的对等上，所以，获得人权只要获得社会人的资格，它只涉及对社会贡献的正负，而不管社会贡献的大小；而正义，恰恰是要在社会正贡献的基础上充分关注贡献的大小。若用对等的正义原则理解人权，就不仅仅是权利与责任对等，同时还会强调具体的差异性责任与具体的差异性权利相对等，即权利与责任相对等，不仅必然认同无人责就无人权，还必然认同人责多就人权多，人责少就人权少。

　　仔细分析起来，人权并不是一种简单的权利，其承载主体虽然都是人，却是不同形态的人。具体的权利和责任都可以具体化，人的权利和责任，就不可能那样具体化，我们时常可以说张三李四的责任，却很少说人的责任，当谈到人的责任时，往往不是在人类内部谈问题，而是在人与其他存在物之间谈问题，比如保护动物、维持好生态环境等。但是，当我们谈人的本质规定时，却不只是强调人与动物的区别，也强调人与人的区别，也就是说，人要成为一个人，不仅要在自然面前成为一个人，也要在人面前成为一个人。当人面对自然时，成为一个人非常简单，他自然行事就行了，但人面对人要成为一个人时，他就得成为一个社会的、有道德规定的人。在自然面前成为一个人，只要具有人的生理特征就行，在人面前成为一个人，就意味着他的行为表现如何，他的精神状态如何等，他是否兼顾到他人的利益。是人就有人权，如果这个人只是一个自然人，无关他的社会表现如何，那问题就出来了：为什么可以从人的自然的同一性表征中，获得人社会性的权利？这是一种典型的跨界越位现象，逻辑是不统一的。

而人权，如果只是一个社会性的概念，关涉人的具体的社会表现如何，那人权作为人的权利之平等也就成了问题。而所谓人的社会表现，仅仅一个最低限度的不伤害他人是不够的，还必须有所贡献才行，因为从整个社会发展来讲，仅仅不伤害他人是不能建构起真正合作性社会的。自己没劳动而又不伤害他人者能获得人权保护——比如必要食物的提供，这恰恰要以高于不伤害原则为基础，即要通过更多的社会贡献去生产足够的食物。从正义的角度来讲，仅仅遵循一个不伤害原则是不可以得到食物的，因为食物的获得是需要通过劳动付出的，是需要对社会作出贡献的，它高于不伤害原则。不劳动也不伤害者之所以能够得到人权保障，是因为社会中一定存在着利他者，他们把自己的利益无偿地转让给了自己的同类同胞，就此来看，遵循不伤害原则就可获得人权，其实是以仁爱为基础的、通过仁爱行为而实现的。

总之，从正义本身理解人权是有些问题的，看来还得从正义之外——即从仁爱的角度去理解人权。仁爱的人权既可以让一个仅仅不伤害他人的人也享有人权对待，同时还可能让一个伤害他人的人享有人权对待，后者看起来仿佛表现了仁爱的伟大，但对于恶的宽容，并不总是值得去赞赏，这种无限度的仁爱最后可能会伤害和失去仁爱本身。

人们对于许多基本社会活动原则的规定，其实都暗含着一个基本前提：常态下，人是同一的理性存在物或人是道德主体，这些活动原则可以适用所有的人。但是人的现实行为，常常表现出非理性与非道德化的倾向，如此，有些人就时常得担演敌人、坏人的角色，这就使那些统一化的活动原则可能失去其应有的规范力量。就是摩西十诫中的"不可杀人、不可偷盗"等基本道德教条，在面对敌人和坏人时，都很难将其真实贯彻或贯彻到底。

解决问题的关键，也许在于对"人是道德主体"作一种粗放的、简单的理解。如前述及，人是道德主体，讲人具有成为道德主体的常态资格，并不意味他在任何环境下时时刻刻都被道德意识所裹挟、时时刻刻都没有非道德的意识或意志，时时刻刻都能让道德意识处于支配地位，即人是道德主体之命题并不保证人一直总是道德主体。所以，从人是道德主体来理解人：所谓成为人，不是保有人的躯体、经过社会教化、在某时通过某一道德表现而即时认定为获得了做人的资格就成，而是一个如何始终都要保有人的资格，使这个资格常态拥有、持续不变的问题。所以，做人是时时刻刻的事，是任何环境下的事，它不是一个即刻可成的事实，而是一个时时事事都需要加以努力的过程。正如孔子所言："君子无终食之间违仁，造次必于是，颠沛必于是。"①

人有作恶的可能，如果人的行善是基于人的自由原则，那么作恶也就必然包含在自由之中。人不是只有善行没有恶行，或只可能行善而不可能行恶的存在，在人身上，行善与作恶的可能都是存在的。人是自然人与社会文化人或道德人的统一体，是道德人与非道德人的统一体，但人的社会本质规定却是如何尽量选择行善而不选择作恶。人的自然性、非道德性行为，常常表现为自利行为，它包含着作恶的可能，但只要自利不过度，就不应当被认作是恶行。如果仅仅把人的社会文化性、道德性作为人的本质，人的许多自然表现，可能常常在瞬间就使人不是人，而许多非道德表现者，就更加不是人了。其实，违法、违德干坏事的坏人至少大致有两种：一是心眼总是坏而干坏事的坏人，即本质上很

① 《论语译注》，杨伯峻译注，中华书局 1980 年版，第 36 页。

坏的人；二是心眼不坏却一时失手而干了坏事的人，即本质上并不坏的人。许多所谓坏人其实是后一种坏人，这种坏人只是在干坏事的某个时候才是坏人，事前事后都是不伤害人的正常人甚或是道德主体。人权对待，对于两种不同的坏人，应当有所区别才行，本质很坏的人，其人权平等对待的获得应当严格些，一时失手的人，其人权平等对待的获得则应当宽松些。

以上都是讨论人权是否仅可归结于正义去解释的问题，这是第一个问题。下面我们讨论第二个问题，即人权是否可以从按贡献分配的"贡献性正义"原则去加以说明的问题。

从贡献对应到收入的"贡献性"正义原则，本质上是一种承认人的能力有差异的"差异性"正义原则，即贡献是人的差异活动与活动差异的对象化，它导致的必然是有差异的分配结果。所以，从贡献有大小的贡献原则往往推不出平等的结果来——从而，总是导向差等结果的"贡献性"正义原则是不能为人权平等作理论支撑的，若硬要用它作支撑，就只能导致差等人权。一句话：贡献的特质是差等，人权的特质是平等，从差等推不出平等，故要论证人权平等，最好别选择贡献原则。

选择贡献原则来论证人权平等的一个关键难题在于：每一个体共构社会所作出的贡献何以能够阐释为相同的贡献？

第一，人的存在难以直接理解为贡献。当然，一定程度上人们可以说每一个体作为社会一员而存在就客观上共构了社会，但事实上，人的"存在"是不能直接被理解为一种贡献，因为存在在很大的层面上是偏重纯粹客观、客体性的描述，它是一种"显现"，而贡献则更有主观、主体性的东西，它是一种"表现"。尽管人的存在是"去"存在，也可以内含某种开放的能动性，但去存在、具有某种能动性的存在，也不一定就必然产生正价值，它也可能产生负价值，也就是说，人的能动存在可能是建设性的，也可能是破坏性的，既可能是贡献，也可能是索取甚至破坏，因为能动性本身是没有伦理价值方向的；同时，存在一旦具体化为"去"存在，它的存在的客观同一性就会悄然而去，它的表现的主观差异性便会立即显现。因此，要论证人权平等，就得关注凝视人的"存在"而不是"去"存在。

第二，"贡献一样"不是平等的本来原因，而是为了平等的人为原因。"缔结社会的贡献一样"是以"都是社会的一员"为基础的，但是，与其说"都是社会的一员"是"贡献都一样"的原因，还不如说为了贡献一样而在贡献之外寻求的另一个外在原因。所以，"都是社会的一员"不是"贡献一样"的"客观"原因，而是为了"贡献要一样"去寻找的"主观"原因。况且，"都是社会的一员"是抽象掉了个体间的许多差异——而这些差异恰恰是"一员"的内质，是每个"一员"作出不同贡献的基础，因而它们与"缔结社会的贡献一样"之间是不能直接通达的，即都是社会的一员，是不能作为贡献一样的原因的，正如都是球队的一员不能成为乔丹与其他球员对球队贡献相同的原因一样。

对于此问题，我们之所以如此详细地讨论，是因为许多思想家都有类似的企图：只用"一个"正义原则——或同一原则或差异原则，或自由原则或平等原则来统领分配正义问题，而正义总是人的正义，人却总是既要同一又要差异，既要自由又要平等，所以"一个"原则总是管不好人的两个要求，于是总是陷入矛盾，总是捉襟见肘。

若用社会共构论指导财富共享，那也只能停留在基本物质需要品的共享上。认同社会共构论，认同人们作为社会的一员其缔结社会的贡献是一样的，那么他们也只能平等分配基本物质需要品。但是，财富共享显然并不只是停留在基本物质需要品上，它还力图进入非基本物质需要品的分配领域。而财富共享要进入非基本物质需要品的分配领域，它的主体要求就不能只是一个个体的都一样的客观存在，而应当是个体通过自己的努力去积极地存在。因此，用社会共构论来解释财富共享，虽然是一个非常重要的方面，但它显然是不够的，只能解释基本物质需要品的平等提供，而不能解释非基本物质需要品究竟应当如何共享。也就是说，从享受主体如何获得相应享受资格的角度来讲，要进行更加广泛、更加全面的财富共享，人仅仅作为社会的一员而客观组成社会是不够的，他必须发挥积极作用、还得有所作为才行，即客观的共构要转化为积极能动的共建才行。共建相对于共构有两个方面的基本规定：一是在方向上共建必须是向善的，即共建是建设性的而不是破坏性的，是兼顾他者而不是唯我独尊；二是在实效上共建是各尽所能、有所作为，即共建要求个体对社会大厦的形成不断添砖加瓦，对社会不断作出自己的独特贡献。

三、社会合作体系

社会合作体系的建构，即是社会共建的目标，也是社会共建的前提。说它是前提，是因为作为个人而言，每个社会都是前置的，他刚一出生就落网于这个社会，系身于各种先在的社会关系，他只能在既有关系的基础上进行活动。说它是目标，是说社会合作体系并不是一旦建成就一劳永逸，社会的合作与反合作始终是并存的，因此社会合作是需要不断努力维护的。随着社会的现代化发展，各种新事件不断发生，随之便产生一些新的现代性问题，这些问题若不能合理解决，就存有社会崩溃瓦解的危险。而这些问题，用传统的方法可能又很难解决，需要不断探索新的路子。

韦伯认为，资本主义就意味着现代性，资本主义社会的到来就意味着现代性的到来。现代社会固然完成了从前资本主义向资本主义的转型，但是随着科学技术的不断进步和财富的日益积累，助推资本主义发展的资本主义精神却被抛在了脑后，取而代之的是现代科学技术和这些技术的物质化机器。于是，"天职责任已转化为经济冲动，个人也就根本不会再找什么理由为之辩护了"。① 每一个人都被锁定在繁忙的机器旁，深陷于技术的泥潭中，想方设法提高效率，只为追求个人物质财富的拥有与情欲的满足，其生活方式完全受工具理性支配，被财富占有规定，人被工具理性"异化"了：人们错误地认为，他们能够通过合理的计算来把握任何事物，于是，人们之间应有的亲密合作，也都变成了一种算计。

梅奥则认为，现代社会虽有物质富足、财富发展方面的进步，但由于人们人事能力的不足，有可能带来社会的冲突或解体。梅奥把人类社会划分为定型社会和适应变动社会。在定型社会，人与人之间的关系是稳定的，学徒制通过人们朝夕相处，在发展其技术能力的同时也发展了他们的人事能力；而在适应变动社会，"急速的工业的、机械的和理性化的进步，急速得把一切历史所形成的社会的和私人的联系都破坏了"②，此时人与人的关系是错乱的，作为在定型社会培养起来的人事能力在这种社会中变得无所适从。急速的工业化使得技术能力日益凸显，人事能力不断式微，而此时又没有发展出任何能够补偿学徒制功能的相应组织，整个现代社会的制度安排使得技术能力和人事能力失衡：个人更加孤独，团体更加不满，社会合作分崩离析。因此，社会合作体系的建构，绝对不是一个即刻可成的事实，而是一个需要不断努力维护、创新、发展的事业。

罗尔斯的分配正义理论，其实也是他致力于社会合作和如何实现社会合作的有益探索。他的分配正义是基于其社会合作体系的，而其社会合作体系也是社会共建的主体目标和客观基础。罗尔斯认为："每个人的幸福都依赖于一种社会合作体制，没有这种社会合作，任何人都不

---

① ［德］马克斯·韦伯：《新教伦理与资本主义精神》，于晓等译，生活·读书·新知三联书店 1992 年版，第 142 页。

② ［美］乔治·埃尔顿·梅奥：《工业文明的社会问题》，中国社会科学出版社 1982 年版，第 22 页。

能拥有一种满意的生活。"① 人们共构了社会，这是一种客观事实，但如何具体共构社会，在罗尔斯看来，其实就是如何积极建构一个社会合作体系的问题。社会合作建构其实是一个主客两方面相统一的过程：一方面社会共构是社会合作的客观前提，因为大家同处一个社会，每个人都既是社会的参与者，也是社会的构成者，正是这种构成才使每一个人成为社会整体的一员，才使社会分工得以形成，而社会分工的专门化又反过来加强了社会的整体性和每个成员对社会的依赖性，因此，社会共构构成了社会合作的客观基础；另一方面，社会构成者要成为一个社会建构者，并不是只要有社会共构的客观前提就已经足够，它还应当有合理建构理念支持下的具体建构行为才行。社会不是一个自然行为状态，而是一个自觉行为状态，这种自觉行为状态，不只是对个人利益的追求，既包括对自我利益的追求，也包括对他者利益的兼顾、对社会整体利益的支持。只有在这样一个自觉选择的行为过程中，一个好的社会才可能生成，因为真实有效的社会合作，并不是每一个体的个人性欲望简单加合的结果，它还需要一些非个人性欲望的支持。人的欲望是个人性欲望与非个人性欲望的统一体，若只存在个人性欲望，各个体就往往是相互分离的，正是人的非个人性欲望的存在，才使不同的个体得以粘连起来，从而形成一个可以相互合作的社会整体。但同样，人也并不是完全被非个人性欲望所支配，正如内格尔所说："非个人性的欲望并未被置之脑后，但对于人们每一个人来说，都有许多超出形成这类欲望的因素的东西，而我们可以合乎情理地去做的事情，取决于在我们生活中起作用的所有理由。"②

① ［美］罗尔斯：《正义论》，何怀宏、何包钢、廖申白译，中国社会科学出版社2006年版，第15页。
② ［美］托马斯·内格尔：《平等与偏倚性》，谭安奎译，商务印书馆2017年版，第33页。

罗尔斯的社会建构与社会正义其实是互为前提的。一方面，只有人们的行为内含了正义的理念，社会才能建构好；另一方面，只有在一个良序社会中，社会正义原则才能通行。因此，他的"共构才能共建、共建才能共享"既是一种正义理念，也是社会合作体系得以生成的一个观念基础。但问题在于如何具体共建？如何具体共享？

就如何共构共建问题来讲，当然包括方方面面的要求。但罗尔斯认为，用他的两个正义原则所共构共建的社会，才是一个"秩序良好的社会"，也才是一个长治久安的社会。当然，从客观的角度来讲，秩序良好的社会要由正义原则调节并不意味只能用他的两个正义原则去调节。罗尔斯也承认："在原初状态中，当事人面对的是一份正义原则的清单，其中包括功利主义、至善主义、直觉主义以及罗尔斯的两个正义原则。我们假设，我们所面对的是一个由至善主义所调节的社会，这个社会符合罗尔斯关于'秩序良好的社会'的所有规定。这样，这种'秩序良好的社会'支持的不是罗尔斯的两个正义原则，而是至善主义。"[①] 而如何共享？罗尔斯认为就是要根据两正义原则进行分配，这样，两个正义原则既是社会共构共建的原则，也是社会分配的原则。从形式上看，体现了从共构共建到共享的某种一致性，但内容上则是有问题的，因为共构首先关注的是社会整体，而作为分配的共享则需要落实到个人；同时，"社会需要共构"虽可形成一致认同，而社会如何具体共构则可以有许多不同的方式。"社会需要共享"也是如此，人们往往对它自身少有怀疑，但社会究竟如何具体实现共享，则同样可以有许多不同的方式，而罗尔斯的两个正义原则当然提供了一种较有力量的分配原则，但他所提供的也只是如何合理分配中的一种而不是唯一的一种原则，正是因为如此，他的具有平等主义倾向的分配正义理论才

---

① 姚大志：《罗尔斯正义理论的基本理念》，《社会科学研究》2008 年第 4 期。

遭到众多其他学派——比如自由主义、功利主义者的热烈讨论与广泛商榷。

如果说，社会共构共建与社会合作关系之间可能隔得较近，那么社会合作与平等分配之间实则隔得不近。这不只是因为社会合作原则与具体分配原则是两个不同的原则，它们有不同的关注重心，更在于社会合作本身是内涵着必须得到认可的差异元素、差异原则和差异关系的。虽然，在社会结构过程中，有些差异是需要被改造甚或消除的，但并不是也不可能改造特别是消除所有的差异，一些必要的差异是必须得到认可的，因此承认某些差异、尊重某些差异、利用某些差异、培育某些差异、生成某些差异，是社会结构过程的必然现象和现实结果。这些差异的客观存在或呈现，必然对一种平等的分配结果产生这样或那样的规定和影响。所以，平等分配——特别是那种精准的平等分配，按照社会结构的客观逻辑几乎是不可能产生的，因为只有平等而无差异的社会结构与社会关系，既不可能存在，更不可能生成出现实的社会合作。社会合作系统作为一个有平等同时也有差等的立体合作系统，其中一定含有上下之分、轻重之异、主辅之别，这样立体的有差异的社会合作为何就只能生育出一个纯粹平等的分配原则呢？它又如何可能推导出一种纯粹平等的分配结果呢？

社会合作可以各得其所，但并不必总是导向平等分配原则和平等分配结果。所以通过社会合作来论证社会利益分配要各方面总体兼顾应当没什么问题，而要用其论证分配平等反倒容易出现逻辑失误。罗尔斯认为，给才智较低者更多的利益关照，才智高者不应当抱怨，因为所有人都要在社会合作中获得满意的生活。但是，罗尔斯的这种应关照弱者的观点其实只能为社会合作提供理由，而不能为其追求平等分配的差别原则提供理由，因为才智较低者若有权利提出给自己较多份额作为合作条件，那才智较高者同样有权利提出给自己更多份额作为合作条件①。才智较低者提出其要求的理由，是他基于自身的"差异性"状况，即他的才智低于他者或低于一般水平，而他想得到的却是一种平等的结果。那才智较高者提出其要求，同样基于自身的"差异性"状况，即他的才智高于他者或高于一般水平，他想得到的当然是高于平均水平的不平等的结果，前者通过认同平等而要改造差异，后者通过认同差等而要改造平等。造成这种情况的根本原因在于，人是差异与同一的统一体，人既要改造和消除一些差异与同一，也要承认和张扬一些差异与同一，有些人想通过认同某种同一而得到相应的平等，有些人却想通过认同某些差异而得到差等。其实，问题的关键，还不在于只要差异或只要同一之片面性，而在于在何种情况下需要改造怎样的差异与同一，在何种情况下需要承认和张扬怎样的同一与差异，特别是在于：差异与同一都是需要的，但必要的差异与必要的同一之间究竟如何协同。关于这一问题，我们将在第四章中详加讨论。

承认和尊重社会之于个体的先在性，承认和尊重个体必备社会性是很有必要的。然而，过于强调"社会的"逻辑先在性也有问题，因为它必然侵占个体能动表现的合理空间。比如罗尔斯认为个人天赋也是社会的，只有个人的主观努力才是真正属于个人的。但是，个人努力与其天赋是不能分开的，没有个人天赋支持的努力，离开人的大脑与身体支持的努力只是一个没有实体支撑的纯粹观念意向。况且，"假如一个社会能保障其所有成员都有一个体面的社会最低值，如果把它们任何人能得到的高于最低值的任何东西当作生活中另一种形式的卓越，无论它的原因在道德上有多么任意，对此的反对意见是什么呢？对于许多有钱人花钱享用的那些物品，这一问题都可以追问。假定没有人因歧视而被排

---

① 何怀宏：《公平的正义——解读正义论》，山东人民出版社 2002 年版，第 194 页。

除在获得这些东西的机会之外，如果某些个体在最大可能的程度上获得这些东西，无论它们的原因何在以及它们如何被不平等的分配，我们为何不乐见其成呢？"①

罗尔斯认为，现代社会，合作能给每个人带来比单独生活更大的利益，这是没有问题的。但问题在于，仅仅一个社会合作，只是给人们共享社会财富提供一个相对抽象的理由，而没能给人们提供一个如何具体共享，特别是平等共享的充分理由，社会合作一旦具体化，就表现为不同的社会分工与人们不等的所作所为，它导致的当然就不一定是偏向平等的分配原则和平等的分配结果了。

所有的伦理学家，无论是罗尔斯还是其他什么人，在从共构到共享的论证过程中，如果没有自觉地意识到人的对待必须是差等对待与平等对待的统一，那么无论他们怎么论证平等分配的可能性、现实性、必要性、重要性、先在性，他们的论证都一定会遭到合理差异的反抗，他们的论证必然陷入逻辑矛盾。反过来也一样，若只是用贡献原则、差异分配来统领人的总体生活状态和生活的所有方面，也必将招致同一的反抗，同样陷入逻辑矛盾。

总之，只有包括主体积极能动合作的共构——即共建，才能获得共享的某种资格，而这种积极能动合作的结果就是共赢共享。考察人类社会发展史，各种组织形式或制度模式演进的背后，其实就是对不同社会合作模式的选择。人类已有的合作模式大体有两种：基于自愿与利他的血缘式合作和基于契约的超血缘式合作。相对于血缘式合作，制度式合作的合作范围已空前扩展，在不断扩大的社会交往中，它以契约的形式规定了合作各方的权利与义务，从而一定程度上保障了合作预期的

①　[美]托马斯·内格尔：《平等与偏倚性》，谭安奎译，商务印书馆2017年版，第149—150页。

实现。

一般来讲，制度性合作的达成，主要以各自合理收益的获取为基础。但是，奥尔森在《集体行动的逻辑》中阐释，在具有公共物品性质的合作收益面前，利己的经济人完全可能选择"搭便车"，既要享受成果又不付出努力，如此的话，集体利益就无法产生更无法积累。因此在构建共享社会的合作过程中，如何尽量避免或减少该问题的出现，以获得最大化合作收益就显得非常重要。这至少要进行思想与物质两方面激励才行：

首先是思想激励，即通过各种宣传媒体在全社会进行社会动员与社会教化。要对社会合作的必要性、对共赢共享目标内容、实现手段等进行全面系统的社会教化，最终使社会活动者认同这些价值观念，并主动自觉实现社会共享目标。其本质，就是倡导成员在社会互动中关注他人利益和团体公共利益，激励社会成员的社会公共价值认同。

其次是物质激励。构建合作社会，仅仅基于思想观念、仅靠一时的合作热情不行，还需要必要的物质激励的支持。这包括两个方面，一是分担成本，二是获得收益。合作共享社会生成过程中必有各种成本需要合理分担，比如政府成本、社会交易成本、社会稳定成本等，都需要在政府与社会成员共同分担，能否合理分担并降低这些成本，是影响社会成员参与社会合作的重要因素之一。同时，还特别需要不断扩大个体参与合作的收益。收益的预期和预期的实现，是社会合作的根本动因，只有保持个体收益预期存在、具体分配公平合理，社会合作才可能持续下去。

社会发展成果共享预期可概括为四个方面：一是，每个社会成员的基本尊严和基本生存条件能够得到维护和满足，这是人人共享改革发展成果最起码的内容；二是，每个社会成员的基本发展条件能够得到有力保证；三是，每个社会成员的生活水准和发展能力能够随着社会发展进程的推进而不断地得以提升；四是，代际能够实现合理共享。①

在本质上，人是理性的、精神的存在物，人的身体性活动是受制于其意识的。因此，无论是物质激励还是思想激励，都得以人的善念存在为基础，善念在社会合作中具有方向性的首要的奠基价值。

有学者基于相互依赖理论发展出一个用于描述人际互动中关注和满足他人自主性需要的概念——社会善念，并提出了"社会善念促进合作行为"的理论。该理论考察了行为接受者对以下三类决策倾向者的印象：（1）两次选择非唯一物品；（2）唯一物品和非唯一物品各选择一次；（3）两次选择唯一物品。结果发现，前两种人被评价为友好地、可信赖的人；而第三种人往往被评价为很不友好、不可信赖且自私的人②。由此可见，一方面，当社会善念行为被接受者识别时，他们就会觉得自己的自主性需要得到了尊重和保护，于是会拉近与他者间的社交距离，建立亲密关系，而这些都是诱导合作行为的有效路径。另一方面，阻碍他人达成目标或限制他人的选择是低社会善念的表现，被限制的一方通常会感知到一种带有敌意的冒犯行为，同时会伴随厌恶或憎恨等负向情绪的发生，会阻碍社会合作行为的产生。③"感知社会善念除了直接影响个体的合作行为外，还通过积极情绪体验的增强间接影响合作行为……由此可见，社会善念的实施者在人际互动过程中会确保自己当下的选择不会限制或决定他人的选择，这种亲社会性意图的表达在互动初期有利于建立良好的人际关系情境，促使接受者亲社会动机的转换，进而表现出

---

① 雷晓康、席恒：《和谐社会的动力机制：合作收益的达成与再生产》，《中国软科学》2009 年增刊（下）。

② VanDoesum, N.J., van Lange, D. A. W. & van Lange, P. A. Social mindfulness: Skill and will to navigate the social world. *Journal of Personality and Social Psychology*, 105, pp.86-103.

③ Twenge, J.M., Catanese, K.R. & Baumeister, R. F. (2002). Social exclusion causes self-defeating behavior. *Journal of Personality and Social Psychology*, 83, pp.606-615.

高水平的合作行为。"①

中国是一个长期发展的群体本位社会，更加强调人际关系的相互依赖性。按照孟子的观点，社会善念的形成基于个体仁爱心理的奠基。孟子是性善论的最早倡导者，他认为人性中先验地具有善良道德种子：四端。他说："恻隐之心，仁之端也；羞恶之心，义之端也；辞让之心，礼之端也；是非之心，智之端也。人之有四端也，犹其有四体也。"② 美国宗教伦理学家巴特勒也认为，人天生具有一种仁爱的情感，人会自然地同情在困境中的人，关心他人的福利。当人看到他人处于困境、遭遇不幸时，都会产生悲天悯人的情感，正是这种仁爱之情才使其具有伸出援助之手的可能。

但是在现实社会中，人们由于受到一些外在因素的影响和现实利益的驱动，导致人之本善的端倪被过度的欲望掩盖甚至扼杀，从而在一些事情上表现出麻木不仁、失去理性。正是由于心之善端，易于放失，故孟子认为，应重视对善心的存养，以保持这份天赋善性不至于丢荡。所谓养，就是把见端甚微的善，好好地培养起来，有如一粒种子，植于有空气日光的泥土中，使其能发荣滋长③。那么，怎样为"善性发展"构建适宜的生长环境呢？儒家传统认为主要的方法是反观内心，从心内求，首要的是不受感官物欲的侵蚀和烦扰，即寡欲，"养心莫善于寡欲"④，如此发展下去，"不忍之情"的涓涓流水，就能扩充为江河湖海般的仁爱德行，所以孟子说："苟能扩之，足以保四海。"⑤

总之，共构之所以成为共享的一个根据，根本原因不在于这种共

---

①　窦凯等：《"乐"于合作：感知社会善念诱导合作行为的情绪机制》，《心理学报》2018 年第 1 期。
②　杨伯峻：《孟子译注》，中华书局 2006 年版，第 83 页。
③　参见徐复观：《中国人性论史》，华东师范大学出版社 2005 年版，第 109 页。
④　杨伯峻：《孟子译注》，中华书局 2006 年版，第 378 页。
⑤　杨伯峻：《孟子译注》，中华书局 2006 年版，第 83 页。

构的客观性显现，而在于共构的向善性、有益性，它其实是一种共建。而主体之所以产生向善的、有益的合作行为，本质是因为人是道德主体，人作为一个道德主体具有促成这种合作共构的心理基础和道德认同。共享在本质上是一种道德性认同，它的存在根据不在于某种自然的、客观的事象身上。所以，越是强调事象的客观性，事象的客观性越强，可能就离人们的道德认同和人际善意对待的内在根据越远。

第三节　共创作为共享的依据

一、财富共创理论

所谓共创，就是社会成员共同创造社会物质财富。如果说，共在是一个空间范围非常大的概念，共构的范围则要小得多，但也是从建构整个社会组织而言的，那么共创的范围就会更小了，共创其实就是大家共同努力发展经济，其实是划定在经济领域的，范围当然会相对小得多了。

法国的萨伊，作为19世纪初欧洲大陆最重要的经济学家之一，他把政治经济学划分为财富生产、财富分配和财富消费三部分，从而建立了其政治经济学的三分法。他还认为劳动、资本（生产工具）和自然（土地）是商品生产的三要素，同时也是商品价值的创造者，生产三要素是价值的源泉；每一个生产要素的所有者都应该得到他们应得到的收入，即工人得到工资（劳动—工资），资本家得到利息（资本—利息），土地所有者得到地租（土地—地租）。马克思把萨伊的这种模式称为"三位一体公式"。劳动、资本、土地这三种生产要素在生产和价值形成过程中各自发挥着特定的作用：土地为人们进行劳动、创造价值提供场所；资本（生产资料）是劳动者进行劳动、创造价值不可或缺的物质条件；劳动则是价值的直接源泉，耗费在商品生产上的抽象劳动是形成价值的实体。既然各种生产要素在价值形成过程中都发挥了自身的作用，产品是各种生产要素共同作用的结果，那么在产品售出之后，即产品价值得到实现之后，必然存在一个各种生产要素的所有者共同参与新价值分配的过程，必然形成一种各生产要素所有者之间如何共享财富的经济关系。

美国经济学家克拉克也认为，价值由各种生产要素共同创造，不仅劳动是价值的源泉，包括土地在内的资本也是价值的源泉，所以，劳动和资本都应该得到各自相应的报酬。与萨伊相比，克拉克所不同的是，把地租看成是利息的特殊形态而把利润看成是动态的范畴，通过如此转换，萨伊的价值生产三要素就变成价值生产两要素了。

马歇尔作为英国新古典学派（或称剑桥学派）的创始人，其著作《经济学原理》用折中主义的方法，把供求论、生产费用论、边际效用论和边际生产力论等完美地融合在一起，形成了以"完全竞争"为前提和以"均衡价格论"为核心的经济学体系。他认为，就市场经济中商品价值的生产来说，成本是供给后面的原动力，而效用是需求后面的原动力，二者通过供求的波动，共同决定了财富的价格即交换价值。马歇尔提出了"四要素论"，他把生产要素分为土地、劳动、资本和组织，认为自然也就是土地，在生产上所起的作用表现出报酬递减的倾向，而人类的作用，即劳动、资本和组织的作用，则表现出报酬递增的倾向。马歇尔强调了组织在国民收入中的作用，尤其是强调了企业家在经营管理中的地位。他关于企业家凭借经营管理才能获得经营利润的思想，既是对企业家个人人力资本价值及其利益的承认，也有力地支持了企业家与其他生产要素所有者应当共享财富的观点。

总之，这些经济学家的财富共创思想探索了财富创造过程中的多种要素，这些理论为财富共享提供了重要的参考依据。我们认为，财富的分配逻辑应当与财富的创造逻辑相一致：哪些要素共同创造了社会财富，就应当根据这些要素去分配社会财富，至于各种要素在具体分配中占多大比重，这是可以具体讨论的。一般原则是，什么要素在财富创造过程中作出的贡献大些，其在分配中所占的比重就应当相应大些，反之亦然。

我国目前实行按劳分配与按生产要素分配相结合，这实质是承认生产要素共创与劳动共创财富的合理合法性。按生产要素分配主要体现市场经济的一般要求，而按劳分配则是社会主义制度在分配关系上的一种体现。

生产要素参与收入分配一提出，就产生了广泛讨论，其中一个重要方面就是，它与马克思的劳动价值论是否存在矛盾的问题。许多经济学家认为，二者是可以相容的，这大致可从两个方面去理解。

一方面，从区分价值分配和价值创造的不同，从确立要素在价值生成中的作用与劳动是价值创造的源泉之间的差异，来理解二者的相容性。劳动以外的各个要素参与收入分配，毫无疑问是参与新创造价值的分配，但不能认为它们参与了价值的分配就等于创造了价值，它们在价值生成中发挥了作用，就成为了价值创造的源泉。马克思认为，工资、地租、利息等都只是作为社会生产过程的相应因素所分得不同收入形式，其源泉仍然是由劳动所创造的价值。[①] 另一方面，从区分价值创造和财富创造的差异，来理解二者的相融性。劳动是创造价值的唯一源泉，但不是创造财富的唯一源泉。生产过程是多种生产要素的结合，劳动只是其中的一种要素。财富的创造需要劳动同各种生产要素的结合，其中包括资本、土地、技术、管理等。非劳动的生产要素尽管不创造价值，但参与了社会财富的创造，都对财富的生成作出了贡献。既然各种生产要素对财富创造分别作出了贡献，各种生产要素就要参与财富的分配。

针对各生产要素所占比重是否合理问题，主要应从三个方面加以

---

① 参见马克思：《资本论》第 3 卷，人民出版社 2004 年版，第 931 页。

考虑：一是根据这些要素对生产力发展所产生的作用去考察，二是根据社会主义初级阶段发展生产力的需要去考察，三是根据人民群众的公平感、幸福感加以考察。从第一个方面来讲，生产要素参与分配的比重，要根据这些要素在生产中的地位和作用来准定，如果某个要素处于关键地位，作用也比较大，那么它在分配中的比重就可能大些，反之就可能小些。但是，也要认识到，这些要素作用再大，也不是价值创造的唯一源泉。从第二个方面来讲，社会主义初级阶段的根本任务是大力发展社会主义的生产力，公有制条件下，单一的按劳分配在推动生产力的发展过程中明确地表现出力量不足，由此就要发展多种所有制经济形式，这其中就必然包括属于不同所有者的非劳动生产要素，并且这些要素在早期的生产力发展过程中往往是比较欠缺的。从第三个方面来讲，这涉及如何看待收入差距的问题。合理评价收入差距，首先要认识到，共同富裕不等于平均富裕，分配公平不等于收入的平均，"做大蛋糕"始终是"分配蛋糕"的基础，"不患寡而患不均"的传统思想是必须抛弃的。生产要素参与收入分配的主要目的就是要把"蛋糕"做得更大，缩小收入差距一定是发展基础上的缩小，而不是回到过去"吃大锅饭"的老路上去，它所要求的只是在做大"蛋糕"的基础上把"蛋糕"分得更加合理。但是另一方面，不"吃大锅饭"，并不意味人们的基本生活可以没有保障，并不意味不需要教育平等、医疗平等；而恰恰相反，只有在教育平等、医疗平等、基本生活需要能够得到保障的前提下，反对"吃大锅饭"才具有必要的发展基础和真正的现实意义。

　　各种生产要素在生产力发展过程中产生了作用，就是马克思本人也丝毫没有否定过它们。马克思说："资本一旦合并了形成财富的两个原始要素——劳动力和土地，它便获得了一种扩张的能力"①，这是对资

---

① 《马克思恩格斯全集》第44卷，人民出版社2001年版，第697页。

本要素的一种肯定性评价；"劳动生产力是随着科学和技术的不断进步而不断发展的"①，这是对技术要素的一种肯定性评价；"一切规模较大的直接社会劳动或共同劳动，都或多或少地需要指挥，以协调个人的活动，并执行生产总体的运动"，② 这是对管理要素的一种肯定性评价。既然认可劳动要素在生产中所作的贡献，那么就应当认可按贡献——即按劳动和非劳动要素进行分配的合理性。可见，在社会主义初级阶段，充分肯定非劳动要素的贡献，并且在分配中得到必要体现，既是社会主义初级阶段的实现生产力快速发展的必然要求，也是按照贡献分配收入的正义体现。

市场经济中，生产条件或生产要素在各部门之间的配置和收入的分配，都是通过市场机制实现的。在按照市场机制决定的价格进行的配置再配置过程中，要素所有者往往是以要素价格的形式参与分配。可见，按劳分配与按生产要素分配差异明显：一个以等价交换为基础，一个以等量劳动交换为基础。由于在市场经济条件下，等量劳动交换要通过等价交换来实现，按劳分配需要借助商品交换的价格量来作为衡量劳动者劳动量的尺度。因此，在市场经济条件下的按劳分配，必然借助市场化收入分配形式而实现，按劳分配必然受到按生产要素分配的深度影响。

以上所谈的共创，其实是生产要素的共创，是各种生产要素共同创造社会财富。另外，共创还有一个重要考察维度，就是主体何以"努力"共创，即各种社会成员如何共同拼力去创造社会财富的问题，这其实是谈所有社会成员如何各尽所能的问题。

各尽所能，当然包含一般人所认为的劳动中不偷懒耍滑的问题，这是各尽所能的最低限度。同时，各尽所能的内涵又不止于此，应当还

---

① 《马克思恩格斯全集》第 44 卷，人民出版社 2001 年版，第 698 页。
② 《马克思恩格斯全集》第 44 卷，人民出版社 2001 年版，第 384 页。

包括如何充分挖掘潜力、提高劳动能力，更好发挥自我才智的问题。一方面，这是主体自我为了获取更高的报酬，另一方面这也是人的自我潜能发挥、追求自我实现的重要方式。

那么如何让社会成员各尽所能呢？我们认为至少需要在以下方面作出努力。

一要有基本社会制度的支持。随着人类文明的发展和先进社会制度的建立，广大劳动人民在政治、经济、文化和社会事务等方面越来越取得主导性权利，那些束缚劳动者积极性、窒息劳动者创造精神、摧残劳动者身心健康的枷锁，在很大程度被砸碎了，劳动越来越"不再是奴役人的手段，而成了解放人的手段"[1]。但同时，由于人们的劳动觉悟还没有普遍提高，也由于人们的自利本能，公有制条件下也存在"搭便车"的问题，要合理解决这个问题，必须进行混合所有制改革。混合所有制是我国基本经济制度的重要实现形式，要以完善产权保护制度为基础，积极发展混合所有制经济，推动国企深化改革，并支持非公有制经济健康发展。合理的制度支持是人们愿意积极劳动的制度保障。

二要思想支持。思想的问题，从根本上讲，就是要有正确的世界观、人生观、价值观，从社会主义核心价值观的角度来讲，主要体现为爱岗敬业。这里，进行社会主义劳动价值观的教育，很有必要。通过劳动价值观教育让社会公民充分认识到劳动（当然是广泛的劳动概念）其实具有本源性价值——即劳动是创造物质文明和人类历史的根本动力，认识到劳动是一切社会财富创造的根本性源泉。要让广大公民不仅认识到"劳而获"光荣、"不劳而获"可耻，多劳多得光荣、少劳多得可耻，而且认识到劳动是实现个人成长和自我实现的基本方式，不愿劳动、不爱劳动不仅无益社会，也会阻碍个人的全面发展。总之，要通过劳动价

---

① 《马克思恩格斯选集》第 3 卷，人民出版社 2012 年版，第 681 页。

值观的教育让社会成员充分认识到：劳动是生命价值和存在意义实现的根本途径。

三要有合理分配方式的支持。要想创造出更多更好的劳动成果，要想创造出高劳动生产率，就必须把充分调动广大劳动者的生产积极性放在首要位置，以尽量发挥每一个生产者的最大潜能，而促成这一目标实现的方法，就是实现分配正义，即按照贡献大小进行收入分配。正如马克思所说："最能促进生产的是能使一切社会成员尽可能全面地发展、保持和施展自己能力的那种分配方式。"①

当然，我们今天所讲的共创，不只是局限于创造—享受的经济视野，它其实是一个更加强调人民主体、更加具有社会意义的概念，是指全民各尽所能地为社会创造财富。《中共中央关于构建社会主义和谐社会若干重大问题的决定》提出："我们要构建的社会主义和谐社会，是在中国特色社会主义道路上，中国共产党领导全体人民共同建设、共同享有的和谐社会。"② 这表明，人民群众既是改革发展成果的共同创造者，也是改革发展成果的共同享有者。共同建设是全体人民的公共义务，共同享有是全体人民的共有权利。习近平同志也指出："共享是共建共享，这是就共享的实现途径而言的。共建才能共享，共建的过程也是共享的过程。要充分发扬民主，广泛汇聚民智，最大激发民力，形成人人参与、人人尽力、人人都有成就感的生动局面。"③

共创是共享的资格，这的确是需要强调的一个方面。一些人把共享简单地理解为平均主义，把平均主义又理解为社会主义的本质，他们

① 《马克思恩格斯选集》第 3 卷，人民出版社 1995 年版，第 544—545 页。

② 《中共中央关于构建社会主义和谐社会若干重大问题的决定》，人民出版社 2006 年版，第 5 页。

③ 习近平：《在省部级主要领导干部学习贯彻党的十八届五中全会精神专题研讨班上的讲话》，人民出版社 2016 年版，第 27 页。

认为"别管劳动没劳动、创业没创业、贡献没贡献，社会主义就得让人们衣食无忧"。这种只问享用不问创造、只问收获不问耕耘、只问结果不问原因的认识与做法，必然导致只想懒惰不想勤奋、只想得到不想付出的结果，也必然遏制和萎缩人的主体性、能动性、创造性。

但同时，我们也要在催促人们在共创上下功夫，就是要给人们进行创造、能够创造、形成共创提供更多平等的机会，这就要努力扩大就业。人们想工作、想创业、想奋斗，但社会若没有给他们作出贡献的机会，而分配又特别强调按贡献分配，这就是一个重大的问题。所以，想方设法扩大就业是实现主体共创的必由之路。

共创当然以社会合作为前提。既然是合作，那就意味着，强者不要忘记更不要歧视弱者，而弱者也应当认同基本的按贡献分配原则。首先广大民众特别是强者充分发挥潜力创造出更多的产品来增加整个社会的财富，然后再通过二次分配来增加弱者的财富、提升其生活水平，这是一个必须认同的社会发展顺序。社会合作体系是人们共构共建的，但共构共建的社会合作体系还不是共创社会财富本身，而其共构共建社会合作体系的贡献也不一定平等；同时，即使是共创社会财富，也不意味着创造财富的贡献是平等的，所以基于合作体系而不忘记并努力改善处境较差的人是合理的，但要求平等分配财富则是不合理的。

二、共创才能共享

从共在到共构再到共创，都是为共享寻求一种基本的理由，这其间有这样一些关系值得注意：一是，都是以"共"为基本追寻标志的，无论是共在、共构还是共创，都是以一种"共"的精神本质去连接、通达于共享。共在之共、共构之共、共创之共，是共享之共的某种逻辑前提。二是，从共在到共构再到共创，从"在"到"构"到"创"，表现出越来越接近之所以"享"之根本理由、内在本质的趋向，即越来越接近依据贡献而享的逻辑本质。三是，从财富生成和被享受的发展轨迹来看，财富生成表现为从自然占有到人为占有的过程，财富享受表现为从自然之享到人为之享的发展进程，而这一发展过程的本质，其实是人从受动存在到能动存在发展的必然表现形式。创造是人的本质，只有先共创才能后共享，这一逻辑，其实也是为人的本质续存与表现提供某种制度性保障。四是，表现为从仁爱到正义的发展轨迹。如果说共在与共构某种意义上广泛体现着一种仁爱道德原则——共在主要体现基于某种自然同一性的道德仁爱原则，共构则主要体现基于社会同一性的道德仁爱原则，那么，共创则主要体现的是正义原则，道德仁爱原则非常看重人的社会整体性和人之间的某种抽象同一性，而正义原则还必须尊重现实个体性和人之间的具体差异性。共创，虽然从总体上看，财富是大家共同创造的，却内含着一个"什么东西被什么人创造以及各人创造了多少的具体问题"，它强调各不同个体所创造物的种类、品质、多少的区别性问题。创造是人的创造，是个体活动能力的对象化，个体将其内在的认知能力、实践力量、情感特征、审美情趣、意志品质等，都内化在他所创造的产品中，他所创造的东西是作为外化和延长的思想和手臂，理当属于他自己，他的创造理当与他对产品的享有享用相一致。其实，从消费的角度来讲，从创造到享用的内部结构也内在地构建着人们独特的审美心理。他人虽也可通过交换而在一般的意义上享有享用你所创造的产品，但也许只有你自己才会在消费产品时体味到一种深切地相关着自己生命创造本质的特殊韵味，其内在审美的意义才会更加深厚、生动、深刻地显现出来，这一现象，在手工劳动产品的消费过程中比较明显。所以，那种认为一个人的劳动产品可以无偿占用、劳动产品可以不属于创造主体的观点，既不正义，也是对个体生命基于创造产品而产生的独到价值、独特享受、特殊审美情趣的粗暴否定。

因此，财富共享不能只是简单解释为和停留于"财富应当共同享有享用”的粗放规定上，而应进一步具体化。原因在于：第一，共同一词本身含义较为模糊。"属于大家的"，"彼此都具有的"，"一起行动的"，这些都只是一个笼统的说法；第二，与第一点相关，"共同"的主体没有作出具体的区分，它没有讲清共同体中的不同个体对财富享有享用的具体量的相应规定，即社会财富与具体的个人享有享用之间是个什么具体关系，"共享"一词没法陈述清晰；第三，财富共享属于分配正义的应有之义，而分配正义就是要根据正义原则明晰地落实好不同个体的具体利益，"共享"一词根本没有具体深入到分配正义的灵魂；第四，财富共享之提法如果不加以明晰化、具体化，有可能落入平均主义窠臼。若是这样，那它就与当下的我国市场经济建设，与清晰产权的深化改革等背道而驰了。总之，在现代社会特别是市场经济条件下，如果公平地分配属于个人的财富问题没有清晰地解决好，是无法从根本上解决问题的。所以，财富共享不能停留在财富的一般共同占有享用上，而是一定要具体化为财富的公平占有享用。

共创了才能共享，这是正义的对等原则所要求的，共创了才能共享，是强调共享是有条件的，条件就是要共创。而共创，并不是说创造的财富一样，或在财富创造过程中的贡献是一样的，而是说要在财富创造过程中有一分热、发一分光，强调要发挥自己的潜能、发挥自己的主观能动性，做到各尽所能。而事实上，由于人们的活动能力有差异，活动态度有差异、活动方法有差异，他们在财富生产过程中所作出的贡献必然也有差异，所以，共创的本质不是强调"一样的"创造，而是强调努力地工作，对社会作出应有的贡献。

平等，总是某种意义、某个方面的平等，而不是所有意义、所有方面的平等。平等观念的生成，总是需要某种思维抽象的。就具体的人、人的具体状况而言，人总是被各种差异所浸泡、所缠绕，现实具体的总是有差异的人。所以，如果从人的现实性出发，人总是有差异的存在物。如果更全面一些，将人的同一性也考虑进去，那至少也是差异与同一的统一体。无论是哪一种情况——差异的存在物还是差异与同一的统一体，都得不出人人的贡献都必然一样、人的收入都必然平等的结果。所以，若从人的现实性出发，而不是从人的抽象同一性出发，对应的分配平等观念就不可能生成。

当然，政治的平等完全有别于经济的平等，因为政治平等常常是基于人的抽象同一性本质要求的，这时，它恰恰要反对各种"先天"差异对人的社会地位的直接规定。封建特权的生成，从认识论的角度来看，就是从人的具体的差异性存在出发来认定人的身份，将人看成是具有差异的存在物，从而分为三六九等，并有区别地对待人。封建特权维护者常常认为，区别对待之所以是天经地义的，是因为它所基于的各种差异是天经地义的。但随着社会的不断发展，人们认识到，为了人的平等自由全面发展，有些差异的存在也许需要认同、维护甚至需要发展——比如个体的勤奋与努力，但有些差异却是需要改造甚至消除的——比如仅仅依靠世袭、依靠血缘关系来直接获取社会地位等。封建特权在很大的层面上阻碍人的平等自由全面发展，是必须革除的。所以，一些思想家提出某些平等原则来反对封建特权不仅是很有必要的，而且是必须实现的。

但是，从人的某种思维本性来讲，平等主义抽象地谈论人，其思维的抽象性质不可避免。人的定义本身就具有某种抽象性，它的定义语境，常常是相对于动物而言，即人是区别于动物的存在物，无论是理性的存在物也好，符号的存在物也好，政治的存在物也好，能制造和使用工具的存在物也好，都是强调人具有区别于动物的某种属性，这种区别性属性是人人具有的，正是在这样一个维度上，才可能人人平等。所以，从人的这种类本质规定来看，所有的人，在人类内部，在个人与个人之间、群体与群体之间，无论其间的各种差异多么的多、多么的大，人的类本质规定都是将其完全排除、视而不见的。

这种抽象有其显而易见的局限性，那就是只见同一不见差异。但是，差异并不是你不见它就不在，你不见它就无用，差异是无处无时无刻不存在着，并随时随地发挥着它应有的作用。而且，许多问题特别是人类内部的许多问题，其合理处理，是必须充分关注和考虑这些差异及其作用的，若不关注考虑这些差异及其作用，这些问题就不能合理解决。因此，人类内部一些领域诸多问题的解决，需要充分认识到人与人之间的某种同一性，需要强调人与人之间的某种平等，即基于"都是人"这一抽象命题。但是，并不是所有的领域都得如此，所以，仅仅从这种同一性出发来解决所有的人类问题就会闹出笑话。

人的平等，某种意义上虽然从人区别于动物的某种共同性而来，但它并不主要关注人与动物的关系，而是关注人与人的关系。具体来讲，就是强调人与人之间的某种平等的关系。正因为要强调人与人之间的某种平等关系，所以才去通过寻找人与动物的某种同一性区别来作这种平等的支撑根据。所以，所有有关人的抽象性命题，人权也好、人格也好，人的本质也好，它所面对的问题大都是人类内部的问题，是人与人之间的关系问题，但它选用的工具，却是人与动物相区别的类同一性，这是人类的一种智慧。这种智慧在反对封建等级特权时，很有必要、很有成效，意义重大，但它也不是解决人类一切问题的灵丹妙药。由于平等是以人的抽象同一性为基础的，所以它只能适用于一些相对抽象规定的事项上，比如人格平等、人权平等、参与权平等、选举权平等、机会平等，如此等等。但是，人类内部的问题、人与人之间的关系问题，许多方面是需要考虑、关注人的差异的，无论是需要保护和发展积极的差异还是需要消除的消极差异，我们至少得重视它们的客观存在。特别是一些积极的差异，我们还应当充分尊重它们、保护它们、发扬光大它们。

所以，共创是共享的前提，这里的共创，重心在"创"，在创造，在作为，在贡献，而不在"共"，共而不创是不行的，至少要共而有创。在市场机制的作用下，共创某种意义上其实可以理解为无数个创（个体创造）的总和。共创作为个创的总和，当然有不同个体创多还是创少的区别，这个区别是特别需要尊重的。造成个创这种区别的原因，当然既有主观方面的，也有客观方面的。所以，分析这种个体创造的差异既要从客观方面入手，也要从主观方面入手，但无论原因怎样，大都首先维护一个创少与享少、创多与享多相一致的原则。所以，如果说由客观条件的限制而导致的创少与享少还有些可抱怨的余地的话，那主观不努力而导致的创少与享少，则是无话可说，咎由自取。

三、致富：共创的内在动力

结合当今中国的社会现实，我们认为共创的一个基本前提，就是要充分激活人们的致富激情，激励人们努力地创造财富。

社会虽然是一个合作体系，但这种合作仍然是有差异的个体之间的合作。因此，追求个人财富的不断增加就成为必然。个人利益追求不仅是客观存在的，而且是社会财富生成的内在机理。因此，个体努力创造财富就成为共创共享的一个基础性前提。社会合作体系的生成是一个即成的历史事实，既是市场经济得以存在发展的根据，也是市场经济发展的某种结果。因此，个体只要按照市场原则和法律要求去获利，就是在合法创造财富。

前文已述及，合法创造财富包括两个方面的意思：一是合法，二是致富。合法创造财富的现实合理性及其价值不仅体现在道德建设的奠基上，更体现在经济建设推动上，因为合法创造财富是强调致富、是以致富为目标的，因此，它必将为经济发展输入强大的发展动力。这可从以下方面得到解释。

一是，追求致富、发展经济，是推动社会主义发展的内在要求，以经济建设为中心是我国的长期奋斗目标，它也与我国将长期处于社会主义初级阶段的社会现实是相一致的。1987 年邓小平就指出："搞社会主义，一定要使生产力发达，贫穷不是社会主义。我们坚持社会主义，要建设对资本主义具有优越性的社会主义，首先必须摆脱贫穷。"① 这既是对"文化大革命"中出现的"宁要社会主义的草，不要资本主义的苗"之谬论的批判，又是后来"社会主义的本质，是解放生产力，发展生产力，消灭剥削，消除两极分化，最终达到共同富裕"② 这一论断的直观表述。"贫穷不是社会主义"与"社会主义要富有"已经成为广大人民群众理解、实践社会主义的基本指南。邓小平同志指出："不坚持社会主义，不改革开放，不发展经济，不改善人民生活，只能是死路一条。基本路线要管一百年，动摇不得。"③ 其实，马克思主义经典作家早就提出，要实现美好的共产主义，必须以必要的物质基础为前提，只有当物质财富像泉水一样涌流之时，共产主义才有可能实现。

二是，追求致富与我国社会主义市场经济的现实发展要求相一致。中国在一个很长的时期内照搬了苏联的发展模式——即比较完整的计划经济理论、计划经济思想指导下的苏联经济体制模式。传统计划经济体制，在我国百废待兴、基本建设需要统一规划的社会主义建设初始阶段，因为能够充分快速调动社会资源集中用于关键部门的重大重点项目建设，在推进社会主义工业化发展、推动早期生产力进步方面确实发挥了十分积极的作用。但是，随着我国社会主义初期建设任务的完成，随着中国经济发展规模的不断扩大，计划经济体制的那种决策高度统一、排斥市场灵活调节、只靠行政命令配置资源的弊端日益暴露出来：一方面是权力过于集中，扼制了地方和企业的自主性，限制了它们的活力；

① 《邓小平文选》第三卷，人民出版社 1993 年版，第 225 页。
② 《邓小平文选》第三卷，人民出版社 1993 年版，第 373 页。
③ 《邓小平文选》第三卷，人民出版社 1993 年版，第 370—371 页。

另一方面是职工吃"大锅饭"，企业吃"国家饭"，生产者的积极性被扼制，这两方面势必导致对生产力的严重束缚。要摆脱这种状况，就必须通过改革，从根本上改变束缚生产力发展的计划经济体制，建立起充满生机和活力的市场经济体制。而市场经济之所以有活力，之所以推动生产力的快速发展，从主体活力角度来讲，其本质就在于市场准许个人利益的最大化实现，整个社会财富的积累正是通过每一个人利益的最大化实现而滚雪球式地不断扩大的。因此，致富是个人的愿望，也是市场经济得以运行的机理所在，鼓励致富也必然促进市场经济的快速发展。

三是，追求致富体现人们的常态愿望，它也是推动具体经济发展的日常推动力量。人是物质存在与精神存在的统一，人的精神性存在是不能忽视的，常常被认为是人何以为人的区别于动物存在的标志。从人的存在的基础层次来讲，人首先是物质性存在，物质是精神得以存在的载体，基本的物质需要能够得到满足的条件下，人应当向更高的精神境界发展。但同时，人只有在基本的物质需要得到满足的条件下，才能向更高的精神境界发展。人的物质性存在决定人必有物质性需要，人的物质需要的满足是人之存在的前提。同时，人的物质需要的满足甚或人的基本物质需要的满足还有一个不断从低层次走向高层次的发展过程。因此，追求致富，实现不断发展着的合法地实现基本物质需要的满足是人们现实生活的首要选择和常态愿望，也是人们日常行为的基本动因，它既开发人的潜能，又为着人的幸福，既体现为价值的活动，又体现为活动的价值，它是经济发展最日常、最基础的力量。

正因为合法创造财富是全面实现国家经济社会快速发展的重要力量，因此我们一定要将合法创造财富观念深入地植入国人的心髓，不仅在理论上要进行大力宣传与引导，更要通过具体的实践——通过对违法致富典型的坚决惩处、对合法创造财富典型的大力宣扬，来使合法创造财富成为人们日常生活的基本行为准则、成为一种坚定的人生信仰。

第四章 社会财富共享的基本原则

第一节 社会财富共享的正义原则

一、社会财富共享的公平本质

根据"财富"与"共享"的字面意义，财富共享就往往容易被"直观"地理解为财富的共同享有和享用。但我们认为，从严格的意义上来讲，财富共享仅仅理解为或停留在"共同享有享用"上仍是不够到位的，因为对于具体的享受个体而言，"共同享有享用"并不精准。

在此，我们有必要特别澄清一下经济平等与经济公平的关系。其实，从产品作为人之活动的对象化、从差异性劳动付出与差异性劳动收入占有应当对等——即从财富的正义分配、从经济自身的发展规律角度来讲，经济收入是不能简单地与平等直接联袂的。因为很显然，"并非所有个人对社会财富创造做出的贡献都有相同的价值。他们所创造的财富的质量和数量也是相互区别的"①。

一般来说，经济平等涉含两个"非常不同"的要素，一是经济活

---

① ［德］威尔福莱德·亨氏：《被证明的不平等：社会正义的原则》，倪道钧译，中国社会科学出版社 2008 年版，第 228 页。

动机会、活动规则平等，即经济活动主体拥有同等的活动机会，遵守同样的活动规则。为什么要拥有同等的活动机会、遵守同样的活动规则？这其中其实埋设了一个被认定的基本前提，即不同的主体之间具有某种平等性，或者说活动主体的社会地位和基本权利是平等的，不同主体的这种平等性，通过某种文化认证而要求不同主体参与经济活动的机会应当平等，不同的主体在经济活动中应当遵守同样的活动规则。二是经济活动收入平等或结果平等。这种平等，显然也要从活动主体的社会地位、基本权利平等而来。但问题在于，收入结果根源于活动主体相对抽象的平等的社会地位和平等的基本权利，而不是根据活动本身而来，不根据活动的具体情况、具体效益而来，那么，活动本身、活动中所表现出来的活动效益就与相应的活动收益没有挂上钩，活动的差异性表现在某种个人目标效益追求的意义上就显得没有价值。而如果活动主体的实际收入是根据活动本身而来，即什么样的活动付出对应着什么样的活动收入，那么，活动主体的具体收入在常态的意义上，大都是不平等的——因为仅从主体的角度来讲，活动主体的活动能力、活动态度和活动表现总是存在着差异。活动过程中，活动机会与活动规则的平等，恰恰让主体先天和后天的各种差异得以充分表现出来。所以，过程中的机会和规则平等，恰恰构成了收入结果不平等的实现条件。因此，经济平等如果不区分为机会、原则平等与收入结果平等，而是将其煮于一锅，就往往不能阐明具体的经济平等的内容究竟是指什么[①]，也不能清晰地表明，在经济活动的过程和状态中，同一个平等概念形式所表达的不同的具体内涵。

从经济活动本身、经济自身的发展规律来讲，经济收入的平等几

---

① 也有学者提出经济平等包括权利平等、机会平等、结果平等三个方面，但其结果平等其实不是平等，而是公平。参见靳海山：《经济平等的三重维度》，《伦理学研究》2005 年第 1 期。

乎是不可能的。因此，这种"经济平等"必然要带有更多的"超越经济活动本身规定"的意涵，它实质上不是经济主体的差异性活动的直接结果，而是经济主体的某种平等性、经济主体的社会地位平等和基本权利平等对主体收入的直接规定、直接影响所致。因为人及其活动是有差异的，经济收入作为差异活动和活动差异之对象化，它如何可能平等？对它用一种"更内在的"、公平与否的尺度去考量或许更为恰当。

其实，具体来分析，"平等"一词有两个基本含义：一是指人们在社会、政治、经济、法律等方面享有相等的待遇，二是泛指地位相等①。虽然平等不等于平均，但从一种待遇分配结果来看，平等总是内含着一种以平均、同一、同样结果为核心并指向这一核心的内在"意向"，因为它在本质规定上是反差异、反差等的；而公平作为一种分配原则，其基本含义是指"得其应得"，这个应得之"应"，其实是追寻和要求着"得"的内在根据，即"得其应得"根据于"劳其所劳"，它认同和强调的是贡献与收获的对等，既要求二者质的对等，也要求二者量的对等。要有所获得就要有所贡献，且贡献之大小对应着收获之多少。若是这样，其分配结果，在一般理论的意义上，就既可能是平等的，也可能是差等的。但在现实性上，由于具体的经济收入，作为主体活动的对象化，始终与主体自由自主的差异活动和活动差异内在地联系在一起，所以，经济收入结果有差等乃是一种概率极大的常态，而平等则是一种概率很小的非常态。

尽管收入分配应当"消除因当事人本身不能为之负责的不利的自然条件（例如天生残疾）和社会条件（例如家境贫寒）所造成的不平等"②，尽管应当机会平等、活动规则平等，但自然条件和社会条件方面

---

① 中国社会科学院语言研究所词典编辑室：《现代汉语词典》，商务印书馆 2012 年版，第 1000 页。

② 段忠桥：《何为分配正义？——与姚大志教授商榷》，《哲学研究》2014 年第 7 期。

的所有差异却总是无法完全消除，同时某些差异也不应被消除——比如个人努力程度的差异就不应消除；而机会平等、活动规则平等对于有先在差异的人来说往往也只是一种形式平等，它们常常只是人的既成差异和将成差异得以充分实现的平台。因此，人们的收入有差异几乎是必然的；同时，它也符合差异活动与差异收入相对等的分配正义原则，具有某种应然性①。"关于财产的分配，人们可以实施一种平均制度，但这种制度实施以后短期内就要垮台的，因为财产依赖于勤劳。但是，行不通的东西不应付之实施。其实人们当然是平等的，但他们仅仅作为人，即在他们的占有来源上，是平等的。从这个意义说，每个人必须拥有财产。所以我们如果要谈平等，所谈的应该就是这种平等。但是特殊性的规定，即我占有多少的问题，却不属于这个范围。由此可见，正义要求各人的财产一律平等这种主张是错误的，因为正义所要求的仅仅是各人都应该有财产而已。其实特殊性就是不平等所在之处，在这里，平等倒反是不法了。"② 可见，从经济自身的表现范围——财产依赖于个体勤劳来讲，财富分配或财富占有的本质，应当是公平而不是平等。

基于以上认识，我们认为，财富共享若要阐释得相对具体，就应当包括两层基本含义，即国民对社会物质财富的共同占有享用和公平占有享用。共同占有享用是它的直观"粗放含义"，公平占有享用则是它的内在基质。没有财富的共同占有享用，财富共享仿佛就缺乏一个总体的大致规定和某种必要的"文化认同"情节，而没有财富的公平占有享用，财富共享就常常无法具体有序地落到实处、进而到个人。某种意义上可以这样说，财富共享作为一种共同占有享用，它更偏重于一种号召性提法，是就财富应由民众总体拥有而言，是追求财富的合理分配对于整

---

① 易小明：《对等：正义的内在生成原则》，《社会科学》2006 年第 11 期。

② ［德］黑格尔：《法哲学原理》，范扬、张企泰译，商务印书馆 1961 年版，第 66—67 页。

个社会和谐发展的整体价值，相对抽象一些；公平占有享用则是具体界定、是方法操作、是就财富被不同个体分有而言，是追求财富的合理分配对于经济的持续有效发展的内在支撑价值，相对具体一些。总之，前者是相对粗放的大致说法，后者是相对具体的细致规定；前者是讲财富应当共同占有享用，后者是讲财富如何分别占有享用；前者强调财富总体上大家有份，后者强调总体财富究竟如何具体区分；前者往往基于某种仁爱原则，后者总是基于分配正义原则。所以，财富共享的正义基础，并不是说任何财富共享都是正义的，而是说，财富共享有其内在的正义基础，即财富共享要成为一种合理的、可持续的共享，它在根本的意义上首先应落实为财富"公（平）享"、财富"正（义）享"。

随着科学技术的不断发展和人的活动能力的不断提高，财富共享越来越表现为人们对社会共创财富的共享。由于共创不过是各个体创造的集合，在个体化不断发展，个体存在意识、个体权利个体义务观念、个人财产所有权观念不断澄明的情境下，人们对于财富的常态占有，总是需要具体落实到个人的。因此，仅仅一个抽象的财富共享，对于个体的具体生存而言，仿佛悬于空中，往往"无济于事"。而财富共享要具体化，要落实到每个具体的个体身上，要具体化为不同个体的分享，就得有一个如何去分的问题，就得有分的根据和原则，也就是必须按照分配正义原则去操作、去实现。

有的学者将财富共享直接定义为财富的公平享用。"财富共享是指在财富发展过程中，社会主体对财富的公平享用。"[1] 应当说，这是抓住了财富共享的要领的。但我们认为，财富共享要以财富的公平享用为基础，或者财富的共同享用在很大的层面上或在基本的维度上要具体落实到财富的公平享用上，这没有问题。但财富共享并不直接就只是财富的

---

[1]　陈进华：《财富共享研究述评》，《江海学刊》2007 年第 11 期。

平等享有享用。财富共享还可包括财富的非平等享有享用的维度——比如基于仁爱的慈善施与行为，基于社会和谐目标的扶贫帮困行为，这些都是财富共享的重要方面，只不过它们不能成为财富共享的基础方面或本质方面。

将视野具体锁定在经济领域，或者说按照经济自身的发展要求，财富首先应当公平占有享用，而不能平等占有享用。因此，针对财富占有差异巨大而来的财富共享，并不是要通过消除所有差异来避免或消除财富的差异化占有，而是首先要在合理利用差异、利用合理差异促进社会发展和财富不断积累的基础上，然后再通过合法的方式去合理调解、调节这种过大的差异化占有，即必要的差异因素要合理利用，过大的差异结果要合法调节，这是财富公平占有享用的关键所在。

二、个人所有权：经济公平的基石

其实，财富共享之所以要以公平为基础，是因为财富创造中存在着难以动摇的个人所有权。初看起来，经济公平是人们实现其个人所有权、创造财富从而占有财富的根由，而实质上，个人所有权恰恰是构成经济公平得以产生的最深层的内在根据。

关于财富占有的个人所有权，黑格尔曾有过较为深入的探讨。自在自为的自由意志，是黑格尔法哲学理论体系的逻辑起点，这个没有任何内容的存在形式，黑格尔首先以人的所有权方式来应对它与外在物之间的关系。"人唯有在所有权中才是作为理性而存在的。"[1] 正因为如此，"人有权把他的意志体现在任何物中，因而使该物成为我的东西；人具有这种权利作为他的实体性的目的，因为物在其自身中不具有这种目的，而是从我意志中获得它的规定和灵魂的。这就是人对一切物据为己

---

[1] ［德］黑格尔：《法哲学原理》，范扬、张企泰译，商务印书馆 1961 年版，第 57 页。

有的绝对权利。"① 由于人的所有权往往需要通过占有去实现，占有使人的自由意志现实化，于是黑格尔说："我把某物置于我自己外部力量的支配之下，这样就构成占有。同样，我由于自然需要、冲动和任性而把某物变为我的东西，这一特殊方面就是占有的特殊利益。但是，我作为自由意志在占有中成为我自己的对象，从而我初次成为现实的意志，这一方面则构成占有的真实而合法的因素，即构成所有权的规定。"② 黑格尔这里所说的其实是人对物的一般占有，即人对物的占有是因为人有自由意志而物没有。但是，财产的现实占有，除了"人可以占有物"的一般规定外，还有一个为什么你占有而不是他占有、为什么你占有得多而他占有得少的个体性区别问题，这也是人的一般的自由意志如何转化为现实的个人自由意志，从而实现对物的现实占有的问题。如果一个人没有他所必需的对于物的具体所有权，他的具体的意志实现就没有对象和着落，他的自由意志就是没有现实性的观念的内部空转，就是一种走不出主观规定的自由意志，他也就不可能有真正的现实的意志自由表现。而作为区别于他者的你，之所以能够占有你的对象物，一个根本的原因就在于对象物中包含了你自己所外化出来的"本质力量"，不仅内涉着你的意志，更是内含着你的活动、你的能量，是你使它变成如此，或者说是你使对象物不仅抽象地"人化"，而且具体地"我化"。所以，具体的所有权都是特殊的占有，因为特殊占有中既包含着一般占有的规定性，更内含着个体的个性化本质力量，而这种个体化本质力量的内涵，又构成个体占有的合法性依据。

　　洛克指出，上帝在赐予人类世间万物的同时，还赐予了他们理性，以确保人们能够充分有效地利用万物维持自我生存。他还认为，这些万

---

① ［德］黑格尔：《法哲学原理》，范扬、张企泰译，商务印书馆1961年版，第60页。

② ［德］黑格尔：《法哲学原理》，范扬、张企泰译，商务印书馆1961年版，第54页。

物"既是给人类使用的，那就必然要通过某种拨归私用的方式，然后才能对于某一个人有用处或者有好处"。① 也就是说，每个人在使用某种东西的时候，都得先占有它，以排斥他人对它继续享有任何权利，然后才能自由地使用它。在这种意义上，原本共有的东西就通过个体占有而成为个人的东西，换句话说，将财产从其共有状态转变为私有状态，是人的现实需要获得满足的内在要求。

从共同占有到个人占有的转变，常常是通过劳动来实现的。劳动既是社会财富积累的主要源泉，同时也是个人财富占有的合法依据和基本途径。恩格斯在《反杜林论》中针对杜林强调财产源于暴力的掠夺时提出："但是这种财产是怎样来的呢？无论如何，有一点是清楚的，虽然财产可以由掠夺而得，就是说可以建立在暴力基础上，但是决不是必须如此。它可以通过劳动、偷窃、经商、欺骗等办法取得。无论如何，财产必须先由劳动生产出来，然后才能被掠夺。"② 这就充分阐释了劳动对于财富生成的首要性和关键性价值，个体通过劳动创造个体财富的同时也就创造了社会财富。

但是，个体之所以通过劳动可以创造属于自己的财富，即个体通过劳动来占有对象物之所以有理，其实又是以自我所有权为基础的。

所谓自我所有权，是指每个人都拥有自己的人身、行为和劳动，这种权利具有平等性和排他性。在政治哲学史上，约翰·洛克大概是最早使用"自我所有权"这一概念的人。他认为，"土地和一切低等动物为一切人所共有，但是每人对他自己的人身享有一种所有权，除他以外任何人都没有这种权利"。③ "显然，在洛克看来，个人对于自己人身

---

① [英] 约翰·洛克：《政府论》下篇，叶启芳、瞿菊农译，商务印书馆 1964 年版，第 18 页。

② 《马克思恩格斯选集》第 3 卷，人民出版社 2012 年版，第 541 页。

③ [英] 约翰·洛克：《政府论》下篇，叶启芳、瞿菊农译，商务印书馆 1964 年版，第 19 页。

的所有权是毋庸置疑的基本权利，它具有直觉意义上的自明性。接下来，洛克认为，这一自我所有权也决定了个人对于自己的劳动具有所有权，并引申至个人对于自己的劳动成果具有所有权。"① 这里有一个明显的"逻辑"进程：拥有自己的身体——拥有身体的活动——拥有身体活动的成果。如果说，拥有自己的身体完全可以在主体内部通过某种认定而完成的话，拥有身体的活动则开始涉及外部对象了，因为身体的活动有纯粹的身体活动，即不接触、不作用于对象的单纯的身体自己的活动，比如做广播体操；也有不纯粹的身体活动，即接触、作用于对象的身体活动。此时，身体活动的展开需要外物的参与支持才能完成，比如做各种事情、比如劳动。而拥有身体活动的结果，从万物为它自身而存在的意义上，则有某种"侵占"的意蕴了。虽然，黑格尔说过，有自由意志的人对没有自由意志的物可以占有，但也只是一种可以理解的有趣说法，只是一种解释，这种说法或解释不是唯一的说法和解释，更不是唯一正确的说法和解释，它是不是真理这是可以怀疑和讨论的。今天，至少可以说，这种说法是明显认同理性至上、带有强烈人类中心主义意识的。

洛克指出，劳动将财产的共有状态和私有状态相分离，在给他人留有足够较好资源的条件下，只要被掺进个人劳动，任何处于原初共有状态的东西就都可成为劳动者的私有财产，劳动者便对这一劳动产品享有排他性的私有权利。因为劳动者对自己的人身、行为和劳动拥有所有权，因此那些"掺进"他的劳动的东西便转化为只能归他所有的那种东西，即劳动产品归产品的劳动者所有，不经主体同意，其他人试图再直接占有这一"掺进"别人劳动的东西，便是对他人劳动的占有，是对他人利益的损害，是对他人自我所有权的侵犯，是上帝和自然法都不允许

---

① 李风华：《自我所有权：观点与议题》，《哲学动态》2017 年第 12 期。

的。"取出这一或那一部分，并不取决于一切共有人的明白同意……我的劳动使它们脱离原来所处的共同状态，确定了我对它们的财产权。"①

从占有自己的身体到占有身体的活动，再到占有身体活动的成果或占有某种对象物，具有某种从纯粹主体占有到最后客体占有的逻辑进程，即之所以占有客体，是以占有主体为前提的，因为占有自身，所以占有自身的活动，所以占有自身活动的成果。但问题在于，从单纯的占有自身，是不能完全推出后面的结果的，因为占有自身是一要素的——主体，而占有自身身体的活动——特别是占有自身身体的活动成果则是二要素的——主客体，从一要素占有的合理性，怎么也推不出二要素占有的合理性，从封闭的身体自身推不出身体＋财物。也就是说，不给主体可以占有无自由意志的对象物的权利，依靠单纯的自我身体占有之前提，是不能完全推出后来的占有对象物的。所以，通过劳动、通过在对象物中注入主体的一些因素而证明对象物可以被人们占有的说法，其实只是一种人占有对象物具有合理性的相对"软性"的说法；相对"硬性"的说法，其实就是人可以占有对象物。"软性"说法的成立要以"硬性"说法的成立为前提，因为离开人可以占有对象物之条件，从单纯的人占有自身的身体是不能完全推出人可以占有对象物的。即人之所以可以占有对象物，既因为人因劳动而改变了对象，更因为人可以占有无自由意志的对象物，因劳动而改变了对象而可以占有对象往往是一个"掩物耳目"和掩人耳目的小原因，大原因其实是人的主体性，是人有意志自由而对象物没有，人直接占有无意志的对象物时，人可以自己说了算，对象物没有任何反对意见。

某种意义上，与其说通过劳动可以占有对象物来作为人可以占有

---

① ［英］约翰·洛克：《政府论》下篇，叶启芳、瞿菊农译，商务印书馆 1964 年版，第 20 页。

对象的理论，是给其他非人类生命存在物的一个解释理由，不如说它是给人类自己的一个解释理由，是为了给人类内部不同个体占有对象物时的一个必要区分，是为了给劳动者积极劳动从而积累社会财富予以的必要鼓励。对象物被注入不同个体主体的劳动，一方面看，它是不同个体各自占有对象物的一个合法性理由，另一方面看，它不过是对象物被不同个体合法占有的区别性标志，二者是统于一体的。

自我所有权当然具有它的内在价值。在简单生产世界，"谁创造谁拥有"的劳动所有权是个人所有权和私有财产权得以确立的硬核，它其实内含三个方面主体权利：个人对其人身、行为和劳动拥有的权利，首先是个人拥有其身体的权利，其次是个人自主自由活动的权利，第三是个人对劳动结果拥有的权利，它其实构成了市场经济制度的基础。它的积极意义至少有四点：一是确定世界是有确定性的，即个体可以通过劳动确立自己的生活，进而确立自己与世界以及世界自身存在发展的可靠联系，即劳动者在这些确定的关系上通过劳动能够实现其意志目标；二是创造主体与享受主体的高度一致，确定了某种基本的人—物、人—人秩序，即创造了才能享受、要享受就得创造成为一种坚固的秩序原则，它使消费与生产内在和谐一致；三是为财富创造提供不竭的动力支持，既然个人意志可由劳动实现、财富是由劳动创造出来的，那么财富占有的关键就不在于人的一般意志自由对于物的"抽象拥有"，而在于特殊个体通过劳动而实现的"具体占有"，于是不断发展的个体意志的实现动力就成为财富创造的不竭源泉；四是人在不断的创造过程中，在满足自身需要的同时，又发展和完善自身，实现着人的内在潜力的开发和人的自我实现。劳动在改变对象世界的同时又改变和发展着主体世界。

今天，从现实来讲，排他性的自我所有权，明确确定了各市场主体的活动空间和利益边界：既要利用好自己的自我所有权，又不能伤害他人的自我所有权。只有如此，才能规范各个市场主体的经济行为，建立公平竞争机制，形成市场主体之间平等、自愿、互利的交易关系。我们强调社会财富的公平占有享用，根本要义就在于强调创造主体与享受主体的高度一致。这种公平，之所以要以个人所有权为前提，其硬核所在，其实是要更进一步落实到自我所有权上，自我所有权是个人所有权的坚实基础，个人所有权的合理性坐落在自我所有权的合理性之上。虽然并不是所有的对象物都得个人所有，个人所有权也并非无一缺陷，但是，如果否定个人所有权，则将会产生严重后果：没有个人所有权，个人劳动创造的东西就可以不归个人所有，劳动主体与享受主体就会分离，这不仅不公平，而且必然伤害人们的劳动积极性，大锅饭只能导致共同贫穷的历史事实，是被实践反复证明了的真理。更为重要的是，否定个人所有权，本质上就必然否定自我所有权，否定了自我所有权，那就不是一个简单的后果严重的问题，而是整个世界一片黑暗的问题。试想，如果个人对其人身、行为和劳动不拥有权利，个人不能自由支配其人身、行为、劳动，这难道不是没有一点自由的可怕世界吗？

肯定个人所有权是社会取得不断发展的重要动力之一，个人所有权的本质，就是鼓励个体通过积极活动而从外部自然界不断获得财富。一个国家，若没有对个人所有权的充分认定，人们的劳动积极性就会受到严重打击，这个国家就不可能有快速持续的发展，民族复兴就会成为无源之水、无本之木。2018 年习近平总书记在博鳌亚洲论坛上指出：“加强知识产权保护。这是完善产权保护制度最重要的内容，也是提高中国经济竞争力最大的激励。”[①] 知识产权保护的目的，就是鼓励人们发明创造，就是鼓励人们通过科技发明向自然获取财富，它与肯定个人所有权、鼓励个人通过劳动而向自然获取财富的道理是一样的，因此，知

---

① 习近平：《开放共创繁荣　创新引领未来——在博鳌亚洲论坛 2018 年年会开幕式上的主旨演讲》，人民出版社 2018 年版，第 16 页。

识产权保护，某种意义上就是对个人所有权的一种充分认定。

《中华人民共和国专利法》第 1 条规定："为了保护发明创造专利权，鼓励发明创造，有利于发明创造的推广应用，促进科学技术进步和创新，适应社会主义现代化建设的需要，特制定本法。"知识产权法赋予创新成果的所有者以广泛的权利，创新成果的所有者可以对其所有的创新成果享有独占权、收益权和转让权等多项权利。全球化条件下，人才是全球流动的，所有高端科技人才汇集之地，全为知识产权保护严格之处。而当今国际竞争的核心又是创新的竞争，缺乏知识产权保护或知识产权保护程度不够，就难以留住本国的创新人才，更难以吸引外国的创新主体，而没有创新主体的创新，就容易成为一堆口号，就只能是空中楼阁。

综上可见，一个非常明显的结论就是：国家要富强、人民要富有就需要重视个人所有权的保护。

三、社会财富共享的正义规定

财富共享的基本原则，就是财富共享的公平原则或正义原则，就是差异性正义原则与同一性正义原则。社会财富公平占有的实质，也就是社会财富的正义分配，此语境中，公平与正义是高度一致的，公平即是正义，正义即是公平。正义的本质是"应得"，个体收入的"应得"是与个体的活动付出相对应的，而个体所付出的，因为是你自己的体力与脑力，所以那个被你自己体力与脑力所改变、所造就的劳动产品才可以属于你自己。在没有社会分工之前，是谁生产谁获得，在社会分工之后则转变为谁贡献谁获取。总之，分配正义是以承认自我所有权、个人所有权为基础的，正是在这个意义上，我们才认为所有权是分配正义的基础，财富共享的本质只能是公平而不是平等。那么，如何具体实现财富共享的公平本质，即如何实现财富的分配正义呢？我们认为，就是根

据分配正义的两个基本原则——差异性正义原则与同一性正义原则进行
财富分配。

所谓差异性分配正义原则，关注的是不同的人因某些被认可的差异而得到不同的对待；所谓同一性分配正义原则，则关注人们因某些被认可的同一而得到相同的对待。尽管差异性原则与同一性原则的差异很大，前者据于人及其活动的差异性，后者据于人及其活动的同一性，但是作为分配正义的两大基本原则，二者又是相互渗透、相互依存的。所以，当我们进行某种差等对待时，其实内含着对某些同一的认同，而当我们进行某种同等对待时，又不得不关注甚至尊重某些差异的实存。①

由于人与人之间的某些同一性和某些差异性，都具有存在的合理性，或都被相应的文化所认可，因此，分配作为"人的"分配，一定既关涉人的差异性又关涉人的同一性，分配正义作为"人的"分配正义，一定是差异性正义原则与同一性正义原则的综合运用。研究分配正义的思想家，若认为只有"一个"正义原则，或只承认"一个"正义原则，要么是同一性正义原则，要么是差异性正义原则，并企图用这"一个"原则去贯穿人们所有的生活方面，这注定是行不通的。只认同同一性正义原则，由于没有给人的合理的差异性存在及表现留有必要的表现余地，必然具有片面性，必然遭到差异性正义原则的反对；同样，只认同差异性正义原则，由于没有给人的合理的同一性存在及表现留有必要余地，也必然具有片面性，必然遭到同一性正义原则的反对。

正确处理同一性与差异性原则，具有重要意义。对同一性与差异性的认识，有以下三类。第一类，非此即彼的对抗性思维方式。一种是为了平等人权而放弃自由市场，另一种是为了自由市场而放弃人权平等。这两种方式其实都是认为要用一个原则来贯穿人们的所有生活领域，而

---

① 易小明：《分配正义的两个基本原则》，《中国社会科学》2015 年第 3 期。

这种认识是大有问题的。第二类，知道两种东西有不同的适用领域，这比只用一个原则来规定人们的生活的第一类思维要好。但认为人权平等只能是抽象的政治上的，不能用到经济领域，人权只能形式上的平等，不是实质平等，这也是有问题的。只有第三类，即知道差异性正义原则与同一性正义原则是两个有相对分工的原则，有不同的主要适用领域，同时又知道这两个原则有交互作用，有交集、有相互渗透功能，两个原则不能完全越位，更不能错位，比如将差异性正义原则适用到政治的人权平等方面，将同一性正义原则适用到经济方面，就会出现严重问题，就会导致人权差等和经济平均主义。但二者又有相互影响，原因在于"人的"正义分配是两个原则的统一体。所以，经济的必然差异又会与人为的必要的政治平等相互影响，不仅过程中有对于平等的机会的追求和平等规则的遵守，而且对分配结果也有平等维度的必要渗入，于是就有经济分配结果的相对平等观，而政治的基本人权人格平等中，又必有经济差异影响的影子。不仅有个人各方面差异对于其政治生活的影响，也有经济差异对于政治生活的必然干预。

当今一些主要正义理论家的相互争论，在一个关键点上，其实是片面强调差异性原则与片面强调同一性原则、过度强调差异性原则与过度强调同一性原则之争，罗尔斯的公平的正义论，虽然想调和平等与自由的冲突，但他与诺齐克的资格正义论的争论在很大的意义上仍然可以转释为差异性正义与同一性正义如何协同的"原则内部"之争。

在某种意义上可以说，当代关于正义问题争论的两个主角，当属美国的罗尔斯与诺齐克。罗尔斯认为，正义是社会制度的首要价值，且正义意味着平等。在罗尔斯看来，西方社会自由问题已基本解决，现在要关注的是不平等问题。他指出，所有的社会基本善都应该被平等地分配，除非某些不平等分配有利于"最少受惠者"。诺齐克虽赞同罗尔斯所主张的正义是社会制度的首要价值这一观点，但他主张正义在于权利，而权利神圣不可侵犯。诺齐克同情社会不平等给人们带来的不幸，但他认为，不平等并不等于不正义，而且平等也并不意味着就是正义的。诺齐克批评罗尔斯为解决平等而主张更多功能国家，在诺齐克看来任何形式的再分配都意味着是对个人权利的侵犯，认为最好的国家就是管事最少的国家。实质上罗尔斯与诺齐克争论的焦点是自由与平等问题，罗尔斯倾向于平等，诺齐克主张自由至上。这使两个学者的正义理论处于尖锐的对立中。

我们先看看罗尔斯的正义理论。罗尔斯教授倾尽毕生心血关注现代社会的公平正义问题。自 20 世纪 60 年代以来，美国社会现实可以用内忧外患来概括，外有朝鲜战争、古巴导弹危机、越南战争。内有麦卡锡掀起的反共浪潮以及此起彼伏、如火如荼的争取民权运动，黑人抗暴斗争，校园学生运动，环保运动，贫困问题等。基于美国社会现实问题，罗尔斯认为当时西方社会主要面临的问题，是如何处理分配公正的问题，而在处理分配公正问题时所要牵涉的是，社会所有成员应该根据什么原则来分配自由、权利、财富、义务等。所有这些问题实质上都是规范伦理学的问题，关于这个问题，在当时西方社会占统治地位的有"功利主义"和"契约论"，尤以功利主义最盛行。功利主义主张实现效用最大化，即追求人们最大化幸福，但它忽视了个体的差异性。鉴于此，罗尔斯认为我们必须重新建构另外一个道德体系来弥补功利主义的不足，由此提出了正义两原则。

正义的第一个原则，"每个人对与其他人所拥有的最广泛的基本自由体系相容的类似自由体系都应有一种平等的权利"。[①] 简单地说是平等的自由原则。基本意思是，每个人不论出生如何、地位如何、天赋如

---

① ［美］约翰·罗尔斯：《正义论》，何怀宏、何宝钢、廖申白译，中国社会科学出版社 1988 年版，第 60—61 页。

何，在一国都具有平等的、自由的公民主体权利。罗尔斯认为，正义第一原则是人们的基本自由权利，这是必须予以保证的基本权利，否则所有的问题都不能继续。在其《正义论》一书中，罗尔斯运用词典式次序说明了第一个原则的优先性问题。

正义的第二个原则，包含两个层面的意思：一是机会均等原则，即罗尔斯所说的"地位和职务向所有人开放"；二是差别原则，即罗尔斯所说的"社会的和经济的不平等应这样安排，使它们（1）被合理的期望适合于每一个人的利益，并且（2）依于地位和职务向所有人开放"①。罗尔斯认为正义第二个原则要解决的是社会基本有用品如何分配的问题，过去传统式契约论下按功利主义思维模式建立起来的关于社会正义基石，远远不像我们想象的公平、美好。功利主义的思维方式是，追求最大化幸福原则。那么如何扩大幸福总量？功利主义者思考的是尽量把社会这块蛋糕做大，只有这样才能让每个社会成员都能分享到一块蛋糕。但罗尔斯并不这样认为，一是我们社会资源有限，我们所拥有的资源总量还达不到按需分配。二是我们缺少正义原则的指导，即使如功利主义者所言，把社会蛋糕做到尽量大，如果这个社会缺乏公平正义，也不能担保社会中每个成员都能得到一块蛋糕。同时，有些人即使能分到一块蛋糕，可能比起别人或以前那块要小。相反，有些人却得到了比他需要的多的量。因此，在罗尔斯看来，一个社会在关于如何制造蛋糕的问题解决后，接下来，问题的关键是如何分配的问题。关于如何分配问题，从罗尔斯正义第二原则看来，至少涉及两个方面：一是由于工作和职务不同所带来的在社会和经济上的不平等，是应该基于什么原则分配的问题；二是人们应该有什么样的机会去获得这些工作和职位的问

---

① ［美］约翰·罗尔斯：《正义论》，何怀宏、何宝钢、廖申白译，中国社会科学出版社 1988 年版，第 61 页。

题。罗尔斯第二个正义原则回答了这两方面的问题，差别原则指出，由工作和职务不同所带来的社会和经济上的不平等如果能够被接受，则它们必须有利于最少受惠者利益的提高。机会均等原则指出，大家都应该有均等的机会去获得这些职位和工作。

其次，我们看看诺齐克的正义理论。激进自由主义者诺齐克主张自由至上的正义理论。诺齐克从权利的角度论证了最弱意义国家存在的道德合理性，在诺齐克看来，以分配正义的名义主张扩大政府功能是站不住脚的，任何实行国家的再一次分配是国家对个人权利的侵犯。诺齐克认为，"分配"一词本就不是一个中性词，它意味着国家的集中分配。所以诺齐克选择了"持有"一词代替分配，在他看来，只要对财富的占有、获取是正义的，转让是正义的，那么个人对他持有的财富就拥有权利，即使以国家名义也不能侵犯。他批评罗尔斯主张更多功能的国家，过分强调平等，实行模式化分配。因此，诺齐克在批评罗尔斯正义理论中形成了自己的正义原则。

1. 一个人依据获取的正义原则获取了一个持有物，这个人对这个持有物是有资格的。

2. 一个人依据转让的正义原则从另外一个有资格拥有该持有物的人那里获取了一个持有物，这个人对这个持有物是有资格的。

3. 除非通过 1 和 2 的（重复）应用，否则任何人对一个持有物都是没有资格的。[①]

显然，诺齐克正义理论是向前看的。在诺齐克看来，社会不平等是一种不幸，但是财产权的不平等符合历史原则和顺乎自然事实，如果违反这一事实，人为地想改变这一事实，都会造成更大的不平等。所

---

① 参见［美］罗伯特·诺齐克：《无政府、国家和乌托邦》，姚大志译，中国社会科学出版社 2008 年版，第 181 页。

以，诺齐克认为只要一个人符合获取正义原则，那么这个人对这个持有物拥有权利。任何个人、政府都不能干涉，否则就是对个人权利的侵犯。诺齐克从三个方面论证了持有的正义，一是获取的正义原则，即对无主物的最初获取是正义的；二是转让的正义原则，即持有物从一个人转到另外一个人那里是正义的；三是矫正的正义原则，如果一个人对最初持有不是正义的，转让不是正义的，那么就需要矫正。在诺齐克看来，一个人对他的持有符合以上三原则，那么他对其持有物就有权利，其持有就是合乎正义的，任何个人、政府都不能干涉。

罗尔斯与诺齐克之争中，一定意义上可以理解为自由与平等或自由原则与平等原则之争，但这种争论都是在自由主义阵营内部发生的。

布莱恩·麦基曾将德沃金、罗尔斯和诺齐克都视作为自由民主制度辩护的三大思想家。德沃金在与麦基谈到自己的工作同罗尔斯、诺齐克所做的工作有什么关联性时曾说："在某种意义上，我们都是在同一条路上行进着，如果你接受我早些时候提出的自由主义的表现特征，即自由主义是一种使得正义的内容独立于任何有关人类美德和优点的理论的理论，那么，我们都在以不同的方式尝试去界定和捍卫如此表达的自由主义的结果。""我说过我们行进在同一条路上，但是我想说明一下，我们各自的理论又有很大的不同。我的意思是，我们每个人都提出了自己的自由主义概念，即根据基本自由的观念提出了公正必须独立于人的优越或好的生活的概念。"① 这意思是说，尽管他们的自由思想有所差异，但这种差异只是自由主义内部的差异，他们毕竟都是同一个自由主义战壕中的战友。

在自由主义的队列中，罗尔斯与诺齐克不仅表现出对自由理解的

---

① 《哲学与政治：牛津大学法学教授罗纳德·德沃金》，载［英］布莱恩·麦基编：《思想家：与十五位杰出哲学家的对话》，生活·读书·新知三联书店 2004 年版，第317 页。

一些差异，也表现出对自由与平等的关系理解的差异，以及对自由与平等在正义中的不同偏重的差异，即罗尔斯非常强调正义中平等的重要性，而诺齐克则更加强调正义中自由的重要性。罗尔斯认为正义意味着平等，在他看来，所有的社会基本善都应该被平等的分配，除非某些不平等的分配有利于最少受惠者。诺齐克对此提出了批评。诺齐克同意罗尔斯认为正义具有社会首要性的提法，但他并不认为正义就意味着平等，任何个人、集体、国家所带来的通过再分配实现的平等都是对个人权利的侵犯，而权利是神圣不可侵犯的。诺齐克承认不平等是一种不幸，但这种不平等是必然的，不允许被主观任意地加以改变。因此，他反对对已造成的事实不平等进行过多的人为干扰，对此他有三个理由：一是认为不平等是不可解决的，任何欲促使平等的分配都将导致不平等。二是认为不平等并不直接意味着不公正，同样，平等也并不是在任何情况下都是公正的。三是反对人们对不平等进行纠正，他认为纠正不平等得不到合理的证明。

他们所讨论问题的关键，可从关于天赋差异是否应当进入分配领域中得到说明。罗尔斯认为"天赋"具有偶然性和任意性，在道德上是不应得的，不应该直接进入分配领域，否则，会造成对天赋不好者的伤害。直接后果是因天赋的差别造成经济上的不平等，而经济上的不平等又会扩展到政治领域，最终可能会因经济上的差别引起政治上的不平等。罗尔斯认为，如果不对人们在经济领域中的活动结果进行调整而任由发展，就不仅必然造成人们经济收入的巨大差异，而且也必然造成人们政治生活与其他方面的不平等，而这种不平等在他的平等的正义观看来就是不正义的，认为它显然不利于一个正义社会的建成。因此，他主张更多功能的国家行为，要求实行国家的再分配，从而改变经济上和政治上的不平等现象。可是，诺齐克并不赞同政府干涉分配的做法，他认为更多功能的国家会侵犯到个人权利。因为，在诺齐克看来，天赋属于个人所有，我们找不到任何有说服力的论据来证明由天赋差别所产生的不平等应当排除或尽量缩小。人们发挥自己的聪明才智赚到更多的钱，没有理由要拿出部分分给其他人。且任何个人和政府都没有权利去强制一个人为了别人而在经济上作出让步，如果做了，就是对个人权利的侵犯。任何模式化的分配，都是对自由的最大伤害。①

显而易见，这种自由至上的正义理论，实质上强调的是个体通过自由活动而形成差异并可能放大这种差异，它必然导致经济的不平等。如果对经济上造成的不平等不闻不问，那么政治上的平等必然也会受到伤害。因为，经济对于政治的影响是显而易见的，而政治上的不平等又反过来可能会造成经济上更大的不平等。如此发展，平等将永远不见天日。但是，如果要实现经济的平等，就必须通过国家行为进行再分配，而这又必将导致对个人自由的侵害。看来，自由与平等在正义中的矛盾，难有缓和的余地。

我们认为，至少可以从以下几个方面理解自由与平等及其关系。

第一，平等是否只能在自由主义的基础上进行阐释？在罗尔斯与诺齐克现有的认知—价值体系中，自由与平等的矛盾是难以解决的。罗尔斯是在自由主义的体系内提出论证平等问题，因此，他的平等其实是受到自由限定的平等，在起点上它就已经低于自由的地位，因此，无论他如何论证，它都将被彻底的自由主义精神所击败。我们只有将平等从自由体系中提升上来，作为人类的与自由相并列的基本价值时，平等的合法性才可能从另一个角度、另一个领域得到证明。自由主义基础上的平等不仅难以证成，而且"寄人篱下"也难以顺利实现。

第二，平等与自由是否一定要一方统一另一方？或一方要完全排

---

① 在诺齐克看来，以往的分配原则大都是模式化的，即按照一个人的道德、需要、成就、努力程度或这些权重的总和来进行分配。他认为，这些分配原则看似正义的，而实际上则是对人的自由权利的伤害。

除另一方？我们认为，自由与平等都是人类存在的基本价值，二者可以并列存在，并不一定得一方统一另一方，这就像差异与同一的关系，并不一定得用差异统一同一或用同一统一差异，因为在一般存在的意义上，二者地位并列，谁也统一不了谁。同时，自由与平等又是相互交融着的，都不能以一方的绝对化来消解另一方，绝对的自由必然伤害平等，绝对的平等也必然伤害自由，只有在将平等理解为内含着自由的平等、自由理解为内含着平等的自由时，二者之间才可能有和解的余地，过于强调自由与过于强调平等都必然导致二者的矛盾与理论的偏颇。

第三，从人的存在属性来看，平等与自由的关系一定程度上可以转释为类性与个性或同一性与差异性之间的关系。人们为什么要平等？就是因为人作为人，它是一种类存在，是一种具有共同的类本质属性的存在物，离开了人的类存在共同性，平等也就失去了它的内在基础。而自由则体现人之存在的个体性、差异性，自由是个体存在的本质规定，也是差异表现的主体条件，个体虽有类性的统一规定，但它们却又总得表现自身个体的特殊性，总是寻求与其他个体的与众不同。可见，自由与平等的矛盾，其实也总是表现为人之存在的类性与个性、共同性与差异性的矛盾，其本质，就是人的存在的普遍性与特殊性的矛盾。

既然我们认为自由与平等是两种并列的价值，并从根本上体现着人存在的差异性与同一性，那么我们何不反过来从差异性与同一性的角度来理解和规定正义，从而提出差异性正义原则与同一性正义原则呢？

如前所述，同一性正义原则，其基本含义是指根据人的某种被认可的同一性而得到同等对待，差异性正义原则其基本含义则是指根据人的某种被认可的差异而得到不同的对待。我们认为，科学合理地分配正义原则，应当把差异性正义原则与同一性正义原则协同起来，用这两个正义原则来共同规范现实的社会分配。

从两个正义原则的发展进程来看，差异性正义原则与同一性正义原则的协同表现为一个动态的历史过程。这个动态过程需要结合社会现实来选择相应的正义原则，两种正义在历史过程中达成动态平衡。例如，社会过分强调平等时，社会发展犹如一潭死水，毫无生机，此时我们应该融入差异性正义原则来激活社会发展活力。但是也不能一味地只强调差异性正义原则，如果社会太过注重效率而忽视平等时，就必然产生财富占有差异巨大，势必造成对弱者的伤害，此时，就需要强调同一性正义的指导意义。显然，同一性正义原则与差异性正义原则的动态过程性，并不一定得一者强一者弱，它们的最佳状态就是相互支持、相互补充，这种最佳状态实现得如何当然要根据现实情况而定。

从两个正义原则的渗透领域来看，同一性正义原则与差异性正义原则协同也表现在不同的社会领域。比如在政治领域，特别是在关涉公民基本权利的范围，很多人都认为应当实现同一性正义原则——平等原则。而差异性正义原则则主要适用于经济领域，只要我们实行劳动获得相对应的按劳分配原则，就必然使人的各种差异表现出来，必然导致经济的不平等。事实上，差异性正义原则也会渗透到同一性正义分配中，同一性正义原则有时又会渗透到差异性正义分配中，至于此时此境用同一性正义原则或彼时彼境用差异性正义原则，或两者交互用之，关键在于我们要把握好两个正义原则与现实情境的合理切合。

总体来看，同一性正义原则与差异性正义原则相互依存、相互作用、相互规范、相互推进。一个正义的社会（良序社会）不能只关注同一性正义或只关注差异性正义原则，而是要兼而顾之，是同一性正义原则优先兼顾差异性正义原则或差异性正义原则优先兼顾同一性正义原则，这得根据不同的现实状况而定。

基于两个正义原则的协同并存之立场，我们可以明见罗尔斯与诺齐克正义理论的各自不足。

首先，分析一下罗尔斯正义理论的不足。罗尔斯与诺齐克同出于自由主义学派，罗尔斯是对西方自由主义的修复而不是颠覆，对平等的过分强调，并不是以牺牲自由为前提，对平等的关注也是在自由这个大前提下通过"最少受惠者"这个阶层以国家再分配的形式达到的。如果简单地认为在罗尔斯那里只有平等或把平等与自由分离开来谈，就没有真正理解罗尔斯的正义理论。尽管如此，但罗尔斯对平等的过分关注，仍然是其正义理论难以完满的主要原因。这主要表现有两个方面：一是罗尔斯没有注意到正义应当包括同一性正义与差异性正义。二是在自由主义的语境下罗尔斯对平等的强调有些过头。罗尔斯其实是偏重于同一性正义的，他虽注意到在解决经济领域的不平等时差异存在的合理性，但他并没有将这种差异上升到可以同同一性正义原则相并列的差异性正义原则的高度，而是最后还是用同一性正义原则统筹了差异性正义原则，两种平级的正义是无法用其中的一个统筹另一个的。另外，如前所述，在自由主义的基础上，要过分强调同一与平等，逻辑上必然出现漏洞。

　　尽管罗尔斯并不自觉，但其正义理论中其实已经体现了同一性正义原则与差异性正义原则的某种"纠缠性"的协同。罗尔斯正义的第一个原则，其实是谈平等的自由，其中已经涉及自由与平等的相互影响，而第二个原则虽讲到差别的允许，但其具体内容，即期望符合每个人的利益和地位与职务向所有人开放却又表现着平等的诉求，但是由于他不清楚自由与平等——即差异性正义原则与同一性正义原则是正义的两个并列的基本原则，因此他只知道二者相关，却没有弄清二者之间的内在联系。

　　罗尔斯想在自由主义的基础上以同一统筹人的差异，这是困难的，既不符合社会现实，也不是我们追求的正义原则。我们认为同一性正义原则与差异性正义原则是两个并列的正义原则，它们在不同的领域、不同的时期各有侧重，有的领域以同一性正义原则为主，差异性正义原则辅之。有的领域以差异性正义原则为主，同一性正义原则辅之。在这一历史时期，可能需要以同一性正义原则为主导，而在那一时期又可能需要以差异性正义原则为主导。

其次，我们分析一下诺齐克正义理论的不足。诺齐克是一个自由激进主义者，他在强调自由时，虽有关注平等，但他过分强调人的差异性。富有天下与一贫如洗，在他看来只要以自己的聪明才智合法所得，就无可非议。差异性正义原则其实在诺齐克主张自由至上的正义理论中已经体现出来，其正义理论的根本性失误就是以人的差异性统筹同一性，忽略同一性对差异性的合理调节。人与人之间是有同一性的，它必然对差异性产生影响，完全忽视这种影响就必然陷入片面。事实上，差别的生成也是不能离开同一、离开平等的支持，从过程条件与结果的角度来看，正是过程条件的平等才提供了结果差异的合理性，才为持有正义提供合理内核。诺齐克认为只要一个人对他所获得的收入或拥有的财产有权利，那么他对他的收入或财产的持有就是正义的，国家无权进行二次分配。由此看来，诺齐克在经济领域特别是在对社会财富的获取和分配方面，注重过程条件上的平等性。显然，由于人的天赋和社会文化条件不同，过程的平等必然造成结果的不平等。在诺齐克看来，结果不平等的存在合情合理，没有理由要去纠正这种不平等。但是，过程条件的平等既然能够成为持有正义的合理内核，那这种平等性为何就不能延伸到结果的分配中来？自由的活动需要平等的支持，而自由活动的结果却不准平等靠近，将导致必须依赖于平等的自由硬要弄成完全独立的自由。

也许很多人认为，强调自由与差异，有利于社会的高效发展。可是，人是差异性与同一性的统一，只强调人的差异性，就好像社会只关注社会成员的差别。如果我们只记住社会成员的差别，那我们每个人可能会像刺猬一样，只要靠近就会伤害到对方，这样我们在社会中很难合作。如果没有社会成员的合作，经济也不能很好地发展。

　　如前所述，虽然正义原则包括同一性正义原则与差异性正义原则，但这两个原则并不是单一适用于所有问题，更不是面对所有问题，两个原则都半斤八两、旗鼓相当，而是两个正义原则有相对的适用领域，有相对分工。一般来说，相对于人的某种抽象性认同，以及基于这种抽象认同的收入、机会、资源分配，往往更加适用同一性正义原则；相对于人的某种具体性认同，以及基于这种具体认同的收入、机会、资源分配，往往更加适用差异性正义原则。

　　社会财富的分配适用差异性正义原则，应当受差异性正义原则的支配、指导和影响。也就是说，社会财富的分配，应当按照多贡献多得、少贡献少得、不贡献不得的原则进行分配。因为只有让人的差异能力、差异贡献直接对应到分配结果上来，才能让人感觉公平，才能使人感觉踏实，也才能激发人们的活动积极性，从而为社会创造更多的财富。但是，如此一来的后果，必然是收入差距的不断扩大。事实上，由于人的差异及人的自由能动表现，人们完全可能通过某种工具性杠杆扩大这种劳动付出差异或社会贡献差异，若实行按劳分配或按贡献分配，财富占有差异巨大也就不可避免。但诺齐克就认为，一个人在其财富获取过程中，只要符合持有和转让的正义原则，他与其他者收入差异就是再大也无可厚非，原因在于机会是均等的、竞争是公平的、方式是合法的，这种条件下生成的收入差异，就不应引起怨恨。所以诺齐克说："个人拥有权利。有些事情是任何他人和团体都不能对他们做的，做了就会侵犯到他们的权利。这些权利如此强有力和广泛，以致引出了国家及其官员能做些什么事情的问题（如果能做些事情的话）。"① 所以，从自由经济的自身规律来讲，经济收入的不平等也算不上什么过错。

① ［美］罗伯特·诺齐克：《无政府、国家与乌托邦》，何怀宏等译，中国社会科学出版社1991版，第1页。

　　按照马克思主义唯物史观的理解，经济基础决定上层建筑。所以，在现实性上，经济财富占有差异巨大的条件下，政治上的人权、人格平等的实现也总是困难重重。正是在这个意义上，马克思对资本主义财富占有差异巨大状况中所谓的人权人格平等总是嗤之以鼻。他说："在现存的资产阶级社会总体上，商品表现为价格以及商品的流通等等，只是表面的过程，而在这一过程的背后，在深处，进行完全是不同的另一些过程，在这些过程中个人之间表面上的平等和自由就消逝了。"① 并进而认为，"'正义'、'人道'、'自由'等等可以一千次地提出这种或那种要求，但是，如果某种事情无法实现，那它实际上就不会发生，因此无论如何它只能是一种'虚无缥缈的幻想'"②。所以，他认为离开历史进程、离开经济基础特别是具体经济发展条件去实现一些理想价值是相当困难——甚至是不可能的，因此，经济的不平等往往是构成人的所有其他方面不平等的一个基础。

　　但另一方面，认为政治平等完全依赖于——甚至是"出于"经济平等，并不断努力去追求经济的完全平等，却又走到了事情的反面。由于平等是基于人的某种同一性的合理要求，而人之同一性的"提炼"生成，总要通过抽象、通过去掉人的许多具体差异而实现，因此，同一性以及基于这种同一性的平等必然是相对抽象的。而政治方面的许多规定又都是基于人的同一性规定，所以同一性正义原则总是在政治领域有较充分的表现。政治正义往往以忽略人的无数差异为基础，经济正义却必须以承认人的许多差异为前提。故而，政治平等完全根据于、依赖于经济平等的说法，其实是把人的政治生活与经济生活的相关性，把经济对政治的现实影响，理解成了经济向政治的直接推移，甚至理解成了经济

---

① 《马克思恩格斯全集》第46卷（上），人民出版社1979年版，第200页。
② 《马克思恩格斯全集》第6卷，人民出版社1961年版，第325页。

就是政治本身、就是人的全部生活，这其实是一种误解。比如，人权并不来源于经济，人权平等也不是基于经济平等，尽管经济平等为人权平等的实现提供着某种现实影响力，但人们经济状况的差异性影响，在规定人权的生成缘由时恰恰是需要排除的。所以，无论是穷人还是富人，其人权都是平等的。事实上，人权平等的提出既不基于经济平等，更不出于经济平等，反过来，它却是促成经济平等的一个重要"外部"致因。所以，经济平等既不是产生人权平等的内在原则，也不是实现人权平等的唯一根据，经济平等只是人权平等实现的一个重要表现方面，即它为人权平等的全面实现提供着必要的经济支持。因此，我们实现人权平等的一个重要努力方向，也许并不只是通过实现经济平等而达到，还要强化"人作为人而存在"的平等观念，并通过社会文化制度将这一观念不断向现实实践落实，即人权平等实现的一个重要机理是人权平等观念的文化制度化和社会现实化。通过人权平等来促进经济平等，这是一种以普遍抽象的同一性力量去引领和规范具体差异的现实作法，体现了社会文化道德原则对经济必然原则的合理抗击与必要改善。所以，要实现经济平等的一个重要方面就是要广泛宣传和积极内化"人权平等"，使人权平等成为一种普遍共识，共识力量越强大，其向经济的渗透、对经济差异的规范就越自觉、越有力，经济的平等化倾向就可能因此而不断提高。

差异性正义原则基于人的某些差异的合理存在，它是不能被任意消除的。黑格尔认为，导致不平等的因素主要包括歧视、阶级、才能、努力这四个方面。显而易见，这四个方面除了歧视具有严重的不道德性，而阶级带来的主要是生活起点的不公平。才能，特别是个人努力造成的不平等应当得到必要的肯定。而如果硬要强行实现平等，即就必然通过对于个人突出才能和不凡努力的限制，从每个人具有平等的社会地位来看，这种限制一部分而不限制另一部分人的做法，自身就违背了平等原则，即这种平等必然是通过不平等的方式实现的。平等常常基于对人的一种抽象认识，人一旦具体化，许多的差异就自然呈现出来，其中的一些差异若被认可，并根据它进行人际对待，就必然产生合理的差等对待。经济活动是人的一种非常具体的活动，经济收获是人的具体差异活动的对象化，所以，经济领域必然更本质地体现差异性正义原则。人的活动是有差异的，差异的活动应当且必须对应到差异的结果上来。生产资料公有制，常常作为一种具体平等的实现机制，它其实只是"对明显的社会不平等，对富人和穷人之间、主人和奴隶之间、骄奢淫逸者和饥饿者之间的对立的自发反应"①，反对极端不平等并不意味要建构极端的平等，而是要建构一个相对合理的平等。更为重要的是，生产资料占有的不平等虽然理所当然地会导致分配收入结果的不平等，但生产资料不平等占有的主要针对对象，还不是分配结果的不平等，而是生产起点的不公平。因此，生产资料公有制虽为经济结果倾向平等提供着某种制度保障，但其最根本的价值指向应当是起点的公平而不是结果的平等。

现实的经济平等要求，往往是政治平等对经济产生的"外部"规范，而不是经济自身发展的内在要求。在某种意义上，作为更加进步的社会主义进程，本质上应当是一个提倡经济公平、政治平等，并通过政治平等促进经济相对平等的进程。改革开放后的社会主义平等，其实是在保证了"谁创造谁拥有"的自我所有权和个人所有权不动摇的前提下进行的，从而是一种保证了个人有更多活动、财富有更多活水、社会有更多活力的积极稳定的发展状态，其平等的内质结构，是在保证了经济内部公平自由基础上而允许必要差异存在的平等。所以，即使今天出现了人们基本生活保障制度，甚至产生了规定人们基本生活水平完全平等

---

① 《马克思恩格斯文集》第 9 卷，人民出版社 2009 年版，第 112 页。

的制度①，但这种平等制度的设立也不是从经济内部升腾出来，它也没有改变差异付出应与差异收入相对应的基本经济活动规律。由此可见，人们可以把经济"做得"相对平等，但一定不要认为这是经济自身的内在规律，更不要因此而从经济内部设法开出完全平等的价值和其他方面平等皆出于经济平等的价值源泉，因为经济平等无自身内在生成缘由，需要从外部——比如从政治、从道德那里寻找人们之所以平等的根据，那么，经济自身何以可能实现人们收入结果的完全平等？经济平等又何以反过来成为其他所有平等的发生根据？

可见，政治平等对经济财富占有差异巨大产生了渗透性影响，从而使经济一定程度上或某些基本方面表现出某种平等性，这是同一性正义原则对差异性正义原则产生的必要影响，是两种正义原则统一于人、统一于人之全面现实生活，从而实现二者协同发展的结果。正因为人需要和谐统一的生活，政治平等对经济财富占有差异巨大的"纠正"，不仅具有必要性，而且具有必然性，因为人既是经济人，也是政治人、道德人，天赋人权、人人平等若成为一种普遍的政治、道德认同，它必然对抗经济差异的纵横恣肆和唯我独尊。

如果平等观念深入人心，那么追求必要的经济的相对平等，就不仅会得到贫穷者的欢呼，而且会得到富有者的赞同。这不仅因为，一个非常富有却毫无同情心和社会责任感的人，只是一个单一的经济人？而非同时还是一个政治人、道德人，即使其财富合法，但他也难以得到社会的高度赞誉；更因为只有个体自愿的平等化表现与追求，才能内在合理地制约其自由的差异化表现，这种同一对差异的制约是通过个体的内部认知而完成的，它是一种内在的自愿的制约，而不是一种外在的强行的制约，因此，相应行为主体也是比较快乐的。

① 朱秋霞：《德国财政制度》，中国财政经济出版社 1999 年版，第 199 页。

另一方面，经济差异的必要缩小，又不能完全消除经济差异本身，而是在一定历史条件下，让经济差异回归到一定合理的承受范围之内——尽管这个合理承受范围在不同民族国家和不同历史时期有不同的标准。

综上，经济作为人的差异活动的对象化，它是不能完全平等的，若完全平等就不符合正义原则。但是，经济不能完全平等，就必然保持必要的差等，也并不意味经济在某些方面甚至人的基本需要方面也不能表现出某种平等取向，经济中某些方面甚至人的基本需要方面的平等，虽不可以是经济自身的内部要求，却可以是"人的"内部要求，它其实是"人的"平等要求与差等要求、同一性正义原则与差异性正义原则在经济生活中进行综合博弈的一种结果。并且，经济公平基础上的基本生活需要、基本生活条件的平等保障，又反过来为人的其他方面的生活奠基了"经济基础"，更有利于整个社会全面、和谐、稳定地发展。

若从分配的运行过程来看，差异性正义与同一性正义的协同表现在：在一次分配过程中，我们主要尊重和运用差异性正义原则，在二次分配过程中，我们则偏重关注和运用同一性正义原则。所以，从人的和谐生活来讲，即使是公平竞争产生的财富占有差异巨大，也应当加以合理调节。财富的公平享有享用，本质上就是用差异性分配正义原则与同一性分配正义原则这两个原则来进行分配，只不过差异性正义原则居于主导地位，且是经济自身的内在原则。

许多学者在思考为什么对基于自由市场公平竞争的"良性"的财富占有差异巨大也要进行二次分配调节时，倾向于从财富产生形成的总体过程来加以说明：社会作为一个合作体系，其他人也参与了进来，也都作出了相应的贡献，因而他们也应当过一种好的生活。笔者认为，社会财富二次分配的根据，并不是基于"也作出一些贡献"的差异性正义原则，而是同一性正义原则。笔者认为其认知的失误在于：把同一性正义原则完全统一于差异性正义原则了，或者认为应当在差异性正义的基础上去理解同一性正义。而事实上，同一性正义原则与差异性正义原则在一般意义上是两个平等并列的原则。所以第一，作为基于同一性正义原则来理解的财富共享——二次分配，根本不必谈什么"也作出了一些贡献"之类，贡献原则是差异性正义原则，它的本质不是平等而是差等。从一种"直观"的角度来讲，试想，允许有差等结果的一次分配的基本原则是差异性正义原则，倾向于平等的二次分配的基本原则难道又是差异性正义原则？导致财富占有差异巨大的正义原则是它，对财富占有差异巨大进行合理调节的正义原则难道又是它？第二，二次分配主要基于同一性正义原则，强调的是人的同一性，根据这种同一性，就是直接要求分配平等，若确实不能完全平等，至少要对其巨大的差异进行合理调节。所以，二次分配中，人们"也作出了一些贡献"也许是进行分配调节的一个"直观维度"，但它不是理论逻辑的关键和本质，二次分配平等倾向的内在根据是人的同一性，其基本原则是同一性正义原则。

　　如前所述，人的经济方面不能一味追求平等，但人作为人，却有平等生活要求的一面，而经济表现又不能完全封闭于人的这一平等要求。所以，人的平等就必然在经济中建构一个相应的表现平台，其最常态的表现平台就是二次分配。不同国家，二次分配的平等程度是有差异的，这取决于整个社会财富的积累程度、人们对人的同一性及其基础上的人权、人格平等的认同以及这种认同向经济的渗透力等。一般而言，整个社会财富较为丰富，人们对人的同一性、人权、人格平等的认同较高，且这种认同向经济的渗透力较强，其二次分配的平等程度往往相对较大；反之，则二次分配的平等程度相对较小。当然，这之间可以有许多种组合，并且人们的这些认知也随着时代的变化而变化。

第二节 社会财富共享的仁爱原则

一、仁爱原则

财富共享，除了分配正义途径，还有仁爱途径。所谓财富共享的仁爱途径，就是以仁爱的方式实现财富共享。仁爱方式是有异于正义方式的，正义以人的相互性、功过与赏罚、付出与收入的对等性为生成基础，而仁爱虽然并不完全反对相互性与对等性，但也不以这种相互性和对等性为前提条件，它基于自愿，付出之后可以不求任何回报。"仁爱者不论别人如何行事，都自愿做有利于他人的事，而不做不利于他人的事。""即使不具备相互性条件，仁爱者仍会以仁爱之心待人。"① 仁爱方式偏重对弱者的同情与关照，正义方式强调贡献与财富的对等；仁爱方式总是温暖着弱者的身心，正义方式常常鼓励着强者的创造。社会财富共享当是仁爱方式与正义原则的恰当组合，正是在这个意义上，我们说正义原则只是财富共享的基本原则而不是唯一原则。

所谓正义的对等原则，就是正义的实现过程中，将人的同一性与差异性从人的活动起点对等贯穿到同等对待和差等对待结果的一种理性规则，它使这一过程成为符合某种合理原则的程序化过程。对等有量的对等和质的对等两种，所谓量的对等就是按照某一标准而实现同等或差等对待的数量上的准确对等，它要符合比例、符合数的运算原则。比如，生产一个钉子得 1 角钱，生产 10 个就应当得 1 元钱。所谓质的对等，就是实现同等或差等对待的根据与所对待内容的形成根据相称一致，它要符合对待根据的"产销"一致原则。

一般来说，量的对等必须满足以下两点要求：一是运算符合法则；

---

① 慈继伟：《正义的两面》，生活·读书·新知三联书店 2001 年版，第 19 页。

二是数量符合比例（人与人之间，人与物之间）。所谓运算符合法则，一是同样的情况不能运用不同的运算法则，对加减乘除方法的选择必须一致；二是运算过程不能出错，数量必须准确无误。质的对等则必须满足以下两点条件：一是同一性对待，所有人的对待标准必须一致，要一视同仁，不能有所差异——比如人权就不能根据人们不同的自然、社会差异来分配，不能根据人们不同的天赋、身份、地位来分配；二是差异性对待，差异的对待根据必须与差异的形成根据相一致，也就是对待内容差异因什么而产生便因什么而对待。不能是差异的形成根据是一个东西，差异对待的根据又是另一个东西。比如，差异性分配劳动产品时，由于社会劳动产品是由各种生产要素共同作用而产生，所以就必须根据各生产要素的贡献进行分配，而不能根据人们的劳动态度或思想觉悟进行分配；同时由于各人因各种差异而生产出了不等量的劳动产品，所以要根据不同的劳动效果、不同的劳动贡献来进行分配，而不应当根据人们不同的劳动量的付出而分配，即要根据"功劳"进行分配而不是根据"苦劳"进行分配。

对等是量的对等与质的对等的统一，其中任何一个方面的不对等，都会背离正义原则。一般情况下，量的不对等是最容易发现的——只要知道相同的条件必须运用相同的运算法则，一般情况下，只要有加减乘除的基础算术知识就行了。而质的不对等则相对较难发现。而且，质的不对等中，同一性对待情况下，对待标准的不一致又较容易发现，差异性对待情况下，对待根据与差异的形成根据之间的不一致则相对较难发现。

从历史发展来看，实现质的对等对待的根据是多种多样的，而且人们对于质的对等对待根据的选择认同，也随着历史的发展而发展。可以根据人的类同一性、群体同一性、个体同一性来对待，也可以根据类差异性、群体差异性、个体差异性来对待；可以根据生存性物品、基本生活需要来同等对待，也可以根据发展性物品、非基本生活需要来差等对待，还可以根据性别、年龄、需要、道德等来同等或差等对待。但是，无论是基于哪种根据的对待，只有符合质的对等原则才可能是正义的。由于质的对等对待中，差异性对待所选择的不同的对待根据会造成完全不同的对待结果，所以，差异性对待所选择的根据是什么、是否符合对等原则，就显得特别重要。

现实生活中，差异性对待中的质的对等，一个非常重要的实现方面就是体现在分配正义上。从过往的历史来看，分配大概有这样三种情况：一是根据无关性分配，即收入分配根据与所分配成果的形成根据无关，比如纯粹根据世袭的社会地位分配权力或经济收入；二是根据部分相关性分配，即分配根据与所分配成果的形成根据有一定关系，但不是正相关关系，比如根据个体努力程度来进行经济收入的分配；三是根据正相关性分配，即分配根据与所分配成果形成根据相一致、呈正相关关系，比如根据劳动者劳动产品的数量和质量进行分配。从整个历史发展过程来看，这三种情况都存在过，但随着社会的不断发展和进步，无关性分配方式已远离我们，正相关性分配方式越来越处于社会分配的主导地位。①

但是，根据分配的仁爱原则所实现的结果，并不是对等，而是不对等，因这仁爱原则所强调的不是"计较"，而是不"计较"。

从中国传统文化的角度来讲，"仁爱"是儒家思想体系的核心范畴，但它多是作为规范人们行为的普遍的道德标准，而没有作为专门的社会财富分配的一个重要原则来对待。"仁"的最初含义是指人与人的一种亲善关系，始见于春秋时期。《说文》："仁者，亲也，从人，从二。"②"爱亲之谓仁"③，孔子提出一个以"仁"为核心、将仁与礼结合在

---

① 易小明：《对等：正义的内在生成原则》，《社会科学》2006 年第 11 期。
② 许慎：《说文解字》，中国书店 1989 年版，第 257 页。
③ 左丘明：《国语·晋语一》，凤凰出版社 2009 年版，第 99 页。

一起的政治、伦理学说，主张"仁者，爱人"，①"己所不欲勿施于人"②。其实，"仁"既是人们内在的心理意识，也是人们行为的道德规范，而成为"仁人"，则是传统中国人人生价值的最高目标。

孔子认为，"仁"虽高尚但并非高不可攀，只要自己努力就能够达到。他说："仁远乎哉？我欲仁，斯仁至矣"③，从而充分肯定了主体的自我道德选择和道德实践能力在实现"仁"的过程中的决定性作用。孟子发挥了孔子的仁爱思想，他把"仁"与"义"结合起来，并将其视为人们行为的最高准则。孟子认为："恻隐之心，仁之端也；羞恶之心，义之端也；辞让之心，礼之端也；是非之心，智之端。人之有是四端也，犹其有四体也。有是四端而自谓不能者，自贼者也；谓其君不能者，贼其君者也。凡有四端于我者，知皆扩而充之矣。若火之始然，泉之始达。苟能充之，足以保四海；苟不充之，不足以事父母。"④他认为统治者应通过"强恕而行"的方法，以达"亲亲而仁民，仁民而爱物"⑤的理想。西汉董仲舒以"天人合一"的思想，将仁义等归依于天："人之德行，化天理而义。"⑥他主张仁智并重，认为"仁而不智，则爱而不制也，智而不仁，则知而不为也"⑦。北宋的张载认为人和物都由气凝聚而成，"乾称父，坤称母"⑧，提出了"民，吾同胞；物，吾与也"⑨的思想，程颢则认为"仁者浑然与物同体"，"仁即人己、人仁之德也"⑩。

---

① 杨伯峻：《孟子译注》，中华书局 2008 年版，第 152 页。
② 郭齐勇等编：《中国古典哲学名著选读》，人民出版社 2005 年版，第 72 页。
③ 郭齐勇等编：《中国古典哲学名著选读》，人民出版社 2005 年版，第 69 页。
④ 杨伯峻：《孟子译注》，中华书局 2008 年版，第 59 页。
⑤ 杨伯峻：《孟子译注》，中华书局 2008 年版，第 252 页。
⑥ 董仲舒：《春秋繁露》（上卷），中华书局 1975 年版，第 41 页。
⑦ 董仲舒：《春秋繁露》（上卷），中华书局 1975 年版，第 30 页。
⑧ 郭齐勇等编：《中国古典哲学名著选读》，人民出版社 2005 年版，第 479 页。
⑨ 郭齐勇等编：《中国古典哲学名著选读》，人民出版社 2005 年版，第 479 页。
⑩ 郭齐勇等编：《中国古典哲学名著选读》，人民出版社 2005 年版，第 486 页。

实际上，"仁"包含诸德，朱熹说："仁者，仁之本体；礼者，仁之节文；义者，仁之断制；智者，仁之分能"①。

中国传统文化中的"大同"世界观，某种意义上，体现着一种仁爱观念："大道之行也，天下为公，选贤与能，讲信修睦。故人不独亲其亲，不独子其子，使老有所终，壮有所用，幼有所长，矜、寡、孤、独、废疾者皆有所养，男有分，女有归。货恶其弃于地也，不必藏于己；力恶其不出于身也，不必为己。是故谋闭而不兴，盗窃乱贼而不作，故外户而不闭，是谓大同。"②

二、慈善行为

仁爱与慈善是紧紧联系在一起的。如果说仁爱既讲"心"也讲"行"，但它更偏重于一种"心"的话，那么慈善也讲"心"和"行"，但它可能更强调人们的"行"。什么是"慈善"？崔乃夫先生有一精辟概论：父母对子女的爱为慈，讲的是纵向关系；人与人之间的爱为善，讲的是横向的关系。所谓慈善，就是有同情心的人们之间的互助行为。所以，慈善是一种行为。基于此，大致可以这样说，仁爱是慈善的思想奠基，慈善是仁爱的行为实现。

在我国学界，学者们普遍认为慈善应该属于民间性质，它基于慈善主体的自愿性。周秋光先生认为："确切地说，慈善是一种社会行为，是指在政府的倡导或者帮助与扶持下，由民间的团体和个人，不求回报自愿组织与开展活动，对社会中遇到灾难或不幸的人，不求回报地实施救助的一种高尚无私的支持与奉献行为。"③ 王俊秋也认为："慈善事业的民间性、自愿性以及社会性特征，将慈善事业和政府从事的社会救助

---

① 郭齐、尹波校点：《朱熹集》（答陈器之），四川教育出版社 1996 年版，第 2977 页。
② 崔高维校点：《礼记》，辽宁教育出版社 2000 年版，第 75 页。
③ 周秋光：《中国慈善简史》，人民出版社 2006 年版，第 6 页。

事业区别开来。"①

自 20 世纪 80 年代以来，政府在慈善活动中的角色发生了较大转变，进而从慈善活动的监管者演变成慈善活动的组织者和参与者。② 同时，改革开放以来，民间慈善机构与慈善活动更是如雨后春笋般迅猛发展。在民间慈善蓬勃发展的同时，政府举办的慈善机构也是有所作为，中华慈善总会等在社会救助活动中发挥着非常重要的作用。所以，我国也有一些学者认为，慈善既可以是民间行为，也可以是官方行为。

慈善的内容，随着社会的发展而不断发展。从世界范围来看，比如英国，在其 1601 年的《慈善用途法》中，扶贫、促进教育、促进宗教和其他有益于社会的目的，被界定为慈善的目的。1998 年，《英国人权法》中的人权保护，也被纳入慈善事业范围。2006 年英国慈善法更是将慈善范围扩展到十三大类。除了传统的四大类，促进健康，对老年人、残疾人、儿童和青年实施照顾、帮助和保护，文化、艺术和历史遗产保护，业余体育促进，人权和争端机制促进，环境保护和改良，提高动物福利，提高皇家军队的效率等都被纳入慈善范围。

再如俄罗斯，其慈善的内容发展到今天，已经涉及生活的诸多方面。《俄罗斯慈善活动与慈善组织法》的内容包括：为公民提供社会支持和保护，包括改善贫困者的物质条件，促进对社会失业人员、残疾人和其他由于身体或智力原因以及个别情况不能独立行使自己合法权益等人员的救助；对居民战胜自然灾害、防止生态破坏、避免工业及其他灾难后果进行培训，以防止意外事故发生；给予自然灾害中的受难者以及社会、民族、宗教冲突的受害者和受迫害者、难民和流亡者以帮助；增强促进人间和平、友谊与和谐，防止社会、民族和宗教冲突发生；增强

---

① 王俊秋：《中国慈善与救济》，中国社会科学出版社 2008 年版，第 22 页。
② 郑功成：《当代中国慈善事业》，人民出版社 2010 年版，第 107 页。

促进家庭在社会中的作用和地位；促进对母亲、儿童和父亲的保护；促进教育、科学、文化、艺术领域内活动的开展以及个人人格精神的发展；促进公民在预防疾病和保护身体健康以及对健康生活方式的宣传等领域内活动的开展，提高公民道德心理素质；促进体育活动和群众体育运动的开展；维护自然环境和保护动物；妥善保护和珍惜具有历史、宗教、文化价值或自然保护价值的建筑、工程、区域和墓地；为防止突发事件对居民进行训练，对保障公民和领土免受紧急状况危害和确保消防安全方面的知识进行普及宣传；促进孤儿、没有父母照顾，流落街头儿童、处境困难儿童的社会康复；对公民提供免费法律援助和法制教育；支持志愿工作；参与预防未成年人失足和违法犯罪的活动；促进青少年在科学技术，艺术创作方面的发展；促进青少年弘扬爱国主义精神，促进对他们的精神和道德教育；支持具有广泛社会意义的青年创造，青少年运动项目，青少年团体组织；促进加强公益广告的制作和（或）宣传；促进预防公民的社会危害行为；等等。① 如此多慈善条目，可谓十分细致，非常丰富复杂，这说明慈善活动在社会生活中扮演着越来越重要、作用越来越广泛的角色。

慈善活动的广泛和频繁，是与人们公共生活程度和水平的提升、人们道德发展水平的提高密切相关的。英国慈善委员会在 2008 年制定的慈善公益准则认定："慈善并不止于做好事，而是如其支持者所认同，它是特别的。并非所有的组织都可以成为慈善组织。一个慈善组织，是一个由你是什么，做什么以及怎样做构成的复合体。其核心特征是公益。虽然慈善部门巨大且多种多样，不管其规模大小，所有慈善组织的目的必须是为了公益。公益因而是所有慈善组织活动的中心（目的）。"②

---

① 参见杨道波等：《国外慈善法译汇》，中国政法大学出版社 2011 年版，第 346 页。
② 葛云松：《匈牙利公益组织法》，载于金锦萍、葛云松：《外国非营利组织法译汇》，北京大学出版社 2006 年版，第 181 页。

所谓公益，根据英国慈善委员会制定的《慈善与公益》，公益的认定标准主要是两条：第一，公益必须是一项可以确定的利益或者多项利益。具体来看，公益必须是明确具体的，给予、提供、促进或者提高了什么；所有的利益必须与慈善组织的目的有关，而不是部分利益与慈善组织的目的有关；利益经过衡量必须超过它带来的损害或者不利，否则，总体结果就会否定其慈善的性质。第二，公益必须是面向社会公众或者部分公众开放的利益。所有的受益人必须适用于该目的，尽管一时一地还没有足够多的人受益，但能够因此而受益的人必须是开放的一类人而不是简单的数字个体；利益尽管可能是社会公众的一部分，但获取利益的机会绝对不能受到不合理的限制；私人利益尽管在特定情况下是必要的，但任何私人利益均应是附带的非主要的，且必须仅仅是推进慈善目的行动的必然延续，在数量上合理合法。

基于仁爱原则的物质财富分配，不仅直接体现为慈善行为，也间接体现了西方福利国家发展模式。福利国家模式在其发展过程中，遭受了两种截然不同的评价。在它产生之初，多被西方世界称颂和效仿，但在20世纪80年代以后，却又被许多国家视为政府的包袱和国家经济发展的绊脚石。这种评价，其实还不只是平等与效率发生矛盾的体现，而是仁爱原则与公平原则发生矛盾的体现。对于一个和谐社会而言，仁爱原则是需要的，但若成为一个主要分配原则，则必然产生严重问题。因为仁爱原则只有付出而没有回报，它必然产生经济包袱，而且越背越大。而公平，强调的是付出与得到的对等，这样，付出越多，得到就越多，得到越多，就越愿意付出，这是一个良性循环，效率当然也就自在其中了。

福利国家发展模式，主要解决贫困问题。有关贫困的理论复杂多样，但大致可以分为两个基本派系：强调个人行为的理论和强调社会结构的理论。"个人层次理论认为不适当或缺乏生产性的行为造成贫困。

相反，结构理论认为贫困处境决定行为，即明显的失调行为是贫困造成的。尤其是，这两类理论都包含着很强的道义取向，个人行为理论家的著作掺杂着道德评判，认为陷入贫困的人缺乏能力、训练或道德，应当提高自己，做得更好。结构理论家的著作也掺杂着道德评判，认为现在社会结构对穷人不公平，应当改变。"①

我们认为，恰当的做法，应当将两者结合起来，看问题才会更全面，措施才能更到位。所以，要解决贫困问题，根据贫困的两方面致因，就既要改善个人，也要改变社会。而一般的社会福利政策，在改善个人方面则表现出明显的不足，因而其对贫困问题的解决功效总是有限，并使自己陷入困境之中。"我们可以说，虽然收入转支有助于暂时减轻困难，但没有根本解决贫困问题。福利政策供养了弱者，但无助于使他们变强。"②

来自保守派和自由派观点的福利理论，认定收入是福祉的一个充分说明，至少对穷人就是如此。这个认定构成了现代福利国家的基础，几乎所有反贫困政策都基于这一认识。这种政策的特征，是接受财产审查的收入转支计划、物品和服务转支计划。这些计划的目标，就是支持最低水平的消费。这种资助当然大大缓解了贫困人口的困难，它是绝对必要的。但是，对穷人的收入转支政策只能称为收入维持政策，因为它只是维持现状而没有导致必要的发展。

谢若登提出，对穷人应施以资产为基础的政策。资产，当然包括有形资产和无形资产。有形资产大致包括货币储蓄，有利息形式的收入；股票、债券和其他金融证券，有红利、利息和（或）资本增值（贬

---

① ［美］迈克尔·谢若登：《资产与穷人——一项新的美国福利政策》，高鉴国译，商务印书馆 2005 年版，第 43—44 页。

② ［美］迈克尔·谢若登：《资产与穷人——一项新的美国福利政策》，高鉴国译，商务印书馆 2005 年版，第 3 页。

值）为形式的收入；不动产，包括建筑和土地，有以租金支付和资本增值（贬值）为形式的收入；不动产以外的其他硬资产，有以资本的增值（贬值）形式的收入；机器、设备和其他有形产品，有以产品销售利润和资本增值（贬值）为形式的收入；家庭耐用品，有以家务劳动效率提高为形式的收益；自然资源，如农场、油田、矿山和森林，有以农作物或加工产品销售利润和资本增值（贬值）为形式的收入。版权和专利，有以版税和其他使用费形式的收入。而无形资产则主要包括享有信贷（其他人的资本），有使用信贷（有投资性质）所得的收入；人力资本，一般被定义为智力、教育背景、工作经验、知识、技能和健康，也可能会包括精力、眼光、期望和想象力，有以工资和通过其他工作、服务或建议的报酬形式出现的收入；文化资本，表现形式为对具有文化重要性的主题和提示性的认知，一般指与社会环境和正式机构打交道的能力，包括词汇、口音、衣着和外貌，有被接纳入具有重要价值的社团的收益；非正式社会资本，表现形式为家庭、朋友、关系和联系，有时被称为"社会网络"，收益形式包括有形支持、感情支持、信息和易于得到就业、信贷、住房或其他类型的资产；正式社会资本或组织资本，指使用有形资本的正式组织的结构和技术，收益形式是来自效率提高的利润；政治资本，表现形式为参与、权力和影响，收益形式是在州或地方政府层面有利于自己的规则和决策。

以资产为基础的反贫困政策，某种程度上鼓励和促进穷人的储蓄和投资，它是一个更公平更有成效的政策。资产之所以如此重要，是因为资产具有消费之外的重要福利效应，当人们在积累资产时，他们的思想和行为以及社会对他们的反应都将发生重大变化：第一，资产促进家庭稳定；第二，资产从心理上将人们与一个可行的、有希望的未来相联系；第三，刺激其他资产包括人力资本的发展；第四，资产促使人们的专门化和专业化；第五，资产提供承担风险的基础；第六，资产增加个人效能；第七，增加社会影响；第八，资产增加政治参与；第九，资产增进后代的福利。综合考虑，资产政策的这些效应作为长期的反贫困策略要远远超过消费支持。总之，资产将人们与经济和社会紧紧联系在一起，如果持续的贫困——如威廉·威尔逊所说的产生于社会和经济的隔绝，那么以资产为基础的福利政策恰恰打破了这种隔绝①。

谢若登的以资产为基础的反贫困政策，对我国的扶贫或转支具有重要的启发意义，这主要包括两个方面：第一，不能仅仅从消费方面来理解福利，还应当从投资方面理解福利，至少，这两方面都考虑到会使我们看问题更加全面，相应政策有可能更加精准。第二，投资不只是一种更加公平有效的经济收入方式，它更是一种精神文化，它会使人的精神面貌发生重大改变，变得更加积极，从而使贫困者实现经济与精神的双丰收。

扶贫虽然不同于慈善，但它仍然是一种仁爱方式。现代社会，国家管理中不能没有仁爱方式，但主要依靠仁爱方式，也是成问题的，扶贫也是如此。所以，扶贫不能只是单纯的物质支持，还必须同其他方面的支持——比如智力、精神方面的支持结合起来。因此，在经历了一个不断变化的发展进程之后，通过不断的经验积累，对扶贫形成了些大致的共识：

第一，经济扶贫应当与文化扶贫相结合。贫困地区不仅经济落后，其教育科学文化水平更是低下，经济和教育文化水平的长期落后还使得一些贫困地区的农民群众逐渐形成一种贫穷文化心态，诸如混日子、低标准生活的思维特征，依靠"救世主"的心理特征，懒惰松散的行为特征，不重人才的价值特征，以及自卑自贱的人格特征等，这种贫穷文化

---

① ［美］迈克尔·谢若登：《资产与穷人——一项新的美国福利政策》，高鉴国译，商务印书馆 2005 年版，第 353 页。

心态，构成了这些地区脱贫致富的深层障碍。"贫困文化理论认为，下层阶级文化的特征特别是眼前取向和缺少从长计议，造成了贫困的代代相沿。"①

因此，经济扶贫只能解决燃眉之需要，难以根除贫困之内因，只有不断提高人们的文化教育水平，普及适用科学技术，使贫困地区人口整体素质不断提高，改变其消极落后的文化心态，才能为消灭贫困奠定最可靠的主体基础。这就特别需要发动、组织各个部门的文化、科技工作者深入贫困地区，开展文化、教育、科技扶贫，通过启动思想、开发智力，承包科研项目等，推动扶贫工作转移到依靠文化发展、教育公平、科技进步和提高农民素质的轨道上来，使扶贫效益不断提高、扶贫成果得以巩固。

第二，"输血"扶贫与"造血"扶贫相结合。扶贫固然意味着直接送钱送物、救贫济困，解决贫困人口的温饱问题，更重要的是扶持贫困地区的生产力水平的提高和再生能力的增强，让贫困地区长出一个又一个经济增长点，以促进挖掘内在动力和潜在因素为目标，开发当地优势资源，在扶贫中以扶持发展方向为主，提高可持续发展的能力。如依托贫困人口集中的中西部地区丰富的矿物资源和旅游资源优势，扶持这些地区努力增加更多就业机会，帮助他们建设能创造更多物质财富和能实现大面积扶贫致富的区域性支柱产业，同时吸引东部地区和外商来中西部投资、经营。

第三，实物扶贫与政策扶贫相结合。改革开放以来，中央政府向东部地区倾斜的经济政策使该地区在市场机遇、东西部地区产品交换的条件以及投资分配等方面占据有利地位，使得东部地区经济以较快的速

---

① [美] 迈克尔·谢若登：《资产与穷人——一项新的美国福利政策》，高鉴国译，商务印书馆 2005 年版，第 45 页。

度发展，成为东西部贫富差距越来越大的一个重要原因。因此，扶贫不仅要靠政府财政转移支付，靠增加政府的财政投资额、贷款额等实物形式，更要靠政府的优惠政策，如调整有关税收政策，对贫困户减免农业税和农业特产税，对贫困县新办企业和发达地区到贫困地区兴办的企业，多年内免征所得税，为贫困地区个体经济、私营经济、股份合作经济和其他非国有经济成分的发展，提供更加优惠和灵活的政策等，以此来启动贫困地区的发展，使它们内在因素活跃起来，发挥其应有的功能，逐步形成自我发展、自我调节的机能。

第四，政府扶贫与社会扶贫相结合。扶贫必须以政府干预为主体，必须依靠政府实行财政、投资、信贷政策优惠，教育、水利、林业、环保、科研对口扶持及各厅局委办重点扶持。但仅靠政府的力量是不够的，而必须动员社会各界力量，通过各种社会形式扶贫，推进扶贫行为的社会化，建立兼顾公平与效率的全社会扶贫机制。近年来发达地区对口支援贫困地区，以及社会各界积极开展多种形式的扶贫帮困活动，如"希望工程"、"光彩事业"、"智力支边"、"文化扶贫"等，成效显著，为最终实现共同富裕奠定了一定的基础。

仁爱原则最本质的表现是慈善行为，而慈善最本质最与众不同的是施与——或者说，施与是慈善的基本表现方式。所谓施与，就是以财物周济人，给予人恩惠。基督教中有句名言"施比受更为有福"，但是，对于这句话的理解是需要用心的。福不只是感观感受，某些方面更需要用心体会，没有较高的心境，有些深层次的福是无法体验到的。因此，我们在这里想重点谈谈施予者施与行为的境界发展问题。

施与作为一种德性行为，它的生成大致可分为两种基本方式：一种是内含着主体外在利益谋求的外求式生成方式（利益又可分为两种：一种是物质利益，一种是精神利益），另一种是内含着主体内在利益谋求的内生式生成方式，两种方式都是值得称道的德性行为，虽有境界差异，却不能轻易以一种方式来代替、否定另一种方式。

我们把有外在物质、精神利益诉求的施与行为称为外求式的施与行为，并根据施予者产生施与行为的动机，将其大体划分为三个层次。

第一个层次，主要以获得更多的物质利益为动机。客观上存在这样一种状况，某人发生施与行为，从其主观动机来讲，可能是以施与为手段，以获得更多物质利益为根本目的。这里又可以划分为两个层次：一是纯粹以物质利益为目的，精神利益只是一种外在形式，或者他们主观上并没有一种明确的精神利益追求，只是被动地获得精神利益，即获得精神利益只是他们获得更多物质利益必然附带的一种形式；二是他们虽也有精神利益方面的一点觉醒，但其动机极弱，因此仍然匍匐于物质利益脚下，认为物质利益才是自己追求的根本利益。

第二个层次，既有获得物质利益的动机，也有获得精神利益的动机。在他们的动机中，就是希望物质与精神利益双丰收。当然，这两者之间的比重是否就是各占一半或有所偏重，不同的个体因各种差异的存在可能会有不同的选择，同一个体在不同的情境下也有差异。但有一点是值得肯定的，就是他们在追求物质利益的同时，一定有精神利益方面的自觉追求，并且有一定的强度。

第三个层次，偏重于求得精神利益的实现。就是他们对物质利益并不太关注，而主要是为了精神利益的满足。但是它又不是一种纯粹的精神满足，即不是自我德性的内在实现，不是完全出于自我完善，而是出于适应社会的要求，只是为了得到他人、社会的赞誉和肯定。从社会化的角度来讲，这类施与主体往往是一种"被社会化"的主体，他们虽然从外在知识角度认同社会道德标准，却没有从内心深处深入领会这些标准所内含的人本价值与仁爱精神，于是他们虽然成了客观的慈善家，但慈善的内在精神却可能与他们擦肩而过。

人本主义心理学家罗杰斯认为，所谓自己，就是一个人过去所有生命体验的总和。若这些体验是被动参与的，是他人意志的结果，那么这些人就没有真正做自己。相反，若是主动参与的，是自己选择的结果，那么不管这些体验是快乐还是忧伤，我们仍是在做自己。施予者通过其施与行为而追求其精神利益，如果只是出于社会的要求而不是出于主体自我德性的生成与实现，那就可能不是一种真正出乎自愿的施与。

我们把基于主体内在德性自然表现的施与行为称为内生式施与行为，在这种施与行为中，施与主体主要并不是为了实现一个外在目的，不是为了获得物质收益、社会称赞等外在利益，而是为了主体内在德性的实现。施与德行的内在生成可大致划分为三种类型。

第一种类型，施与主体的德性实现主要基于道德认识。道德认识是主体对道德现象、道德关系、道德原则和道德规范的认识。主要基于道德认识的施与行为，施与者有着明确的要做什么样的人的自觉追求，即要成为一个道德者，成为一个有德性的人。这种道德要求必然规定他要做什么样的事，即要做符合道德原则规范之事。这些认识，一方面是基于道德主体对社会道德原则规范的认识，另一方面基于道德主体对自我道德人格建构的认识，这些认识通过理性认同，转化为人们的内在素质与行为习惯，因此，理性在这里至关重要，不仅推进主体道德认识内化为道德素质，也促使内化的道德素质外化出来，形成具体的道德行为。

第二种类型，施与主体的德性实现主要基于道德情感。所谓道德情感，就是人们依据一定的道德意识、观念、准则而对社会的真假美丑现象表现出来的喜怒哀乐的情绪体验。主要基于道德情感的施与行为，施与者的动力就是同情过程中的自我快乐、自我满足，这种快乐与满足当然主要是精神层面的快乐与满足。助人为乐者常常因为看到别人痛苦自己就痛苦，看到别人快乐自己就快乐，这主要是基于一种自然的内在善良，仁爱成为行为的动能，成为主体内在的深层次情感需要。施与主体善情深厚，往往不施不快。

第三种类型，施与主体的德性实现是基于道德认识与道德情感的高度融合。这种情况下，施予者达到了主客交融、物我一致、天人一体的完美之境，施与成为一种自然表现。王阳明在解释孔子时说："从心所欲不逾矩，只是志到熟处"①，即主观之欲与客观之道完全切合。这种对内达到"尽夫天理之极，而无一毫人欲之私"的至善至乐之境，对外则抵达人心与天地万物和谐一致之界，无欲自刚、自然天成。

人作为经济人，追求利益是生存之必然；人作为道德人，德性又成为人的本质所在，彰显着人的内在价值与意义。德性是内在的品质，它需要外化实现自身，于是，施与德行就成为德性自我实现的一个重要方面。施与德行的外求式生成与内生式生成作为施与德行的两种方式，二者通过人这一主体物质——精神二重性而相互贯通，融为一体，共同构成施与行为的多重动因。无论承认与否，人们都在以外求式或以内生式的方式实现着施与德行，表现着人的多层次价值诉求，两种方式可能长期并存。

首先，施与德行的两种方式长期并存，乃基于理想与现实的长期并存。内生式生成体现了对德性的理想追求，为人们提供了终极的人格理想和价值目标；而外求式生成则反映了德性所依赖的社会现实：人是不可能完全摆脱利益纠缠的。理想指导人的活动，赋予人的活动以意义和作用，理想与现实的矛盾直接影响着人们认识世界、改造世界的实践活动。在现实生活中，理想与现实的矛盾是人们经常、普遍、反复思考的问题之一。施与德行的外求式生成作为现实的出发点，而内求式生成则作为理想的愿望和志向，二者结合形成了施与德行的完整形态。

人是按照一定的目的去改造自然以实现自我利益的自由创造的主体，同时人又是有想象未来的能力并能提出自己的奋斗目标——理想的

---

① 王阳明：《传习录》，中州古籍出版社 2008 年版，第 52 页。

存在物，这本身就规定着人是理想与现实的统一体。理想作为现实的某种反映，它的实现不仅要从现实出发，更要尊重现实的内在要求。事实上，作为理想层面的内生式生成常常是要通过人的有意识的外求式生成活动来启动、积累、升华的。施与德行的外求式生成与内生式生成的并行，正是遵循了德性生成与发展的客观规律，不仅使德性理想更好地切合实际，也使现实更好地趋向于理想境界。

其次，施与德行的两种方式长期并存，乃基于人的社会性与自然性、物质性与精神性的长期并存。如果说外求式生成偏重于自然性和物质性，那么内生式生成则偏重于社会性和精神性，它们共同构成主体施与德行表现之本性基础的两个方面。从实践物质性的角度来讲，其中自然性和物质性是主要方面，它制约影响着社会性和精神性，从实践能动性的角度来讲，社会性和精神性又积极反作用于自然性和物质性，两者之间相互认同，相互作用，对立统一，共同推动着施与德行过程不断向前发展。外求式生成中的自然性和物质性是施与主体本质属性的重要组成部分，它也更加具体普遍地反映在施与德行的过程之中。内生式生成的社会性和精神性是施与德行形成的社会心理基础，为施与德行提供了客观心理依据。因此，我们在施与德行过程中，既要重视德性对外在自然、社会条件的依赖，又要重视人的精神发展的能动规律，辩证处理好社会性与自然性、物质性与精神性的关系，以促成施与德行的普遍发生和良性运行。

再次，施与德行两种方式长期并存，乃基于德性伦理与规范伦理的长期并存。德性一般都体现为德目或德性要求，人们一般都承认这种德目具有规范性，在一定意义上也可以说是一种规范。但是德性伦理与规范伦理又是有区别的。德性伦理是构成性规则，它是使一个人成为德性之人的规则；而规范伦理则是规范性规则，它使一个行为成为道德行为的规则。不过，两者并不截然分离，而是关系密切的。具体针对施与德行来说，外求式生成方式倾向于规范伦理，内生式生成方式倾向于德性伦理。作为规范伦理的外求式生成方式，有助于客观的人与社会的和谐。一方面，外求式生成方式作为一种规则，在施与德行的过程中发挥着重要的作用，因为每一个人毫无例外地遵循规则就意味着一种秩序，意味着社会的公平正义；另一方面，内生式生成方式作为一种德性表现，对施与德行的践行又具有非常重要的积极作用。个人的德性不只是个人的幸福之基，而且可以使人们在施与过程中更好地激发自身从而内合社会道德规范。两种生成方式对施与德行而言，都具有感召力量，能在社会秩序中凝聚人心，从而使施与德行获得众人的响应，继而改变社会成员的共同意识和普遍心态，最终形成一种良好的风俗。

最后，施与德行两种方式长期并存，乃基于精英道德与大众道德的长期并存。在中国传统文化中，施与德行往往被认为只能是或只应是德性的外化，其实主要是一种内生式施与德行，反映的是精英道德。因为"传统社会是一个君主下的、精英居上的等级制社会。当时社会道德实际上主要是一种精英道德，一种士大夫道德，而在民众那里，甚至不是道德，而主要是风俗的问题"[①]。因而一般民众当然也就不可能具有德性，也就不可能具有作为德性外化的德行了。在我国社会的现代转型中，作为传统主流的精英道德由于与现实社会不相适应而在实际生活中的引导作用日益弱化，欲取而代之或至少应与之并行发展的是与现实社会相适应的大众道德。大众道德肯定必要的物质利益，强调正其义而谋其利，明其道而计其功。然而，精英道德除去其主体等观念，重视内在德性生成的内容还是值得与时光大的，而大众道德虽切近民生，但还是得有一个内在精神的引导方能显现其定力。外求式生成和内生式生成这

[①]　何怀宏：《良心论》，北京大学出版社 2009 年版，第 57—58 页。

两种施与方式，正是精英道德与大众道德一并发生作用的产物。当今形势下，精英道德与大众道德都有一定的存在理由，它们应当相互借鉴、相互支持、相得益彰，正因为如此，基于其上的两种施与德行的并行就不但能使施与获得现实化、世俗化的普遍支持，而且能使施与获得理想化、崇高化的深度引领。

总之，当代社会两种施与德行都是必要的，值得称道的。作为受施者，主要应考虑自己能够受益就成，并有相应的感恩之心，要尽量少揣摩施予者的利益动机，更不应以施予者有物质利益诉求而否定施与行为本身。作为施与主体来讲，他的施与行为无疑是值得称道的，但是，在他施与时，如果有一个清醒的自我道德完善、主体生存境界提升的自觉追求，那当然更好！

三、同情原理

同情是一种个人的道德心理和道德品质。所谓同情，是指对他人的不幸遭遇和处境在感情上发生共鸣，并给予道义支持或物质帮助的一种态度和行为。[①] 休谟认为，同情是人类最基本的道德情感，也是人类产生仁爱行为和利他美德的根源。我们也认为，同情是人类的普遍感情，只是同情的程度，不同的人在不同的情况下有不同的表现。

"不论人类带有怎样的利己主义思想，在人类的本性中，都存在一种关心他人命运的特性，以及除了守护他人幸福时获得的快感之外，没有任何利己因素存在的情况下，感到他人的幸福对自己至关重要的特性。这种特性中包含了对他人的怜悯和同情。这种感情，与人类本性等所有其他本源性情感相同，并不仅仅局限于道德高尚的人和有人情味的人之中。即使是罪孽深重的人，或是社会法律规定的最无情的犯罪者，

---

① 参见朱贻庭：《伦理学大辞典》，上海辞书出版社 2002 年版，第 46 页。

也多少拥有同情心理。"①

"发挥自己的想象力，将自我置身于他人的立场，思考自己是否能承受相同的折磨。也就是说将自我的精神移至他人的身体内，在某种程度上与他人形成相同人格，在此基础上将他人的感受总结为某种观念。虽说这种做法并不能完全感受到他人的情感，但自己的情感也不可能与当事人的感受完全不同。"② 通过同情，当事人的痛苦或快乐可以转移到作为旁观者的我们身上，我们与他人同苦恼、共快乐，体会他人的感受时，我们的身体就会震颤、会兴奋，这一过程，使旁观者获取当事人的相应感情，产生一种共同情愫。

虽然同情不同于移情，但在描述人类同感方面，二者应当有较多重叠的内容。德国哲学家心理学家西奥多·利普斯主要用移情来描述人类同感，他认为"人类的本质"不仅有利己的一面，还有利他的一面。而人之所以能够利他，是因为人类能够移情，移情构成了人类共同的心理基础。"人本来就有和别人共幸福同苦恼的利人的社会关心。这不但有人类历史和日常生活为凭，也是有人不得不如此的心理事实足证。人只要知道自己以外还有别人存在，他就不能没有社会的关心。这是由于可以叫做移情的心理事实使他不得不如此。"③ 利普斯认为利他性并不由利己性引申而来，而是有其充分的独立的心理基础，即移情。

"自己看见了别人面貌上显出了变化，不知什么缘故，自己心里总就循了一定的途径发生了自动自感的内在的倾向。只要没有什么事情妨碍了那自然的作用，这倾向就成为事实。就上面所举的一个情景来说，那内在的倾向就是感到悲哀的倾向，自己被这样的情感状态牵引，至少

---

① ［英］亚当·斯密：《道德情操论》，蒋自强等译，商务印书馆1997年版，第5页。

② ［英］亚当·斯密：《道德情操论》，蒋自强等译，商务印书馆1997年版，第36页。

③ ［德］西奥多·利普斯：《伦理学底根本问题》，陈望道译，中华书局1936年版，第11页。

倾向上就感到了悲哀。但这悲哀并非由于自己遇着可悲的经验，只是由于别人的面色引起了自己的感触。……只是把自己的悲哀，就是这样被觉醒的'自己'移入在别人的面色'中间'因而又移入在别的个人'中间'的。遵循这样的途径，就把自己经验的悲哀作为别人的悲哀。所谓移情，实际就是这种事实的名称。"①

　　传统的现象学理论中，移情概念恐怕是不可避免的。在《观念 I》里，胡塞尔还认为意识是唯一保持着绝对性的事物，而世界对意识来说则是相对的。但在《笛卡儿式的沉思》中，他却认为绝对之物是拥有主体间性的现象学自我。而直到《沉思》，胡塞尔才考虑到存在着另外一种建立在内在意识之上的有效意识模式，和此前他所一直使用的意识模式一样地有效，从而使先验自我走出唯我论的困境。这种意识模式就是移情。在通过一系列的还原和构造的过程之后，胡塞尔声称："在做出了这些澄清之后，诸如我怎么能够在我的单子中构造出另一个自我，或更彻底地说，我怎么能够在我的单子中构造出另一个单子，以及我怎么能够把在我之中构造出来的东西恰好经验为他人的东西同时，与此确实不可分的还有，我怎么能够对在我之中构造出来的自然与由他人构造出来的自然做出认同，或者必须确切地说我怎么能够把在我之中构造出来的自然同时又构造为由他人构造出来的自然。所有这些问题就不再是谜了。"②

　　对于胡塞尔，移情是用来描述纯粹自我经验他人的方式观念，他把移情看作是先验自我构造他我的重要步骤，进而以移情作为单子之间彼此沟通的桥梁，甚至作为和周围世界相互勾连的通道。胡塞尔对和移情有关的一系列描述和分析意味着，他试图在不走出自我意识的内在性

---

① ［德］西奥多·利普斯：《伦理学底根本问题》，陈望道译，中华书局 1936 年版，第 12 页。

② Edmund Husserl, *Cartesian Meditations*, trans.D.Cairns, The Hague：Nijhoff 1967, p.150.

的前提下，而承认他人意识的外在性，这是相当困难的。现象学中，自我仍然具有优先性，因为自我始终是构造的出发点，即使他我和自我具有对等的本体论地位，现象学还原也无法引导人们达到两种互为基础的意识生活之中。胡塞尔对主体间性的讨论，难点就是如何通过移情达到对其他自我的体验。如果移情是一种意识活动，而所有意识活动都是具有意向性的，即意识都是对某物的意识，它指向其对象，那么凭什么说移情的对象——其他自我可以作为和我一样的主体，而其他意向活动的意向对象就只能作为对象呢？

　　无论是利普斯还是胡塞尔，他们都认为移情是自我通达他者的必要条件。对于胡塞尔，移情开展出来了一个和我一样能感觉有意志的他者，对于利普斯，我们是通过移情来理解他者的意识内容的。然而，德国思想家舍勒的观点却与此完全不同，他认为，我们和他者的现实道德联系，即我能够同情他者这一道德事实，已经预设了我们拥有那些有关他者的经验知识。这些知识包括他者经验存在的事实，以及他者经验的本质和性质。[①] 因而移情只不过是一个子虚乌有的认识论概念假设。同情现象本身已经预示了我们本就拥有那些有关他者经验在事实、本性、本质上的知识。

　　相关此情，舍勒提出了他的一体感概念。舍勒认为，一体感的特征是——他人的、有限的感觉过程被不自觉地当成了自己的感觉过程，而他人的自我与自己的自我被认同为一体。和胡塞尔一样，舍勒也批评了利普斯的移情论，特别是利普斯移情论中所强调的移情的"无意识"特征和"主客的同一性"。利普斯的移情理论沾染着浪漫主义的泛审美化色彩，而他的泛美学理想完全倾注在他的移情说中。通过移情说，利

---

① Max Scheler, *The Nature of sympathy*, trans. Peter Heath with a general introduction by W.Stark, London：Routledge and Kegan Paul 1954.8.

普斯试图把那种与自然的交互感应、物我不分的审美通感推展到生活世界和社会学领域，甚至要使其成为人的整体性生存情愫，而这些恰恰是舍勒所要反对的。

在舍勒看来，"同一感"并不是一种审美的高级状态，更不是人与人情感沟通的高级状态，而是一种不可返还的原始状态或前反思状态，它只是感受和知识的起点而非目的。利普斯认为一体感是移情所要达到的目的，是纯粹移情的结果。与之相反，舍勒却指出一体感先在于移情，一体感才是认识的出发点。"在成人看是移情的东西，在小孩子那里就是一体感。"① 把一体感而不是移情当作认识的出发点是舍勒哲学的一个重要特征。因为这意味着他者、群体先在于那个被区分的、个体性的自我。而这与利普斯等人的移情论述，即从个体性的自我通达他者的思路正好相反。根据舍勒，我们的意识与思维发展到今天，已不可能仅仅从这种本能性的感受能力即一体感出发对事物作出判断了，无论这一判断是知识判断、道德判断还是审美判断。正因如此，尽管浪漫主义一再宣称"回到自然"，利普斯一再强调移情如何使分裂的主客相融为一，但那种模糊的不分彼此感应的原初时代早已遥不可及、一去不返。

舍勒还指出，一体感或同一感，当然有其积极意义，但使用不当，也可能招致危险。从现实来看，外来自我与本己自我总有对立的一面，需要融化、整合。但是，一旦把移情的目标"同一感"看作一种社会意识和社会关系的"理想"，就会面临某种危险。舍勒认为，一体感最终乃是一种泯灭于"群体"的原初感情和原初态度，"世界大战"正是这种单纯同一感的危险的明证。一种"生活共同体"意识使个人不再是个人，而被并入一种高度一体化的状态之中，"它使个体生命英雄化了，

---

① Max Scheler, *The Nature of sympathy*, trans. Peter Heath with a general introduction by W.Stark, London: Routledge and Kegan Paul 1954.24.

同时却使所有精神个体堕入沉沉梦乡。它消除了人们对肉体自我状况的一切烦恼，同时却解除了精神人格并剥夺了它的权利。革命群体及其运动呈现出同样的总体迷狂状态，在这种状态之下，身体的自我和精神的自我同时沉沦，堕入一场激越的总体生命运动之中"①。

舍勒指出，真正的同情乃是人与人之间建立在个体意识基础上的情感分享。在同情中，每个人都单独具有他自己的身体知觉和他本质上属于个体性的精神中心。虽然个体间永远不可能达到完全等值的理解，因为作为个体有其自我绝对的内在领域，它们之间不可能被给予，但对于那些"我们的个性本质所共同规定的方面"却有一种"共契"。这一"共契"正是同情得以发生的基础。而且，与移情需要投射自我进入他者不同，同情始终包含着一个自我与他者之间的距离，它具有感受的意向性，它的意向性指涉的客体是他者的快乐或悲伤，即把他者的感受状态只当作是他者的东西。在舍勒最开始所举的那个例子当中，即使那感受着高度同情具有同样悲伤的父母所感到的也只是同一种悲伤，只是一种基于价值内容上的当下认同。所以，真正的同情是"直面他人个性特征基础上的同悲同喜"。而移情却不然，像舍勒所谈到的"情感传染"一样，移情中没有他人情感的位置，受传染者只是不加选择地吸纳了某种情感。既然移情最终只不过是我的情感的投射，这种情感是否是他人所感到的情感就不成为一个问题。我只是从外部模仿他人的动作，而这种对他人动作的模仿激起了我的情感体验。我最终经历的只是我自己的情感体验，他人的情感经历不是陌生的而是不存在的。这样一来，他人的个体性、他人作为独立人格的精神特质就无法被我意识到，更别谈沟通和理解了。

舍勒是一个爱感优先论者，其基本哲学思想是人作为爱之在优

———————

① 刘小枫：《舍勒选集》（上、下卷），上海三联书店 1999 年版，第 1386 页。

先于人作为认识之在和意愿之在。爱在舍勒那里是一切认识与情感的"奠基"。虽然我们会同情我们并不爱的人，但同情本身是建立在爱之上的，正是爱使人与人之间产生一种共契。这种共契并不是从那自然的全体族人的类性中产生的，而是从一种"整体的个体性"中生发的。也就是说与"人性"的普泛化概念不同，它意味着不同的个体间的"联结"。

综上，我们讨论了仁爱原则、慈善行业、施与境界与同情原理，我们认为，一个合理和谐的社会，既要弘扬仁爱原则，又不唯仁爱而动，它是仁爱原则与正义原则的有机统一。在仁爱方式与正义方式的重要性排序上，尽管也有哲学家认为仁爱原则更为根本，如弗兰克纳就强调："必须把仁慈原则看作不仅要求做实际上仁慈的事，而且要仁爱，即为了爱而行事。"① 认为需要用正义来补充仁慈原则。但总体来讲，正义原则在现代社会居于更加中心的地位却是不争的事实。② 所以，大致可以说，整个社会治理应当是以正义原则为主、仁爱方式为辅，但在不同的具体情境中，比如家庭生活领域，也有以仁爱方式为主、正义原则为辅的情况，这要具体情况具体分析。

社会财富共享以正义原则为基础，这主要是从社会管理的基本要求着眼，财富共享还关涉仁爱原则，则主要是从个人道德修养的更高要求着眼。罗尔斯曾明确指出："诱人的分外行为也是属于允许的行为的一类，像仁慈和怜悯、英雄主义和自我牺牲的行为等等。做这些行为是好的，但它并非一个人的义务和责任。"③

---

① [美] 弗兰克纳：《伦理学》，关键译，生活·读书·新知三联书店 1987 年版，第 121—122 页。

② 参见常江：《仁爱与正义：当代中国社会伦理的"中和之道"》，《哲学研究》2014 年第 2 期。

③ [美] 约翰·罗尔斯：《正义论》，何怀宏、何宝钢、廖申白译，中国社会科学出版社 1988 年版，第 117 页。

从正义也作为一种道德原则的角度而言，这就涉及两种道德原则的关系及其历史发展问题。近代以来，理性启蒙的一个直接结果就是，正义越发居于道德的中心地位，而仁爱却不断地去中心化。所以，有人批评罗尔斯的正义原则"要求个人从自己的特殊自我中抽离出来，因此，它就被认为是这样一种传统的典型代表：'道德自我被当作了无根的和无形的存在者'"①。然而，正义作为社会的首要美德，毕竟是一种最现实合理的现代社会制度所必需的，故而，一些表达人类理想所能够到达的高阶价值——仁爱、仁慈、慷慨、友爱、友善、关怀等，对于人类美好生活当然是必要和重要的，但在人们已经清醒地认识到自身权利与义务应当对等的法治社会，要想把仁爱原则作为最基本的社会治理原则，要用仁爱原则替代正义原则，或者要以仁爱原则为主、正义原则为辅，可能都是不切实际的。一味认为仁爱比正义更重要的人，往往是一些道德理想主义者，他们总是希望一个无比美好社会的到来却又常常看不到人性恶的一面。从理想的应然角度来讲，以仁爱为基础的社会肯定比以正义为基础的社会更好，但是从现实实然的角度来讲，以正义为基础的社会，却更加实在、更加可靠，更有历史性和现实感。正如亚当·斯密所言："与其说仁慈是社会存在的基础，还不如说正义是这种基础。虽然没有仁慈之心，社会也可以存在于一种不很令人愉快的状态之中，但是不义行为的盛行却肯定会彻底毁掉它。"②

从人的普遍发展角度来讲，人的个体化发展是一种必然，它是个体自由解放的必经表现形式，它是不可逆的。自由意识、个体意识、权利意识、竞争意识，一旦产生就不可还原、不可消除，这就意味着调节这些意识及其现实关系的正义不可缺场。如果说这带来了社会的某种不

① ［加］金里卡：《当代政治哲学》（下），刘莘译，生活·读书·新知三联书店2004年版，第728页。

② ［英］亚当·斯密：《道德情操论》，蒋自强等译，商务印书馆1997年版，第106页。

完美，产生了一些相关问题，那也是个体自由化发展的必然代价，我们或许可以努力减小这种代价，却无法完全消除或避免这种代价。

我们强调社会财富共享的正义基础，是讲财富分配应当有一个基本的正义原则，因为"正义只是起源于人的自私和有限的慷慨、以及自然为满足人类需要所准备的稀少的供应"。① 即正义是在"有争"的背景下产生的。同时，我们强调社会财富共享的正义基础，也并不反对人们应当拥有一个正确高尚的财富观。分配正义原则只是强调财富如何合理分属个人，至于个人如何对待处理这些财富，把这些财富看作什么，则是个人如何对待已有财富的另一个问题。财富应当是为了人的发展的——既为了个人的发展也为了他人的发展。所以，财富是手段不是目的。当然，反过来，有正确的财富观，也不是就要否定财富的正义分配原则，这是合理地分配财富与正确地对待财富之问题，两者相互联系，又各有各的适用原则和适用情境，不可一味"统于一则"。

第三节　正义原则与仁爱原则的协同

一、两个原则的社会性协同

罗尔斯对正义的环境的讨论继承了休谟的经验主义观点。休谟在《道德原则研究》一书中将正义作为一种"警戒性和防备性的德性"②，认为在两种情况下正义都不会有用武之地：

当大自然给人们提供无比丰富的物质财富时，人们不必要用正义原则来规范财富分配。这时，人们可以轻而易举地获取财富，既不需要

---

① ［英］大卫·休谟：《人性论》，商务印书馆 2004 年版，第 536 页。
② ［英］大卫·休谟：《道德原则研究》，曾晓平译，商务印书馆 2004 年版，第 35 页。

通过相互合作来对付自然界的各种困难，也不必要为有限的资源而相互争斗。

当人们相互关心、充满仁爱精神时，正义没有什么重要意义。正如休谟所说，在这种情况下，"正义的用途将被这样一种广博的仁爱所中止，所有权和责任的划分和界限也将不被想到"①。

罗尔斯基于休谟以上观点将正义的环境总结为两个条件：物质状况的中等程度匮乏和人际关系的相互冷淡。②罗尔斯认为，物质状况的"中等程度的匮乏"是促成合作的必要条件，而人际关系的相互冷淡，则是促成人们因个人利益而相互争斗的前提。他认为，如果没有这两个前提条件，"就不会有任何适合于正义德性的机会；正像没有损害生命和肢体的危险，就不会有在体力上表现勇敢的机会一样"③。正义当然是需要相应条件支持的，或者说正义是在一定条件下产生的。针对以上所述的正义的两个条件，我们认为还可以作进一步的拓展性理解：首先，物质状况的中等程度的匮乏，可以扩展为资源的相对匮乏。原因在于：第一，广义的分配是所有资源的分配，物质需要只是人的需要的一个方面，所以，即使物质财富取之不尽用之不竭，也会存在其他资源分配方面的正义问题；第二，物质的相对匮乏，主要是从客观方面的视角来谈，由于人的欲求的无限性，产品在满足需要方面总会表现出某种不足。其次，人际的相互冷淡可扩展理解为人之间存在竞争，人与人之间存在各种差异，其利益也并非总是一致，因此，人与人之间总是有争的，只要人之间有争，正义就不能缺场。

---

① ［英］大卫·休谟：《道德原则研究》，曾晓平译，商务印书馆 2004 年版，第 36 页。
② ［美］约翰·罗尔斯：《正义论》，何怀宏、何包钢、廖申白译，中国社会科学出版社 2006 年版，第 127 页。
③ ［美］约翰·罗尔斯：《正义论》，何怀宏、何包钢、廖申白译，中国社会科学出版社 2006 年版，第 127 页。

桑德尔在其《自由主义与正义的局限》中，对罗尔斯的正义的生成环境论进行了批评，大致是说，在人类的许多生存环境中并不是依靠正义原则去调节人际关系。其火力集中在"正义是社会制度的首要美德"这一命题上，他的目标有两个：一是论证正义并不是所有社会制度的美德；二是论证正义还不是首要美德。

从第一个方面来看，桑德尔认为，并不是罗尔斯所说的那样，在所有的社会联合中正义都是处于一种优先地位，也就是说，并不是所有社会联合，都生成于一种需要正义原则指导的环境之中，比如家庭关系的处理，就不是首先选择正义原则，家庭也不是面对一种正义环境：物质的中度匮乏虽有可能但不普遍，人们的相互冷淡更是相当稀少。所以"人们相互冷淡"并不存在于所有社会联合之中，正义也并不是所有社会联合之中的首要美德。

桑德尔还认为，除了家庭之外，人们还在更多的共同体中普遍首选仁爱原则，比如部落、邻居以及一些合作团体。"这些共同体具有或多或少清晰界定的共同认同与共享的追求，其表现出来的属性明确地显示出正义之环境条件的相对缺乏。"① 所以桑德尔认为，罗尔斯无法说明正义的环境会出现在所有社会，人际的相互冷淡和物质的中度匮乏并不是一般"人类社会的特征"②。

从第二个方面来看，桑德尔力图证明，正义只是一种"补救性"美德，而并不是社会的首要美德。仍以家庭为例，认为家庭成员之间相互关心、相互爱护，基本上不依照正义的原则来分配生活用品。只有"当一个和睦的家庭陷入纷争，人们的利益逐渐分化，正义的环境渐

---

① [美] 迈克尔·桑德尔：《自由主义与正义的局限》，万俊人等译，译林出版社 2011年版，第46页。

② [美] 迈克尔·桑德尔：《自由主义与正义的局限》，万俊人等译，译林出版社 2011年版，第45页。

趋敏感……古老的宽厚精神才会被一种不可非难之廉正的司法气质所取代"[1]。因此,正义只是担当"当社会陷入堕落状况时用它来修理的工作"[2]。如果,正义只是对道德堕落时的补救,这可能就意味着确保人们"道德不堕落"的美德,或者说仁爱美德更加优越。只有当人们不仁爱时,正义才有用武之地,并显示出首要性。桑德尔由此得出结论,基于对正义环境的一种经验性解释,无法直接推出正义是所有社会制度的首要美德,而只是某些社会的首要美德,"正义仅在那些被大量分歧所困扰的社会才是首要的"[3]。

虽然,我们可以设想如果一个社会像家庭那样充满宽厚关爱精神,那是多么的美好。但是,如果把社会当作家庭来治理,那就是巨大的幼稚。仁爱是家庭中的主基调,正义是家庭的补充,这是对的,但在更加广泛的社会中,却不是如此,正义是社会中的主基调,仁爱是补充。所以,桑德尔的批评虽然有其一定道理,但问题也是显而易见的。

我们讲正义是社会的首要美德,而不是说正义是家庭的首要美德。所谓社会,有两个含义:一是指由经济基础和上层建筑构成的整体,一是指由共同物质条件联系起来的人群。而家庭是以婚姻和血统关系为基础的社会单位,可见,家庭并不就是社会,家庭是社会的组成部分,或是社会的组成方面,至少从范围上讲,家庭远没有社会的范围那样大。正义是社会的首要美德,并不是说任何场合都适用正义,而是说一般的场合用得上正义;不是说其他美德不重要,而是说其他的美德没有正义重要。正如法治是社会治理的首要选择,并不是就不要德治。仁爱崩溃了,还

---

① [美] 迈克尔·桑德尔:《自由主义与正义的局限》,万俊人等译,译林出版社 2011 年版,第 48 页。

② [美] 迈克尔·桑德尔:《自由主义与正义的局限》,万俊人等译,译林出版社 2011 年版,第 46 页。

③ 参见 [美] 迈克尔·桑德尔:《自由主义与正义的局限》,万俊人等译,译林出版社 2011 年版。

有正义顶着，而正义一旦崩溃，就没有更基础性的东西来支撑社会了。

国家并不是家庭的简单放大。正义是社会的首要美德，主要是从国家治理的角度来谈正义美德的重要性，国家治理与家庭管理完全是两个概念，其主旨大异其趣。国家治理作为现代社会特有之概念，对于任何类型的国家而言，都是其存续之基础。从历史演变来看，国家治理是对以阶级统治为本质的"国家统治"与以公共管理为特征的"国家管理"的合理扬弃，有效的国家治理涉及三个主要问题：谁来治理、治理方式、治理效果，其理想状态就是善治。除治理对象的数量不可同日而语之外，国家治理不同于家庭管理的一个重要方面，就是它所面对的各层次、层面主体之间存在着必须严肃认真对待的利益纷争和利益分离，他们都是平等的社会主体，仅靠一方的忍让仁爱、牺牲一方利益对于这一方就是不公平的，因此仅仅依靠仁爱原则来调解这些问题和矛盾，常常是无能为力的。国家并不是家庭的简单放大，家庭中主要适用仁爱原则没有问题，但将这个原则推广到国家层面，在国家治理中也主要运用仁爱原则，那就不只是机械推移和生搬硬套，而是有点幼稚可笑了。

人有恶的一面。虽然中国传统文化中有性善论、性恶论、有善有恶论、无善无恶论等，也有人提出用善恶来规定人性有认识方面的误区，因为人性是一个事实，而善恶是一个价值判断。但是若硬要用善恶来表述人性，我们还是认为，人性有善有恶论相对较为恰当。正因为人有恶的一面，所以正义不能缺位，缺了正义，如何面对和处置恶？"由于理想道德在恶面前束手无策，它只对'君子'不对'小人'，因此，理想道德之所以需要现实道德的支持而不至于成为纯粹的空中楼阁，原因就在于现实中存在着恶，人与人之间存在着差异与层次。"① 况且，对待

---

① 易小明：《道德的利益之维——兼评"利益决定道德"论》，《伦理学研究》2010年第6期。

和处理恶，现实道德还远远不够，还必须依靠法。当然人也有善的一面，但有善的一面并不意味总是会行善。你可以设想，人人都善，时时都善，事事都善，当然很好，但这种总是恒善的状态可能吗？况且，有时候，其所谓善就是要坚持正义原则，就是要赏善罚恶，不坚持正义原则就可能表现为不善。因此，即使人全部或总是表现善性，但在一定的条件下，他也得必须坚持正义原则，他的善性表现就是得坚持正义原则。

社会的首要美德，并不是社会的最美或最高美德，社会的首要美德是强调这一美德对于社会存在的奠基性、重要性、必要性。而不是只讲这一美德的美好性、完善性。仁爱当然比正义更美，但对于一个社会的存在来讲，正义是基础性的，只有在正义的基础上，仁爱的美丽花朵才有绽放的机会，否则，就只能是一个美好的遐想。"无论仁爱多么宽广，都要依赖正义才能完善。"[①] 而仁爱原则虽然美好，但它却不能成为社会的首要美德，正如锻炼是不生病之良药，它比任何治疗各种疾病的药都更美好，但医院准备的是药，不是也不可能是"锻炼"。

就是在家庭关系中，爱虽然不能说是需要同等回报，但也是需要相互性的，如果没有一点相互性，家庭和睦关系也是难以维持的。所以，人的相互性、相互为对方考虑这一点在家庭中也是必要的，而相互性虽然并不直接就是正义，却是正义的一个重要特征。所以，在家庭中虽然不是主要使用正义原则，但正义的某种精神还是需要保存在家庭关系之中，这样的家庭关系才趋于成熟和稳定。同时，家庭关系中，长辈对晚辈的爱，有一种自然基因性的作用，这种作用在动物中都是存在的。但这种基因性的作用，在陌生人之间是不存在的，所谓的血浓于水就是这个道理。因此，将家庭中有血缘、基因作用的关系直接推移到社

---

① ［美］迈克尔·桑德尔：《自由主义与正义的局限》，万俊人等译，译林出版社 2011 年版，第 193 页。

会中，推移到陌生人之间的关系是大有问题的，因为两种关系的奠基差异甚大。

如前所论及，正义的环境是物质资源的相对匮乏，这当然只是相对于物质财富的分配而言的。其实，相对于人的无限欲望，许多的资源都会表现出某种匮乏性，因此，"有争"就成为人们生活的常态，而只要有争，就必有正义问题。若进一步思考，把正义的生成环境理解为"有争"环境可能更有现实说服力。物质的相对匮乏，只是发生"有争"的一种条件，人们除了物质资源之争，还有许多其他方面之争。同时，"有争"可能不只是相对于人的客观需要而言的物质匮乏，它完全可能产生于人的某种内在心理机制，即"有争"既有其客观基础也有其主观基础。若如此，物质的相对匮乏的问题相对容易解决，而"有争"的问题则仍然难以解决，即有些"争"的问题，并不是随着物质的丰富而能够直接解决的。主体的"有争"，可能涉及一个更加复杂的问题：既然存在着争，就有合理解决这种争的理，有时人们为"有争"而活，并不一定是或全部是直接为得到所争之物，而是为争之理而活，即为正义之争而活。这些问题，并不是物质相对匮乏问题解决了就可随之解决。面对一些可争资源，有些人谦让了，而有些人不谦让也可有自己的道理，就像跟亿万富翁借了 2000 元钱，他不计较、不要你还，是他慷慨，他要计较、要你还，也是有其道理的：欠债还钱天经地义。

问题在于，人们总是想通过发展生产力，通过各种办法来促成物质财富的极大丰富来解决财富分配问题，这当然有其现实必要性，但也不能因此而忘却了人们本身就是一种不满足、好争持的存在物，而有些人就还因此而产生了当仁不让、要为正义而争的内在需求，人的这些内在性问题，怎么可能通过外在资源的满足而获得全部的解决呢？人如果要什么就有什么，什么都不用争，人生活的积极性甚至生活的某种重要意义都失去了。同时，通过发展生产力来解决"有争"的问题也有其问题：一是由于资源的相对有限性，并不是所有的方面、所有的资源都能够极大丰富，因此，社会总是存在必有所争的环境。二是，不从人的内部节欲方面考虑问题，只是向外求取，这是一种"一条道走到黑"的单向思维方式。通过发展生产力也不能完全解决问题，这并不是说不需要发展生产力，而是说妥善处理有争的问题要从主客两方面来考虑问题。有时，人也可以因仁爱而不争，但这种不争无法面对所有的资源，也就是说，有些资源可以不争，有些资源则是必争的。

从以上讨论可以得出这样的结论：正义与仁爱是相互依存的，正义是仁爱得以实现的基础，仁爱是正义愿意托起的理想和希望。离开正义，人类社会根本就无法维持，更不可能有更加美好的仁爱社会，因为正义是仁爱的基础，没有了正义，仁爱就只能是空中楼阁。而离开了仁爱，社会完全成为一个冷冰冰的法治社会，人就会异化为一个没有爱、没有情感的机器人，人的存在价值就会大打折扣。

不求回报的仁爱行为的实施，是基于主体的自由自愿原则，国家可以倡导、鼓励人们从事仁爱活动，但不能以普遍正义的方式强迫个人从事仁爱活动。如果国家以强迫的手段使人们从事仁爱活动，那就不只是对个人权利的侵害，同时也是对个体主体性的蔑视，对人的道德存在价值、道德自律精神的不屑。仁爱是人性中本有的火源，无论外部怎样冰冷，它都不会完全熄灭，只是在不同情境中燎原的范围有大有小。强迫的仁爱，不是真正的仁爱，而是对仁爱的亵渎。

首先，仁爱是人这个主体的仁爱。人之内在价值的一个基本方面，就是人的尊严，所以我们应当尊重人，尊重人的自由和权利。仁爱行为，其实不只是表现为对他人的关照，更是表现了仁爱主体的内在价值——即人的存在尊严，表现了主体如何"理性自律"的主观努力。因此，从这个角度来讲，仁爱行为就是主体自尊。据此，离开对主体及其主体性的理解，就不能深度理解仁爱本身。"如果能够承认当今人类生活样式与既往有重大区别，那么就应当承认仁爱实践的古今样式有所不同，主体、主体性精神、权利主体等构成了这种基本区别的核心内容。换言之，主体及其权利是现代社会仁爱道德实践历史样式的基本特质之一。"① 这里的主体权利，不只是受惠者的权利，也是施惠者的权利。

其次，尊重主体，就意味着主体自由地践行仁爱。罗尔斯在谈及"分外义务"时表达了这样的意旨："主体出于自愿可以做出根本利益牺牲，不过，尽管这种美德值得欣赏与赞美，社会却没有理由强迫一个人如此做，即主体出于自愿的仁爱义务可以是无限、无边界的，但此'无限'、'无边界'仅仅在自愿主体的自身范围内。这样，此'无限'、'无边界'就意味着有进一步规定：其一，主体自身基于自愿可以在仁爱精神实践中牺牲自己的一切。这是有限自身的无限牺牲。在此，'自己的'权利构成了仁爱精神'无限'实践的最初边界。其二，主体不可以仁爱为理由强制要求他人施行仁爱行为，如，擅自作主或者强迫他人牺牲重大乃至根本利益。在此，他人的自由权利构成了主体仁爱精神实践的现实边界。其三，在通常情况下，仁爱行为施予者应当尊重仁爱行为施与对象的意志，不应当违背其意迫其接受仁爱施与行为。在此意义上，可能仁爱行为施与对象的权利亦构成仁爱行为的现实边界。"②

所以，仁爱实践，其实存在着行为合理性及其限度问题，这种合理性及其限度表现为对人的权利的尊重。因此，即便是自愿的仁爱行为，也会受到正义的限制，正因为如此，我们就总是需要在法治规范性秩序基础上去践行仁爱，这样，就不至于让仁爱的漫水淹没、冲决正义的大堤。

从公与私的比例来讲，我们可以把人们的道德水平划分为无私、过

---

① 高兆明：《仁爱：有无正义边界?》，《华中科技大学学报》2019 年第 1 期。
② 高兆明：《仁爱：有无正义边界?》，《华中科技大学学报》2019 年第 1 期。

度利他、合理自利利他、过度自利、无公等层次。从自利这个相对中性一点的概念来解释一些相关概念，所谓自私就是过度自利；所谓无公，就是完全自利，就是没有他人的利益。这里，社会管理者究竟可以用什么样的道德层次要求人，是一个重要问题。我们认为，总的来讲，总体要求就是做到合理地自利利他，觉悟高一些的，可以向追求更多利他方面发展。但是，如果把无私、过度利他作为公民道德的一般标准要求，这表面看来好像是高标准严要求，是好事，但实际可能导致不好的结果。因为过度利他一般人做不到，而完全无私则不是一般人做不到，而是所有人都做不到。这样的道德，只能导致对人的精神重压，人们也不能实现对它的真正内化，它最后只能是一种悬在空中的虚幻的道德浮云。

对于一个具体的现实的人来说，无私与无公，都是根本不存在的。但人们为什么还会将无私作为最高的道德境界去追求呢？一个重要原因在于，人的思想的纯粹性嗜好，也就是人的思想是自由的，它可以超越任何现实，可以构造现实中根本没有或无法存在的纯粹无瑕的东西。而人们又总是根据思想去行动，因此，过于理想主义的东西有时在把人引向某种很高思想境界的同时，有时也常常使人在实践中跌入万劫不复的深渊，"纯粹无私"在观念中存在没有多大问题，但实践中却不存在，正如"永动机"在观念中可以设想，但在实践中要制造物质性的"永动机"那可就麻烦大了。

人们之所以会想象出一个全知、全能、全善的上帝，也是基于人的思想的自由纯粹性，它有时表现为理想，有时则表现为空想和幻想。从善或道德的角度来讲，柏拉图在其《理想国》中，于所有的善之上设置了一个最高的、绝对的善，即善的理念，他认为，人生的根本目的就是达到这个绝对的至善。这样一种理想主义道德思想传统，发展到康德就达到了顶峰。康德认为，具有普遍价值的道德原则，既不是来自上帝的意志，也不是来自社会权威，更不来自人的自然本性，它是来自人的善良意志，这个善良意志不因功利而善、不因快乐或幸福而善，只因其自身的善而善。如此，康德就撇开了人的欲望、情感及人的各种感性经验，从而为我们建立了一个"为善而善"的目的王国。这个目的王国，看似美妙无比，但事实上已经成为悬在我们头上的无比锋利的道德之剑，它在斩断人们的利益之根的同时，也必然斩断人的现实需要，从而斩杀人的鲜活的现实生命。

二、两个原则的分域性协同

私人生活与公共生活分化，是社会现代化发展的一个重要标志。没有私人生活领域与公共生活领域的分化，就没有个体从群体束缚中的解放，就不会有真正的独立个体与独立人格。其实，私人生活与公共生活分化与个体化是相互促成的，一方面，分化促成了个体化，另一方面，个体化也促成了分化。某种意义上可以说，现代社会就是一个个体化社会。伴随着公私生活的分化过程，现代社会的道德亦分化为私人道德与公共道德。

如果我们把仁爱原则与正义原则同私人生活与公共生活相对应，那么很显然，仁爱原则更适应私人生活，而正义原则更适应公共生活。"私人道德是私人间的且是基本人性方面的，它以人道为核心。公共道德是公共空间的，且以公共事务、公众幸福为内容，以正义为核心。"[1]但是，如果把这两个原则的主要适用范围给恰恰弄相反了，即主要用仁爱原则去管理社会，主要用正义原则来管理个体，那就会让人们无所适从，必然带来许多问题。

美国政治理论家阿伦特就明确提出，不宜将私人道德公共化或政治化。她认为，政治和公共性的败坏，往往会导致私人道德的政治化。

---

[1]　高兆明：《"仁爱"与"正义"：和解及其可能》，《伦理学研究》2017 年第 4 期。

阿伦特提出，诚实、服从、同情等，均只属于私人道德，而不属于公共政治道德。她以同情为例，认为同情作为私人道德有两个基本规定：一是只与具体个人相关，二是以人道主义为内容。如果同情不是作为私人道德，而是作为公共政治道德，不是针对具体的个人与个人的相处境遇或相关关系，而是针对特定群体——比如与阶级关系，那么，同情就可能转化为群体的共同激情，这种共同激情一旦激发，往往让人们失去理性、淹没人道，从而演绎成残酷的政治暴力。①

阿伦特指出，私人道德的本质，是自己与自己交往，是自己与自己对话。遵循道德原则而行动之类的命题，在本质上是诉诸自我的，都是"把自我以及人与他自身的交流作为它们的标准"②。苏格拉底曾提出，即使义人总是吃亏，而不义之人总是逃脱惩罚，但我们仍然要做一个义人。原因在于，离开同伴之后，我们要与自己为伴，我们不愿意与一个罪犯（自我）朝夕相处。阿伦特发现，苏格拉底的我其实不是一个单一的我，而是包含着我与我自身的相互关系，即"尽管我是一个，但我是二而一的"③，两个我之间的关系虽然是亲密的，却既可以是和谐的也可以是不和谐的，要让它们和谐，就要听从良心的命令，而良心的命令，正是产生于我与我自身之间的对话，这个对话，其实就是一种思维。阿伦特认为，在人类的各种活动中，唯有思维活动要求内在和谐，它作为一场我与我自身之间的对话，只有在我与我自身之间是朋友关系之时才可能发生。而当我们停下自己手中的活去追问"我为什么要这样做"时，它其实也就产生了一种道德效力。但是，在一种被服从、忠诚

---

① ［德］沃尔夫冈·霍尔：《阿伦特手册》，王旭、寇瑛译，社会科学文献出版社 2015 年版，第 562 页。

② ［德］汉娜·阿伦特：《责任与判断》，陈联营译，上海人民出版社 2011 年版，第 60 页。

③ ［德］汉娜·阿伦特：《责任与判断》，陈联营译，上海人民出版社 2011 年版，第 71 页。

之类情绪所左右的群体中，这样的思维就被终止了，人们就成为了没有思想的人，按照阿伦特的理解，由于苏格拉底的良心观是依赖于主体的思维，那么，无思者往往也就成为无德者，因此像艾希曼那样完全无思的人就不会意识到自我内在和谐的需要，从而也就不大担忧自己的作恶。

阿伦特之所以反对将个人同情转化为政治道德，是基于人类近代以来的历史教训：一种被公共情绪操纵的政治生活，往往导致暴力与极权。只有以正义为基础的公共政治生活，才能避免暴力与极权，从而建立和谐稳定的政治秩序。

人的私人生活与公共生活的相对划域，不同的领域某些方面适用相对不同的道德原则，这是必要的。但是，人的生活的相对划域，并不意味人们的生活总体本身是相互分裂的，人们的生活总体是一个有机的整体，恰恰相反，划域构成了整体生活的必要组成部分，没有划域，就没有整体，正如没有人的七大系统的相对划分，就没有人的整体结构和功能的存在一样。因此，仁爱、正义原则的协同，某种意义上表现为人的私人生活与公共生活的协调一致，它其实就是人的整体生活的和谐，是人的各个现实生活串联，是人的现实生活本身。所以，仁爱原则与正义原则的协同，不过是人的全面生活表现的必然结果。

三、两个原则的主体性协同

人是差异与同一、自利与利他相统一的行为主体。正义，基于人与人之间有差异、有竞争，仁爱，基于人与人之间有同一、有合作。自利是正义生成的主体性基础，利他是仁爱生成的主体性基础，所以，正义两原则的协同，本质上是人的内在两方面——自利与利他属性的协同，两原则的协同根基于主体的协同或主体属性之间的协同。

人的生存和发展的需要，是使自利成为必然。人是作为有生命的个体而存在的。作为有生命的个体，就必然向其环境获取物质、信息、能量，就有衣、食、住、行的需要。然而，人的需要并不是能够自然满足的，何况人的需要总是在不断增长，所以人往往会处于匮乏的状态。世界不会自行地满足人，人当以自己的实践创造来满足其需要。所以从这个角度来讲，个体总是得满足其需要的，总是从个人需要出发的，正如马克思所说："各个人过去和现在始终是从自己出发的"①。

有学者认为，是市场经济导致了人的自利与利他的统一。其实，从根源上讲，不是市场经济促成了人的自利与利他的统一，而是人的自利与利他的统一，促成了市场经济形成和发展，而市场经济一旦产生，当然也反过来切合了人的这种双向追求，于是促成了经济的、人的自利——利他这种双重性的共同发展。这种双重性发展有力地推动了生产力的巨大发展，这就是"资产阶级在它的不到一百年的阶级统治中所创造的生产力，比过去一切世代创造的全部生产力还要多，还要大"②的根本原因所在。

亚当·斯密在《国富论》中这样论述："我们每天所需的食物和饮料，不是出自屠户、酿酒家或烙面师的恩惠，而是出于他们自利的打算。"③也许，并不是所有人在任何时代、任何条件下都是完全如此，但人们的行为一定包含或多或少的自利的因素。我们可以把"不是出于利他的打算而是出于自利的打算"改成"既出于自利的打算，也出于利他的打算"也许更贴近现实。

市场是以商品或产品的交换为基础的，而商品或产品的交换，不过是人的需要的交换，而人的需要的交换，不过是人的需要的相互满

---

① 《马克思恩格斯选集》第1卷，人民出版社2012年版，第135页。

② 《马克思恩格斯选集》第1卷，人民出版社2012年版，第405页。

③ ［英］亚当·斯密：《国民财富的性质和原因的研究》上卷，商务印书馆1974年版，第14页。

足。所以，"不论是谁，如果他要与旁人做买卖，他首先要这样提议，请给我以我所需要的东西吧，同时你也可以获得你所需要的东西，这句话是交易的通义"。①

亚当·斯密在《国富论》中也说得非常清楚，他说："各个人都不断地努力为他所支配的资本找到最有利的用途。固然，他所考虑的不是社会利益，而是他自身的利益，但他对自身利益的研究自然会或者毋宁说必然会引导他选定最有利于社会的用途。"② 这也就是说，主观上自利的经济行为在客观上都必然会产生出有利于他人有利于社会的积极效果。

正如亚当·斯密在《道德情操论》中所说："无论人们会认为某人怎样自私，这个人的天赋中总是明显地存在着这样一些本性，这些本性使他关心别人的命运，把别人的幸福看成是自己的事情，虽然他除了看到别人的幸福而感到高兴以外，一无所得。"③

人的利他行为有其社会性基础。人的社会性，并不是个人身上的一种表现特质，而是指人以一个整体机能的方式而存在，这种整体机能，开始是应对自然的压迫，后来则是为了满足人自身的不断产生和发展着的多种内在需要。恩格斯说："为了在发展中脱离动物状态，实现自然界中的最伟大的进步，还需要一种因素：以群的联合力量和集体行动来弥补个体自卫能力的不足。"④ 在自然面前，人们是无法以单独个体的方式而存在的，他们必须联合起来，以对付凶猛的动物，以进行合作性的生产，因此人们就必须组建社会和群体，单个人就需要进入社

---

① ［英］亚当·斯密：《国民财富的性质和原因的研究》上卷，商务印书馆 1974 年版，第 13 页。

② ［英］亚当·斯密：《国民财富的性质和原因的研究》上卷，商务印书馆 1974 年版，第 25 页。

③ ［英］亚当·斯密：《道德情操论》，商务印书馆 1998 年版，第 5 页。

④ 《马克思恩格斯全集》第 28 卷，人民出版社 2018 年版，第 49 页。

会、进入群体才能生存下去。同时，人是自由的存在物，人的需要也在自由中生长。所以，人的需要不是既定的，而是变化发展的，总是离不开人的意志自由，离不开人的随心所想。于是人的需要越来越多了，单个自我的能力根本不能满足它们，于是就有了社会分工，通过分工合作，相互满足对方的需要，即每个人在生产自己的某方面需要的同时，必须生产他人的需要，如此方能通过交换满足自我的多种类、多层次的需要。

同时，人的利他行为也有其自然基础。如前所述，人的利他行为是与人的自利行为分不开的。人的利他行为"既出于物质生命的自利，又超越物质生命的自利；既出于自然生命的内在要求，又超越自然生命的内在要求。即人的利他是自然生物利他与文化道德利他的有机统一。基于这种理解，我们坚决反对关于人的利他行为的两种绝对化观点：纯粹文化的利他主义和纯粹自然的利他主义。前者完全排斥人的自然性规定对人的利他行为的影响，认为利他行为只是'后发'的人的精神文化发展的产物，它没有'潜在'的自然之根，它只是一种文化突发的、毫无自然迹象的甚至是反自然的结果。事实上，这种观点既难以解释自然界大量存在的利他现象，也难以解释人类社会中近亲利他行为的普遍存在，更难以解释人类社会中的根据自我利益远近而生成的道德'层次'问题。"①

这种纯粹文化的利他主义，其生成的思维本质是人的形上抽象思维的一种极化表现，它因只是一种观念的设定而可"随意"表现出思想的理想性、纯粹性、极致性，康德的"善本身概念"就是这种极化思维的典型代表。其实，纯粹文化利他主义观点对于文化的理解也是偏执的，文化不只是或不就是对自然的反动或否定，文化还可以是对自然的

---

① 易小明、黄立：《人类利他行为的自然基础》，《河南师范大学学报》2015 年第 3 期。

顺应、扩展、选择、改造。有些文化对于其自然要素可能否定改变得多些，而有些文化可能对于其自然要素继承、顺应得多些。因此，将自然与文化完全对立起来必然是片面的。一个人作为自然人与文化人的统一体，他虽然可能在生活中表现出两者相互矛盾的方面，但其终究是一个生命统一体。他之所以能够统一，则正是基于其两个方面能够相互渗透、相互容忍、相互支持、相互协同，正是在于两种属性的互构、协同、共生、共荣。

成熟的市场、合理的交换，自利就往往意味着利他，利他也就往往意味着自利。如果市场主体完全考虑利己而不考虑利他，甚至以牺牲他人的利益来实现自利，个别利益虽得到了暂时的满足，但长此以往下去市场经济就不能正常运行。同样，只以利他为原则，经济主体没有生存与发展的根基，也不可能在市场经济中存活下去。因此，只有在利己的同时兼顾利他，将个人利益与他人、社会利益有机结合起来，才能既使个人利益得到实现，也使整个社会的财富稳定而快速地增长。这就是市场经济中自利与利他的"均衡点"——互利共赢原则。瑞士洛桑大学经济学家帕累托就市场经济中如何使自利最大化提出了著名的帕累托最优概念。所谓帕累托最优，是指在每个商人都达到最优格局时的一种经济状态，此时倘若有商人还不满足，还只增进自己的利益，那就要损害别人的利益，就要付出额外的代价。

互利是人的本性要求，也是市场机制的必然结果。在市场经济的机制中，利他是自利的前提。任何经济主体要实现自身的利益就必须首先承认他人的利益，以他人的自利为前提条件。市场经济是商品经济。商品生产和交换是市场经济的主要内容，也是人生存和发展的普遍形式。然而，商品是社会存在物，是社会关系的物质承担者。商品生产者要实现商品的价值就必须使自己的产品对他人有用，让渡商品的使用价值，因而商品从一开始就是为了满足他人或社会的需要而生产的。换句话说，商品生产者为了实现其利益最大化就必须为他人和社会提供有用的商品和服务，自利必须首先利他。再进一步说，商品的价值是通过市场交换而实现的，而市场交换必须遵循等价交换和自愿交换的原则，即买者和卖者之间有一定支出就有一定的回报，而且任何商品的交换都是出自各方的自愿，不得胁迫。这两条原则要求经济主体必须把追求自身利益的愿望与另一方交换者的利益结合起来，不但要关心自己的支出回报，而且要促使他人的支出也得到应有的回报。这一点在当今市场发展已由卖方市场转变为买方市场的背景下表现得尤为明显。在买方市场背景下，商品交换的主动权在消费者一方，他可以自主地选择消费对象，这就决定了经济主体想要通过市场获得更大的经济效益，就必须以消费者的需求为中心，为更好地满足社会和他人的需要而加倍努力，否则自身利益与愿望就难以实现。由此可见，市场经济中的利他往往是与自利内在地联系在一起的。

自利与利他的统一应当成为最理想的道德准则。从人的最现实的道德来讲，自利与利他的统一应当是善的最高层次。"强调纯粹或无私利他具有至上道德价值，是将人的社会属性彻底放大，而不考虑其自然属性是否得到了应有的对待，其合理性是有待商榷的。首先，这是对人的生命构成的一种片面理解。因为从生命的完整性角度而言，人的生命是自然生命与社会生命的统一，要保持人的生命完整，二者就缺一不可。其次，这是没有充分理解人的自然属性与社会属性之间的辩证关系。人的自然属性与社会属性是相互依存的，离开一方另一方便不复存在，这就决定了人的利己与利他的相互依赖性。从施利方来讲，没有基于利己的生命存在，就不可能发出利他行为；从受利方来讲，没有自利的心理愿望，他就不可能接受别人的利益恩赐。"[1]"如果人不自利，施

---

① 易小明、邓敏：《利己与利他相统一：善的最高层次》，《齐鲁学刊》2011年第4期。

与也就没有了施与对象，没有了接受者，施与也就难以发生。"① 所以，离开利己的纯粹利他，不过是离开现实的抽象的思想产物。而如果强调自利与利他的统一，那么就不仅强调了人的生命的完整，而且也保全了人的自然生命与社会生命的交际互动，这里，既有对生命物质基础的尊重，也有对生命精神价值指向的维护，构成整个物质文明与精神文明建设的道德基石之一。

---

① 易小明：《传统施与德行的利益非对等性及其时代限度》，《道德与文明》2010 年第5 期。

主要参考文献

1.《马克思恩格斯选集》(1—4卷)，人民出版社 2012 年版。

2.《列宁选集》(1—4卷)，人民出版社 2012 年版。

3.《毛泽东选集》(一至四卷)，人民出版社 1991 年版。

4.《邓小平文选》(一至三卷)，人民出版社 1993 年版。

5.《江泽民文选》(一至三卷) 人民出版社 2006 年版。

6.《胡锦涛文选》(一至三卷)，人民出版社 2016 年版。

7.《习近平谈治国理政》，外文出版社 2018 年版。

8.《习近平谈治国理政》第二卷，外文出版社 2017 年版。

9. [英] 约翰·洛克：《政府论》(上、下篇)，叶启芳、瞿菊农译，商务印书馆 1964 年版。

10. [英] 大卫·休谟：《人性论》，商务印书馆 2004 年版。

11. [英] 大卫·休谟：《道德原则研究》，曾晓平译，商务印书馆 2004 年版。

12. [英] 亚当·斯密：《道德情操论》，蒋自强等译，商务印书馆 1997 年版。

13. [英] 亚当·斯密：《国富论》(上、下卷)，杨敬年译，陕西人民出版社 2006 年版。

14. ［英］罗素：《人类的知识》，张金言译，商务印书馆 1983 年版。

15. ［英］乔治·弗兰克尔：《道德的基础》，王雪梅译，国际文化出版公司 2006 年版。

16. ［英］哈耶克：《自由秩序原理》，邓正来译，生活·读书·新知三联书店 1997 年版。

17. ［英］G.A. 科恩：《拯救正义与平等》，陈伟译，复旦大学出版社 2014 年版。

18. ［英］科恩：《为什么不要社会主义?》，段忠桥译，人民出版社 2011 年版。

19. ［英］戴维·米勒：《社会正义原则》，应奇译，江苏人民出版社 2008 年版。

20. ［德］黑格尔：《小逻辑》，贺麟译，上海人民出版社 2017 年版。

21. ［德］黑格尔：《法哲学原理》，范扬、张企泰译，商务印书馆 1961 年版。

22. ［德］海德格尔：《时间概念史导论》，欧东明译，商务印书馆 2005 年版。

23. ［德］海德格尔：《存在与时间》，陈嘉映、王庆节译，上海三联书店 1999 年版。

24. ［德］西奥多·利普斯：《伦理学的根本问题》，陈望道译，中华书局 1936 年版。

25. ［德］马克斯·韦伯著：《新教伦理与资本主义精神》，于晓等译，生活·读书·新知三联书店 1992 年版。

26. ［德］汉娜·阿伦特：《责任与判断》，陈联营译，上海人民出版社 2011 年版。

27. ［德］威尔福莱德·亨氏：《被证明的不平等：社会正义的原则》，倪道钧译，中国社会科学出版社 2008 年版。

28. [德] 阿克塞尔·霍耐特：《再分配，还是承认——一个政治哲学对话》，周穗明译，上海人民出版社 2009 年版。

29. [德] 哈肯：《协同学导论》，张纪岳、郭治安译，西北大学科研处 1981 年版。

30. [美] 罗尔斯：《正义论》，何怀宏译，中国社会科学出版社 1988 年版。

31. [美] 诺齐克：《无政府国家与乌托邦》，何怀宏等译，中国社会科学出版 1991 年版。

32. [美] 麦金泰尔：《谁之正义？何种合理性?》，万俊人等译，当代中国出版社 1996 年版。

33. [美] 迈克尔·桑德尔：《自由主义与正义的局限》，万俊人等译，译林出版社 2011 年版。

34. [美] 托马斯·内格尔：《平等与偏倚性》，谭安奎译，商务印书馆 2017 年版。

35. [美] 理查德·W. 米勒：《平等、民主与国家主权》薛集等译，人民出版社 2016 年版。

36. [美] 迈克尔·谢若登：《资产与穷人——一项新的美国福利政策》，高鉴国译，商务印书馆 2005 年版。

37. [美] 弗兰克纳：《伦理学》，关键译，生活·读书·新知三联书店 1987 年版。

38. [美] 弗莱德·R. 多尔迈：《主体性的黄昏》，万俊人译，上海人民出版社 1992 年版。

39. [美] 约瑟夫·科克尔曼斯：《海德格尔的〈存在与时间〉——对作为基本存在论的此在的分析》，陈小文等译，商务印书馆 1996 年版。

40. [美] 塞缪尔·弗莱施哈克尔：《分配正义简史》，吴万伟译，译林出版社 2010 年版。

41. [法] 列维纳斯：《从存在到存在者》，吴蕙仪译，江苏教育出版社2006年版。

42. [奥] 路德维希·冯·米瑟斯：《自由与繁荣的国度》，韩光明等译，中国社会科学出版社1995年版。

43. [加] 金里卡：《当代政治哲学（上、下)》，刘莘译，生活·读书·新知三联书店2004年版。

44. [印] 阿玛蒂亚·森：《论经济不平等：不平等之再考察》，王利文、于占杰译，社会科学文献出版社2006年版。

45. 董仲舒：《春秋繁路》（上卷），中华书局1975年版。

46. (明) 王阳明：《传习录》，中州古籍出版社2008年版。

47. 杨伯峻：《孟子译注》，中华书局2006年版。

48. 李泽厚：《人类学历史本体论》，天津社会科学院出版社2008年版。

49. 倪梁康：《现象学及其效应——胡塞尔与当代德国哲学》，上海三联书店1994年版。

50. 慈继伟：《正义的两面》，生活·读书·新知三联书店2001年版。

51. 王海明：《新伦理学》，商务印书馆2001年版。

52. 何怀宏：《良心论——传统良知的社会转化》，生活·读书·新知三联书店1998年版。

53. 谢宇等著：《中国民生发展报告2016》，北京大学出版社2017年版。

54. 朱秋霞：《德国财政制度》，中国财政经济出版社1999年版。

55. 周秋光：《中国慈善简史》，人民出版社2006年版。

56. 王俊秋：《中国慈善与救济》，中国社会科学出版社2008年版。

57. 郑功成：《当代中国慈善事业》，人民出版社2010年版。

58. 陈传胜：《马克思恩格斯的公平正义观研究》，人民出版社2011年版。

59. 卢德之：《走向共享》，北京大学出版社2013年版。

60. 陈进华：《财富共享论》，苏州大学博士论文，2007 年。

61. 郭齐勇等编：《中国古典哲学名著选读》，人民出版社 2005 年版。

62. 刘小枫编：《舍勒选集》（上、下卷），上海三联书店 1999 年版。

63. 王海明：《平等新论》，《中国社会科学》1998 年第 5 期。

64. 俞吾金：《论财富在马克思哲学中的地位和作用》，《哲学研究》2011 年第 2 期。

65. 赵汀阳：《共在存在论：人际与心际》，《哲学研究》2009 年第 8 期。

66. 段忠桥：《何为分配正义？——与姚大志教授商榷》，《哲学研究》2014 年第 7 期。

67. 李风华：《自我所有权：观点与议题》，《哲学动态》2017 年第 12 期。

68. 胡家勇、武鹏：《推进由"先富"到"共富"的阶段性转换》，《经济学动态》2012 年第 12 期。

69. 姚大志：《罗尔斯正义理论的基本理念》，《社会科学研究》2008 年第 4 期。

70. 高兆明：《"仁爱"与"正义"：和解及其可能》，《伦理学研究》2017 年第 4 期。

71. 靳海山：《经济平等的三重维度》，《伦理学研究》2005 年第 1 期。

72. 韩庆祥：《人民共创共享思想——党中央治国理政新思想的系统阐发》，《中共中央党校学报》2016 年第 1 期。

73. 马拥军：《财富的含义与种类——当代中国语境中的马克思主义财富观》，《华侨大学学报》2009 年第 1 期。

74. 窦凯等：《"乐"于合作：感知社会善念诱导合作行为的情绪机制》，《心理学报》2018 年第 1 期。

75. 杨蓓、吴毅：《人民公社：现代乌托邦的追求与受挫》，《华中科技大学学报》2011 年第 5 期。

76. 曹治平：《为"底线伦理"辩护：论道德建设的以"退"为"进"》，

《前沿》2013 年第 1 期。

77. 陈进华:《财富共享研究述评》,《江海学刊》2007 年第 11 期。

78. Joel Feinberg, "No comparative, Justice", *the Philosophical Review*, Vol.83 (July 1974).

79. John Roemer, "Egalitarianism against the Veil of Ignorance", *Cowles Foundation for Research in Economics*, Vol.18 (April 2001).

80. Howard J.Curzer, *Ethics Theory and Moral Problems*, Texas: Texas Tech University Wadsworth Publishing Company, 1998.

81. Ronald Dworkin, *Sovereign Virtue: the Theory and Practice of Equality*, Cambridge: Harvard University Press, 2000.

82. Colin M. Macleod, *Liberalism, Justice and Markets*, Oxford : Clarendon Press, 1998.

83. G.A.Cohen, *Rescuing justice and Equality*, Harvard University Press, 2008.

84. Max Scheler, *The Nature of sympathy*, trans. Peter Heath with a general introduction by W.Stark, London: Routledge and Kegan Paul 1954.8.

85. Emmanuel Levinas, *Otherwise than Being or Beyond Essence*, translated by Alphonso Lingis, The Hague: Martinus Nijhoff, 1981.

后　记

2017 年，我调入湖南师范大学。然后，作为湖南师范大学道德文化研究中心和财富共享研究所的研究员，接受了有关财富共享研究的任务。还好，由于长期学习和研究分配正义理论，而财富共享又与分配正义密切相关，所以还算有一些研究基础。

我之所以接受研究财富共享问题，其实还有一个强劲理念的支撑，就是决不能让财富共享被平均主义吞噬。传统中国是一个长期被传统的封建身份等级意识和平均主义思想深度影响的国家，政治上的身份等级与经济上的平均主义与现代社会的权利平等和经济自由严重对立。由于我们没有经过资本主义历史发展环节，而是直接从封建主义社会进入社会主义社会，因此，我们的社会发展基础——无论是物质文明积累还是精神文明积累，都表现出一定不足。今天，我们的物质文明发展相对较快，但精神文明建设方面还有很长的路要走。我们当然需要文化自信，但我们的文化自信一定是反思基础上的自信，是开放型、学习型的自信。

财富共享问题涉及面广，本人知识积累相对有限，书中对一些相关理论的陈述不一定精确，个人的一些观点也都是一孔之见，漏误之处实难避免，恳请方家批评指正。

　　写作既是快乐的也是痛苦的。由于长沙地方潮湿、天气变化快、温差比较大，我的痛风加风湿变本加厉地折磨我，一年之中几乎有一半时间被病痛占去，特别是天气一旦变冷，随时都有被痛风和风湿袭击的危险。幸好有我的妻子黄宏姣女士一直无微不至地照顾，我的生活起居才不至于过于艰难，研究才不断得以推进，在此，我要向她表示深深的谢意。

　　人民出版社的方国根编审、武丛伟编辑为本书出版付出了辛勤的劳动，我要致以特别感谢；我的学生何礼广、贺艺成、郭东勤、邓红莲等参加了论著的校对工作，在此一并致以谢忱。

易小明

2019 年初冬于长沙

责任编辑:方国根　武丛伟

封面设计:姚　菲

图书在版编目(CIP)数据

社会分配问题研究/易小明 著. —北京:人民出版社,2020.8

ISBN 978－7－01－022160－1

Ⅰ.①社…　Ⅱ.①易…　Ⅲ.①社会财富-分配方式-研究-中国

Ⅳ.①F126.2

中国版本图书馆 CIP 数据核字(2020)第 086691 号

社会分配问题研究

SHEHUI FENPEI WENTI YANJIU

易小明　著

人民出版社 出版发行

(100706 北京市东城区隆福寺街 99 号)

环球东方(北京)印务有限公司印刷　新华书店经销

2020 年 8 月第 1 版　2020 年 8 月北京第 1 次印刷

开本:710 毫米×1000 毫米 1/16　印张:17

字数:220 千字

ISBN 978－7－01－022160－1　定价:56.00 元

邮购地址 100706　北京市东城区隆福寺街 99 号

人民东方图书销售中心　电话 (010)65250042　65289539